普通高等学校"十四五"规划经济管理类专业精品教材

营销工程与实践

程玉桂　宋颖　主编

华中科技大学出版社
http://www.hustp.com
中国·武汉

内 容 提 要

《营销工程与实践》主要介绍了营销工程的发展历程,并遵循营销机会分析、市场开拓、营销组合策略脉络,介绍了营销工程的基本模型,如市场反应模型、市场需求预测模型、新产品设计模型、渠道选址模型等。在阐述基本理论和模型的基础上,本书运用了很多国内的案例导入营销决策的思路和手段;为培养学生运用模型进行决策的能力,使用了大量例题对决策过程的操作步骤进行详细讲解,学生可以对照步骤进行操作练习;为帮助学生更好地理解和运用所学内容,每一章节的最后增加了练习题。

本书相对已有的教材,更注重对学生操作能力的培养,不仅适用于在校营销专业的学生,也适用于从事市场分析、市场研究的相关人员。本书的案例和练习大部分取自作者多年来对国内外相关书籍文献的整理收集,案例背景主要为国内企业,因此,相比国外相关教材更容易理解。此外,本书所用的分析软件为 Excel 和 SPSS,对学习者的计算机编程等能力要求较低。

图书在版编目(CIP)数据

营销工程与实践/程玉桂,宋颖主编.—武汉:华中科技大学出版社,2019.8(2025.7重印)
ISBN 978-7-5680-5348-8

Ⅰ.①营… Ⅱ.①程… ②宋… Ⅲ.①市场营销学-高等学校-教材 Ⅳ.①F713.50

中国版本图书馆 CIP 数据核字(2019)第 166814 号

营销工程与实践　　　　　　　　　　　　　　　　程玉桂　宋　颖　主编
Yingxiao Gongcheng yu Shijian

策划编辑:陈培斌
责任编辑:李　昊
封面设计:刘　婷
责任校对:李　琴
责任监印:周治超

出版发行:华中科技大学出版社(中国·武汉)　　电话:(027)81321913
　　　　　武汉市东湖新技术开发区华工科技园　　邮编:430223
录　　排:华中科技大学惠友文印中心
印　　刷:武汉邮科印务有限公司
开　　本:787mm×1092mm　1/16
印　　张:14.75　插页:1
字　　数:340千字
印　　次:2025年7月第1版第3次印刷
定　　价:48.00元

本书若有印装质量问题,请向出版社营销中心调换
全国免费服务热线:400-6679-118　竭诚为您服务
版权所有　侵权必究

前　言

营销工程的课程以营销的定量化分析和决策方法为主要内容,对大数据背景下营销专业学生的能力培养起着十分重要的作用。通过本课程的学习,学生能够根据市场的现状与问题,运用营销决策模型与方法,对市场需求进行定量预测,找出目标市场,进行市场开拓;提出最佳的适应供应水平的新产品的开发方案;提出科学化的选址方案;根据广告反应模型,进行广告媒体决策和广告效果评估等。

作为市场营销专业的专业必修课,营销工程的课程是基于现代营销观念,以大数据为背景,以营销学理论为基础,运用定性与定量分析手段,借鉴人工神经网络等预测方法进行市场分析和决策的理论与应用相结合、多学科交叉的课程。该课程自20世纪90年代开始引入我国高校,但是真正开始规模化教学则在近10年。目前国内很多大学在本科生和硕士生阶段都开设了营销工程的课程。

《营销工程与实践》是我们在6年多的教学实践中,以中国人民大学出版社出版的美国学者加里·L.利连与阿温德·朗格斯瓦米合著的《营销工程与应用》为基础,参阅机械工业出版社出版的翁智刚教授编著的《营销工程》中的部分练习,根据学生的特点,结合市场对能力的要求,调整了学习内容,简化了很多理论部分,增加了实践操作的案例与习题,大大提升学生的实践操作能力。教材在讲述每一个新内容之前,都会导入国内的现实案例,目的是帮助学生建立对理论及模型应用的认知。为了训练学生的操作能力,本书在每一章最后加入了操作习题和案例。书中的习题和案例部分是编者多年来对国内外相关书籍文献的整理和收集,部分来自编者自己及学术团队的课题研究积累的数据库和研究成果,这些习题和案例在多年的教学实践中均取得了较好的效果。

本书分为四篇:第一篇为营销工程理论基础,着重介绍营销工程基本概念及典型决策模型、分析软件及市场反应模型;第二篇为营销工程实践之市场机会分析,主要介绍市场分析与需求预测;第三篇为营销工程实践之目标市场营销战略,主要围绕着市场细分、市场选择和市场定位展开;第四篇为营销工程实践之市场营销策略制定,主要围绕营销4P组合策略进行。全书共有九章,南昌航空大学经济管理学院的程玉桂老师负责第一至第五章的编写,第六至第九章由该校的宋颖老师编写。

书中借鉴和采纳的案例及练习均在书后有注明,感谢黄宋和朱林两位同学进行的练习题的操作。此外,本书的出版得到了南昌航空大学教材建设基金资助,在此一并感谢。

《营销工程与实践》既可用于营销专业本科生和硕士生的教学,也可用于其他专业教学。本书尤其注重培养学生的操作能力,书中的分析软件主要为Excel和SPSS,这些软件易操作,因此,也适用于企事业单位、公司进行决策分析。

大数据时代需要学生具备以创新性思维进行数据挖掘、分析及决策的能力。《营销工程与实践》以大数据为背景,以简单易懂的方式解释理论和模型,尤其注重模型在解决营销实践中的应用。本书的实践操作部分的比例超过了 60%,这种设计能够使学生在反复练习和操作中,加深对营销决策的认知和营销理论模型的理解。这种能力的培养能够让学生毕业后迅速适应市场需求。

编 者

2019.3

目 录

第一篇 营销工程理论基础

第一章 导论 3
第一节 营销工程概述 14
第二节 营销工程模型 16
第三节 营销工程软件实现 20

第二章 市场反应模型 32
第一节 经典市场反应模型 33
第二节 模型的应用 38

第二篇 营销工程实践之市场机会分析

第三章 市场分析 45
第一节 市场需求预测 50
第二节 预测实践操作 61

第三篇 营销工程实践之目标市场营销战略

第四章 市场细分与目标市场选择 71
第一节 市场细分过程与步骤 78
第二节 市场细分方法 82

第五章 市场定位 115
第一节 差异化与市场定位 121
第二节 知觉图的绘制 125

第四篇 营销工程实践之市场营销策略制定

第六章 新产品决策 135
第一节 新产品开发过程 149
第二节 新产品开发模型 150
第三节 联合分析与新产品开发 152
第四节 新产品市场需求预测模型 164

第七章　价格决策	177
第一节　价格策略的基本知识	181
第二节　营销工程在价格策略中的运用	182
第三节　收益管理模型	187
第八章　分销渠道决策	192
第一节　分销渠道战略	196
第二节　渠道分析技术	199
第三节　商圈分析与零售店选址	207
第九章　促销策略	213
第一节　广告模型	215
第二节　促销组合模型	221
参考文献	229

第一篇

营销工程理论基础

第一章 导论

教学目标

(1) 育人目标:让学生克服对定量分析和数据模型的恐惧,建立营销决策的概念,树立起对本专业的信心。

(2) 课程目标:①了解营销工程发展的背景和进程;②掌握营销决策模型概念、类型及常用工具。

教学重点

通过引导案例的解释,使学生构建正确的营销工程的概念和营销决策的必要性。具体内容为:①营销工程概述;②营销决策模型;③营销决策模型类型;④营销决策常用工具。

案例

移动通信企业营销策略分析[①]

21世纪初期,我国移动通信行业市场竞争日益激烈,要想在激烈的竞争中取胜,必须制定科学有效的营销策略。长期以来,移动通信市场营销策略的制定一直围绕着4Ps展开,以定性分析方法为主,但是,随着竞争的日趋激烈和营销理论的演变,传统营销策略的制定方法已经不能满足现实需要,因此,必须应用新的营销理论来指导移动通信企业的营销实践。

基于营销工程的营销策略分析思路包括以下几方面。

一、环境分析(PEST)

(一) 政治环境

不论是在国内还是国外,电信运营业都是受管制行业,所以该行业发展受政策和法律的影响很大。2004年,信息产业部提出了"后退一步,站高一步"的方针,明确了政府管理的思路,于此,信息产业部将紧紧围绕"电信强国"这一目标制定政策。可见,政治因素

---

① 案例节选自《基于营销工程理论下的移动通信企业市场营销策略研究》,于守洵,沈阳工业大学硕士论文2007年.

是电信竞争格局形成最重要的方面之一。

良好的政策法规环境是我国电信业蓬勃发展的前提和基础。电信立法已经形成以《中华人民共和国电信条例》为核心、以部门规章为补充的法规体系。作为全球最大的移动通信市场,中国对技术的选择、经营许可证的发放时间和网络建设的启动,无疑会对全球发展格局产生重要的影响。

(二)经济环境

移动通信企业的发展与国民经济的发展紧密相关,移动通信企业对于经济环境的关注不能局限于国内,而必须将视野放在全球的角度进行考虑。2006年是我国实施"十一五"规划并实现良好开局的一年,国民经济和社会发展取得重大成就,经济平稳快速增长。

信息产业部的统计信息表明,2006年全年累计完成通信业务总量15321.0亿元,同比增长25.6%,其中,电信业务14592.1亿元,增长26.1%。

(三)社会环境

社会环境对移动通信企业所产生的影响,主要体现在人口结构的不同所导致的对移动通信服务需求的不同,文化环境的影响则更多地体现为人们消费观念的革新对企业需求带来的挑战。

随着移动用户规模性增长和移动通信技术的不断进步,移动通信的运营单位服务成本急剧降低,使得移动通信的消费成为平民化的消费。高速增长期过后,移动通信高端和次高端用户已渐趋饱和,潜在的用户多为具有平民化消费特征的用户,即通话量及消费额度均较小。

(四)技术环境

通信技术发展日新月异,其生命周期逐渐缩短。通信技术的发展具有变化快、影响面大和超越国界的特点。总体看来,移动通信技术的迅速发展为运营商带来更广阔的发展空间,移动运营商利用新技术以提供更高的带宽、开发更多的业务种类、聚合更多的合作伙伴,形成自己独特的竞争优势。

二、竞争分析(波特五力模型)

驱动产业竞争的力量如图1-1所示。

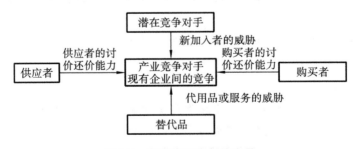

图1-1 驱动产业竞争的力量

(一)现有的竞争者

2002年,我国移动市场主要有两家运营商:中国移动和中国联通。中国联通作为市场竞争者,占据了超过30%的市场份额,其竞争对手主要是中国移动通信集团公司,简称"中国移动"。2003年7月中国联通在全国启动"绿色飓风行动"和"联通无线炫风暴",将品牌和服务进行整合,欲借此再次发起全方位的大举"进攻"。中国联通在GMS网的竞争中已经处于劣势,因此中国联通特别重视引入CDMA网对未来发展所具有的战略意义。在这一阶段,它将是中国联通谋求与中国移动正面竞争的核心武器。

此外,在语音市场趋近饱和的情况下,中国移动和中国联通都在努力开拓数据业务市场。但由于技术本身上的差异,中国联通在开展数据业务方面要比中国移动具有独到的优势。中国移动只能通过完善网络覆盖、品牌和渠道等策略来保留和吸引用户。中国移动在我国移动通信的发展进程中,发挥着主导作用,并在国际移动通信领域占有重要地位。经过十多年的建设与发展,中国移动已建成一个覆盖范围广、通信质量高、业务品种丰富、服务水平一流的综合通信网络。该网络已经覆盖全国绝大多数县市,主要交通干线实现连续覆盖,城市内重点地区基本实现室内覆盖,网络规模和客户规模列全球第一。

综合分析,中国移动作为市场领导者,整体实力强大,网络覆盖广,服务理念已与原来垄断时的情况有很大改观,高端用户质量优于中国联通,中高端用户忠诚度高等优势,是中国联通目前最强大的竞争对手。

(二)供应商的讨价还价能力

对移动通信运营商而言,供应商主要指设备供应商和手机终端供应商。电信体制格局变化后,电信市场传统的垄断格局被打破,移动市场的竞争日趋激烈,移动运营商将改变原有的采购方式,由预投入转向按需采购方式。运营商将与移动制造商形成互相依存、互相促进、共同发展的新型合作关系。

在移动通信产业,华为、中兴、大唐等国内设备厂商生产的移动通信设备已被广泛采用,增强了与国外厂家的竞争能力,设备成本大幅降低。手机终端的竞争更加激烈,运营商逐渐退出传统的终端直接采购经营。对于移动运营商来说,由于技术进步太快,第三代移动通信系统属于新技术,设备供应商需要短时间内收回在研发上的巨大投入,设备的价格将会大大高于成本。这时候如果大面积进行网络建设,投资会比较大,对运营商而言会存在一定的市场风险。

(三)用户的讨价还价能力

2006年,中国的移动用户在总量上持续增长,移动电话用户月均新增564.0万户,高于2004年的540.6万户和2005年的488.4万户,而且在新增用户中预付费用户占很大比例。

在总量持续增长、增长速度趋稳的同时,ARPU(即每用户平均收入)值在整体上持续下降,主要是因为新增用户多为低端用户,其竞争激烈、资费下降;数据业务仍处在起步阶段,其业务量小、收入少。中国移动的新业务收入占总收入的比例不到10%,且其中绝大部分是短信收入,只有等到数据业务大发展时,才可能有效遏止APRU值的下降速度。可见,移动通信普及率的迅速提高改变了需求结构,客户价值被不断稀释,高价值客户市场趋于饱和。激烈的市场竞争使企业在客户价值下降的同时将付出更高的客户争夺和保留的成本,所有这些使得中国移动通信市场的收益在未来三年(2008年至2010

年)从高增长过渡到低增长,并逐渐进入微弱增长。在这种情况下,提高用户忠诚度、降低用户离网率对运营商来说是至关重要的。所以,在移动通信运营业中,用户的讨价还价能力越来越强,尤其是集团客户和一些大客户。

(四)潜在竞争者

中国电信和中国联通长期经营着固定电话和固定数据业务,通过数十年的努力目前已拥有市场上的绝对优势,未来在经营移动通信业务的时候如果没有相应的约束机制,中国电信和中国联通在业务的捆绑销售方面将形成强大的市场能力,这无疑将对中国移动这样业务模式单一的专业运营商带来很大的冲击力。

总体来说,中国电信和中国联通在网络资源尤其是接入网部分、电信市场经验、人才储备等方面具有较强的综合竞争优势,将是中国移动最大的潜在竞争对手。

(五)替代品(略)

三、市场需求预测

(一)移动用户规模预测

采用定量预测法,运用数学模型和计量方法,来预测未来的市场需求。定量预测基本上分为两类,一类是时间序列模式,时间序列分析方法是一个分析历史性资料,利用预测目标的历史时间数列,通过统计分析或构造出数学模型,进行外推定量的预测方法;另一类是因果关系模式,如回归分析预测方法属于因果分析预测法,它是在具有统计相关关系的两个或两个以上的变量之间,找出回归方程建立起数学模型,从而进行统计分析预测。

(二)移动用户发展预测

就某种产品的生产而言,大体可以分为起步、发展、成熟、饱和几个阶段,移动用户的发展也要经历这样一个过程,营销工程中的市场预测模型主要有龚珀兹曲线模型、Logistic 模型(S 曲线模型)、Bass 模型。

本案例中采用 S 曲线模型对全国情况进行分析和预测,根据第五次人口普查数据,我国人口的年龄分布如下。

0~14 岁的人口为 28452 万人,占总人口的 22.89%;15~64 岁的人口为 86981 万人,占总人口的 70.02%;65 岁及以上的人口为 8827 万人,占总人口的 7.09%。

由于移动用户群体主要集中在 15~64 岁群体中,0~14 岁群体的移动用户较少,65 岁以上群体使用移动电话的情况也比较少。结合人口分布比例和参考其他国家的用户普及情况,决定我国移动电话用户普及率的饱和值为 70% 进行预测。

在 1990 年至 2000 年期间,我国移动用户的增长率很高,但由于用户基数小,每年增加的用户普及率是非常低的。21 世纪以来,每年新增的移动用户基本维持在 6000 万左右,年增普及率在 4.7% 左右,我国每年新增的移动电话普及率的最大值在 5% 左右,即年增用户在 6500 万左右。以 2003 年的用户数为起始点(加 2003 年移动通信用户数为 26869 万),并将上述参数代入模型,得到 2004—2008 年我国移动电话用户规模如表 1-1 所示。采用 Bass 扩散模型得到 2004—2008 年我国移动电话用户规模如表 1-2、表 1-3 所示。

第一章 导论

表 1-1　2004—2008 年不同饱和普及率时我国移动电话用户规模（万户）

年　　份	2004	2005	2006	2007	2008
70%饱和普及率	33342	39620	45255	49868	53483

表 1-2　2004—2008 年我国移动电话用户规模（万户）

年　　份	2004	2005	2006	2007	2008
70%饱和普及率	33323	39794	45744	50739	54581

表 1-3　2003—2006 年我国移动电话实际用户数（万户）

年　　份	2003	2004	2005	2006
用户	26869	33482	39343	46108

（三）预测结果模拟

如图 1-2 所示，两种模型曲线和实际数据有很好的拟合。

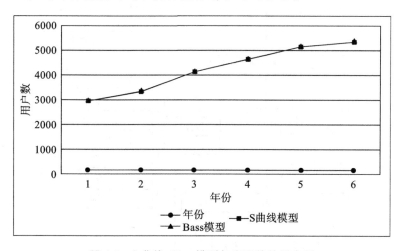

图 1-2　S 曲线、Bass 模型与实际值的拟合图

四、目标市场策略（市场细分与目标市场定位分析）

移动通信市场细分多以企业产品、客户地理分布、客户特征、客户价值维度等居多，将现有市场细分为大客户、商业客户和公众客户。其存在的问题有如下几个。

①企业关心的直接目标是客户的消费行为，研究客户地理分布或者人文统计特征等因素的目的是预测客户的消费行为，但这些间接、迂回的研究方法在信息传递过程中可能存在信息放大、偏离，从而导致信息失真。

②基于客户地理分布和人文统计特征等因素的细分，往往是企业大规模外延式扩张时期对客户进行粗放式管理所采取的主要方式，不适应企业集约式发展、精细化管理的需要。

③细分的依据主要是移动通信企业数据库中的顾客数据，往往是根据现有数据值直

接划分,没有对数据进行深入细致地挖掘。

④市场细分变量结构不够合理,在实践中,仅依据一些简单细分变量对市场进行了细分,没有充分考虑消费者的心理及行为变量,并未充分按照/根据消费者明显不同的需求特征来将整体市场进行划分,然后再进行目标市场选择、市场定位。

为了解决存在的问题,本案例从另一个视角对移动通信市场细分进行新的思考,对移动通信企业的客户数据进行深入的挖掘与分析,以客户消费行为作为细分标准,从营销工程的角度建立了一个基于客户消费行为细分的营销决策模型,如图1-3所示,应用该模型来取得一些有意义的结论。

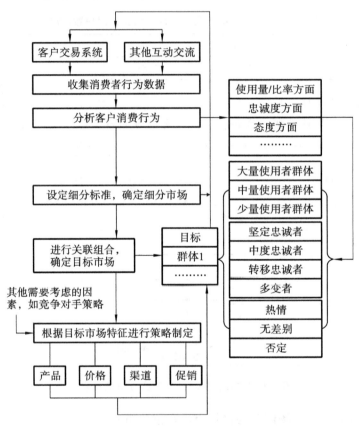

图1-3 基于客户消费行为细分的营销决策模型

（一）移动客户消费行为描述

为了方便分析和说明问题,本书仅用具备交易记录的参数来描述移动客户消费行为,即消费者使用了什么业务,该项业务的具体使用次数、数量或者费用,另外还有具体的使用时机等,概括如下。

①业务使用量:表示客户在单位时间内对某项业务的具体消费数量或者使用次数。依据此参数(服务被享受的程度)可以将客户细分为少量使用者、中量使用者和大量使用者群体。大量使用者群体的客户数量通常只占总客户数量的一小部分,但是他们在消费中所占的比重却很大。在现阶段的移动企业中使用月语音通信时长、月短信数量、月

GPRS 流量等参数。

现阶段,移动通信企业的主要业务可以分成语音和数据两大部分,语音业务主要是基本的通话功能,这里用月语音通话费用(客户每月平均通话费用)和月通话分钟数(客户每月平均通话的分钟数,不区分本地和长途电话)来描述客户语音业务消费方面的行为;数据业务中目前仅短信息业务比较常用,因此本处用月短信使用量(客户每月平均发送的短信数量,不含接收短信息)来描述客户在数据业务消费方面的行为。

②忠诚度:客户在消费行为方面的一个重要差异就是在网时间的差异,这体现客户的忠诚度(包括对企业的忠诚度和对品牌的忠诚度),这里用在网时长(在网客户从入网到现在的月数)这一参数来衡量。

(二)样本数据选取

在沈阳市某移动通信营业部全球通客户数据库(样本库数据量为 37417 户,男女性别比例为 2.5∶1,从中随机抽取 2000 个客户数据(按照 2.5∶1 选取男女样本数量),样本客户消费的总体情况如表 1-4 所示。

表 1-4 样本客户消费行为总体特征

月均通话时长	月均语音通话费用	月均短消息总量	在网时长
451.89 分钟	128.54 元	32 条	26.2 月

(三)聚类结果分析及营销策略描述

1)聚类结果分析

运用 SPSS 统计软件,按照 K-Means Cluster 方法,将样本数据聚类成四类,如表 1-5 所示,可以看出四类客户在月语音通话费用、月通话时长、月短信使用量和在网时长方面具有不同表现。

表 1-5 聚类分析结果

客户群	客户数	消费特征			
		月语音通话费用(元)	月通话时长(分钟)	月短信使用量(条)	在网时长(月)
1	116	485.93	1587	57	29
2	6	1135.02	3646	81	29
3	492	211.87	761	51	28
4	1339	62.55	226	23	25

客户群 1:月语音通话费用为 485 元左右,月通话时长为 1587 分钟,高于 451.89 分钟的 MOU(平均每户月通话时长)值,当前语音消费实际贡献较高;月短信使用量为 57 条,高于 32 条的平均值,短信使用较多;在网时长为 29 个月,高于 26.2 个月的平均时长,为在网老客户。

客户群 2:月语音通话费用为 1135 元左右,月通话时长为 3646 分钟,远高于 451.89 分钟的 MOU 值,当前语音消费实际贡献最高;月短信使用量为 81 条,远高于 32 条的平均值,短信使用最多;在网时长为 29 个月,高于的 26.2 个月的平均时长,为在网老客户。

客户群 3:月语音通话费用为 211.87 元左右,月通话时长为 761 分钟,高于 451.89

分钟的 MOU 值,当前语音消费实际贡献处于中等偏上水平,月短信使用量为 51 条,高于 32 条的平均值,短信使用量处于中等偏上水平;在网时长为 28 个月,较接近于 26.2 个月的平均时长,为在网老客户。

客户群 4:月语音通话费用为 62.55 元左右,月通话时长为 226 分钟,低于 451.89 分钟的 MOU 值,当前语音消费实际贡献较低;月短信使用量为 23 条,低于 32 条的平均值,短信使用较少;在网时长为 25 个月,低于 26.2 个月的平均时间,为在网老客户。客户群 4 的总客户数量为 1339 位,占总客户数量的 68.56%。

2) 目标市场选择

一般而言,决定用户价值进而影响移动通信运营企业营销投入的关键因素为客户的当前价值和潜在价值。用客户的当前价值和潜在价值来描述四个具有不同营销方向的用户群体,并用不同的名称表示:当前价值和潜在价值双高的"明星客户"、当前价值高、潜在价值低的"现金牛客户"、当前价值和潜在价值双低的"低端客户"和当前价值低、潜在价值高的"成长客户"。四类客户在价值坐标系的分布如图 1-4 所示。

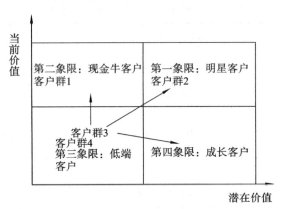

图 1-4 四类客户在价值坐标系的分布

客户群 1 处于第二象限,当前价值比较高,潜在价值比较低但比较靠近坐标原点。当前的语音消费方面有不错的表现,说明这部分客户经济水平相对较好,具有旺盛的消费能力,是为移动企业创收的"现金牛"客户。

策略:要重服务,多从产品开发和服务入手,少打资费算盘,一方面要在开发增值业务方面下功夫,具体而言就是要深入了解和挖掘这部分客户的实际需要,站在他们的利益点上有针对性地进行产品设计和开发,尤其要在简单适用的数据业务上下功夫,提供相应的业务培训和辅导;另一方面提供高附加值的服务,即高便利性、个性化、亲情化的一对一营销服务,特别是主动服务,包括整合行业外的延伸服务。

客户群 2 处于第一象限,当前价值和潜在价值"双高"的客户群体。语音消费高群体,数据业务仍然有不错的表现,说明这部分客户有较高的通信消费需求,对新业务有很好的兴趣且已经转化为消费,是"明星客户",属于成长性的高端客户。

策略:可以依靠客户管理系统,动态收集和分析客户各种资料,指定客户经理进行定期访问,另外应该借助应急小组,在竞争对手开始接触这类客户后马上实施稳定措施。

另外,应坚持新业务的试用制度,在新业务试用期间要不断收集客户意见和建议,体现对客户意见的重视。

客户群3处于第三象限,这部分客户具备"双低客户"的特征,但由于当前价值和潜在价值两项指标都比较靠近中间值,从消费行为指标上来看具有很明显的中间群体色彩,存在向其他三个象限转移,成为"明星客户""现金牛客户""成长客户"的可能。

客户群4处于第三象限,当前价值比较低,潜在价值也比较低,属于"双低"客户。语音消费方面贡献比较低,说明其消费能力有限,可能受经济水平制约。这一客户群体占总客户的68.56%,是最大的客户群体。但他们并非营销服务的重点,营销服务上对他们只要给予适当的投入和关注即可,但要做好基本的服务,避免出现比较突出的不满意。具体实施上要重点做好积分回馈等客户关怀行动,在网时长应作为一种资源,适当给予关注和回馈。

五、营销策略分析

（一）基于知觉图的移动通信套餐设计与定位

1）对用户偏好的实证分析

知觉图是消费者对某一产品或品牌的知觉和偏好的形象化表述,产品被描述成坐标轴上的一些点,两种产品之间的距离可以解释成它们之间的相似性,我们可以通过多维标度法来构建知觉图。通过多维标度法对消费者的偏好数据进行处理,输出二维空间图,将消费者偏好对品牌间的相似或差异程度以图形及距离的形式形象直观地表示出来,从而为资费套餐的设计提供决策依据。

通过对沈阳地区100名手机用户的调查问卷(回收有效问卷98份),分别选取6种中国移动和6种中国联通具有代表性的主要资费套餐,所采用的属性主要有代表套餐构成的指标和代表优惠方式的指标,在12个属性上进行打分,等级为1至9(1为最差,9为最好),如表1-6所示。

表1-6 手机用户对套餐的偏好平均得分

套餐 属性	联通 大众卡	炫卡	拜年卡	爱心卡	灵通王	短信王	奥运卡	小康卡	幸福卡	神州行	移动 大众卡	动感 地带
本地通话	2.4	5.6	7.8	2.4	5.5	6.8	5.6	1.8	4.1	1.4	2.6	5.6
月租	9	4.5	8.8	8.6	3.4	7.2	2.4	1.6	2.3	8.8	8.9	4.5
长话	1.4	1.2	1	1.6	1.3	1.3	1.3	1.1	1.1	1	1.2	1.1
新业务组合	2.2	4.2	3	8.2	4.8	7.6	1.1	5.2	4.5	1	3.4	8.9
短信优惠	1	8.4	2.3	1.2	2.1	4.5	1	1.2	1.2	2.8	2.6	8.5
不同时段	1.1	2.3	1.2	1.1	1.4	1.4	1.7	1.5	1.1	1	1	7.8
节假日优惠	1.7	1.3	1.7	4	2.8	2.2	1.2	2.3	1.3	1.8	1.2	4.6
网内	1	5.8	1.1	1.5	1.5	1.8	1.8	1.4	1	1.5	1.3	6.8
来电赠送	8.7	8	2.6	8.9	1.1	2.7	3	1	8.9	1	8.8	4.8
亲情号	1.9	1.8	1	8.9	3.5	1	1	8.6	1.1	3.4	1.1	3.5

续表

属性\套餐	联通大众卡	炫卡	拜年卡	爱心卡	灵通王	短信王	奥运卡	小康卡	幸福卡	神州行	移动大众卡	动感地带
漫游	7.6	7.8	8.4	6.4	7.6	4.2	3.2	1.1	1.4	4.5	8.6	8.6
话费赠送	8.9	1	1.9	1.4	8.4	7.8	1.6	2.1	8.2	2.1	8.9	1.4

利用 SPSS 统计软件进行数据处理,输出的二维空间图如图1-5所示(用 t1～t12 依次代表联通大众卡、炫卡、拜年卡、爱心卡、灵通王、短信王、奥运卡、小康卡、幸福卡、神州行、移动大众卡和动感地带)。从图中可以看出联通大众卡和移动大众卡在图中的位置比较靠近,这说明两种卡在用户心中的定位是基本相同的,联通大众卡的主要竞争对手是移动大众卡。炫卡、灵通王、短信王、奥运卡在图中的位置也比较靠近,说明这四种卡在用户心里的定位也大致相同。除移动大众卡、联通大众卡、爱心卡外,其他套餐都集中在第一象限的区域。总体上来说,目前市场上的资费套餐结构不够合理,说明各种套餐在用户感知方面有很大的相似性,没有树立各自明确的品牌形象。

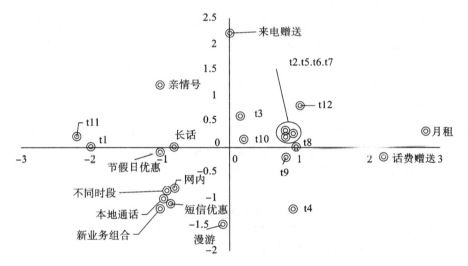

图 1-5　12 种套餐的拟合空间图

2) 对套餐设计策略的建议

在进行业务套餐设计时,要把具有类似需求,共同特征的用户群体区分出来,找出用户的年龄、职业、身份地位、消费习惯、消费心理以及通话时间、通话时长、短信数量等方面的规律,并采用一定的数据分析和数据挖掘工具来细分用户,并针对用户的需求设计业务套餐。

中国移动推出一种新的套餐时,中国联通除采取跟踪策略外,更应充分考虑竞争的因素,对竞争对手的产品进行分析,这样有利于提高自身产品竞争力,从而取得竞争优势。在套餐设计时应该突出侧重点,在消费者心中树立明确的产品形象。

目前用户消费的主体结构还是本地通话,因此套餐的设计应该以本地通话和月租为基础进行设计。

(二)价格策略

以"囚徒困境"模型分析我国移动通信业的价格竞争。以中国移动与中国联通在移动通信市场为例,分别代之以 A 公司和 B 公司,假设其在市场竞争中,有降价和不降价两种策略,图 1-6 所示的为两个公司分别采取不同策略组合下的收益。

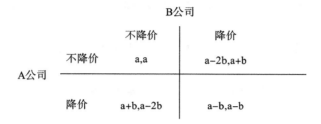

图 1-6 价格博弈

可见,当 A 公司或者 B 公司只有一方采取降价策略的时候,会获得更大的市场占有率,从而获得更高的利润。但是在博弈论中,对于博弈双方都是理性人的假设,博弈双方都会考虑对方采取的策略对自己收益带来的影响,都不约而同地采取降价作为自己的占优策略,于是(降价,降价)策略成为该博弈模型的唯一纳什均衡。尽管双方都采取不降价时,带来的总收益要大于采取(降价,降价)策略的收益,但企业仍然竞相降价,陷入价格竞争的"囚徒困境",当企业都采取不断降价时,企业的利润会不断下降,这样博弈双方恶性竞争的结果会弱化整个移动通信行业的竞争力,导致企业创新力低下、新技术得不到应用、新业务得不到开展等一系列问题。

(三)渠道策略

从渠道模式设计、渠道管理体系、渠道激励与控制三方面提出渠道策略。

(四)促销决策分析

1) 移动通信企业广告预算决策

传统的广告预算方法包括量力而行法、销售百分比法、竞争对等法、目标任务法。营销工程广告预算决策主要是基于模型的方法,该方法的计算公式如下:

$$\max Z = \sum_i \sum_j \sum_t S_i \{t \mid [A_i(t)], [C_{ij}(t)]\} \times m_i - \sum_i \sum_t A_i(t) = 毛利润 - 广告支出$$

约束条件为

$$\sum_i \sum_t A_i(t) \leqslant B (预算约束)$$

$$L_i \leqslant \sum_i A_i(t) \leqslant U_i (区域约束)$$

2) 广告反应现象研究

引用维达尔和沃尔夫(Vidale & Wolfe)开发的典型广告反应模型,来解释当广告既存在即时效应又存在滞后效应时的销售变化率,并且根据其研究成果,得出移动通信企业制定促销策略的一些启示。该模型如下:

$$\frac{\Delta Q}{\Delta t} = \frac{rX(V-Q)}{V} - \alpha Q$$

根据分析,移动通信企业可以制定以下几种促销策略。

（1）在广告促销中及时加入技术创新的信息，并根据技术创新来设计广告文案，缩短广告文案的生命周期。

（2）减少知名品牌的宣传力度，加大对新业务、新套餐、新优惠的宣传力度，以此来提高销售量。

（3）精确计算促销的最优水平和时机，准确把握促销费用与销量增加的关系，减少不必要的促销浪费。

（4）对价格敏感度较强的客户实行较高的折扣和优惠，对忠诚度较高的客户实行较低的折扣和优惠。

案例思考：基于营销工程的营销策略分析思路包括哪几个方面？

第一节　营销工程概述

一、营销工程提出背景

20世纪50年代后期，营销理论和观点发生了很大变化，现代营销学体系正式形成；20世纪60、70年代，居于全球经济发展前沿的美国经济率先进入繁荣时期，营销管理阶段日渐成熟；20世纪80年代，全球经济一体化进程加快，全球营销、关系营销、直复营销，以及科特勒的大市场营销概念进一步提出，企业间的竞争合作在全球开展起来，区域经济组织蓬勃发展，现代营销模式逐渐呈现出来。消费者需求的多样化和个性化使企业间争夺消费者的竞争更加激烈。

21世纪以来，网络的迅猛发展，带来了线上与线下的竞争。"大数据"正在改变企业赖以生存的资源环境、技术环境和需求环境。近年来，人工智能（artificial intelligence，AI）技术开始应用于市场分析与决策中，大数据、人工智能和云计算将尝试互通运用，三者造就的数据"功力"远超人们的想象，智能数据和营销的结合是一个不可逆转的趋势。在智能手机普及的今天，营销人员要知道如何在现有流量基础上实现营销的增长和扩大，而随着人脸识别和语音识别等技术的运用，对营销人员通过实时或者非实时数据洞察消费者的行为、判断他们的喜好并且预测未来的趋势的能力有了更高的要求。可见，现在以及未来的市场环境将形成一种新的竞争格局，这不是仅靠传统的经验法、概念法营销管理手段能够应对的。应用高性能的计算机处理大量数据已经成为现代营销决策的基础和趋势。数学建模和计算机建模技术的发展，使更加科学的计算机软件取代了以前复杂的数学建模分析方法，使以前只能由专业技术人员进行复杂分析的方法更加简化。营销工程正是通过计算机模型将营销环境的各种因素和信息进行处理，从而得出科学决策的方法。

二、营销工程的形成与研究进展

国外对营销进行定量研究已有半个世纪,其发展历程如图 1-7 所示。

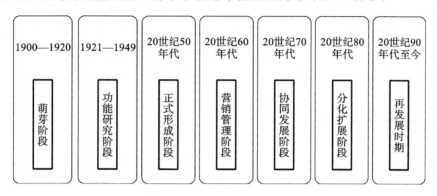

图 1-7 营销工程发展历程

第一阶段是数学模型在营销中的应用,以弗兰克(R. Frank)等人编写的《营销分析的定量技术》一书为代表。

第二阶段是 1965 年兴起的管理信息系统,菲利普·科特勒(Philip Kotler)的《设计企业的营销神经中心》代表了这一阶段的成就。

第三阶段是 1970 年开始的决策演算,以利特尔(John Little)的 ADBUDG、罗迪斯(Lodish)的 CALLPLAN 系统等为代表。

第四阶段是 1975 年开始的计量经济模型阶段。

第五阶段是 1980 年开始的营销决策支持系统,以斯林尼瓦桑的 STRATPORT、罗迪斯的零售店址选择系统、利连的 BEll 和温德的 AHP 等为代表。

第六阶段是 1987 年出现的营销专家系统,以朗格斯瓦米的 INFER、利连的 ADVISOR 等为代表。

第七阶段是 1991 年开始的人工神经网络应用阶段。

第八阶段是数据挖掘阶段。利连、朗格斯瓦米等综合了前人的研究成果,为营销工程的形成奠定了基础。

人工智能作为计算机科学的一个分支,产生于 1956 年,由 McCarthy 在 Dartmouth 学会上正式提出。智能营销则是通过人的创造性、创新力以及创意智慧,将先进的计算机、网络、移动互联网、物联网等科学技术进行融合并应用于当代品牌营销领域的新工具与新趋势。目前有关智能营销的研究主要体现在客户智能的作用、内容、实质、应用实现等。其中比较有代表性的理论成果包括:Business Objects 公司的 Paul Clark 分析了客户智能与 CRM 的关系,并指出客户智能是 CRM 的智慧所在(the brains behind CRM);Jim Berkowitz 提出"商务智能是 CRM 的基础"的观点,他还对商务智能的组件进行了分析,将 OLAP、数据仓库、数据挖掘技术作为商务智能的必备组件。

我国在 20 世纪 90 年代以后,为提高营销管理教育和企业的营销管理水平,中国人民大学出版社的闻洁女士及国内其他专家学者从国外引进了最新的营销教材,其中就包括利连的《营销工程与应用》,从而使国内学者开始了对营销工程的研究。中国人民大学、上海交通大学、香港中文大学等高校已经开展了营销工程课程。目前,营销工程在我国仍处于起步阶段,学术界对营销工程的研究正在开展,但营销工程方面的研究成果较少。我国大部分企业在营销决策方面主要依赖经验判断,在营销决策中仍然停留在应用SPSS、SAS等统计软件进行简单的决策分析阶段。然而我国很多营销咨询公司却在营销决策技术研究上取得较大进步,爽朗科技公司是目前为止我国为数不多的营销决策软件开发公司,其 MarketTao 方案与营销工程软件具有很多相似之处。

三、什么是营销工程

营销工程是通过营销决策模型对营销数据、营销案例等进行定量化、系统化分析,修正概念性营销中的思想模型,提高决策准确性的系统工程。

——Gary L. Lilien

具体来说,营销经理必须不断对产品的特性、价格、分销方案、销售激励等做出决定,与所有涉及人的决策一样,营销决策的制定采用主观判断。而制定系统决策的典型方法是开发一个反映决策的思想模型,使之与已知事实、直觉、推理和经验相结合。

例如:当你打算做广告时,在对广告费用进行决策时,通常你会做如下的思考。

(1) 经验法:依据以往的经验,或者与其他咨询顾问的经验相结合来进行预算;经验法很容易发生系统误差,首先是每个人的经验不同,其次是会受主观意识影响。

(2) 实践标准法:实践标准法也会导致严重错误,它忽视了决策背景的特性,如果新进的竞争者凭借极具攻击性的广告方案进入市场而导致本公司的销售额下降,这时候如果采用销售额百分比法将减少广告预算,这与实际操作是相悖的。因此,实践标准法缺乏因营销环境变化而合理决策的灵活性。

而营销工程则是建立一个决策模型,计算市场对各种广告费用的可能反应,然后在制定决策前用这个模型研究不同费用带来的销售额和利润(这在本书的第十章将会做具体阐述)。

第二节 营销工程模型

营销工程是学习如何使用决策模型来制定营销决策。完全依靠思想模型的方法称为概念性营销(conceptual marketing),营销工程是概念性营销的补充,两种方法的结合将产生更大的威力。

如麦卡锡提出的营销组合 4P-概念模型,而如何将 4P 组合达到最佳营销效果,却可以通过营销决策模型来表现。

ABB电气公司是发电设备的制造商和分销商,它想提高销售额和市场份额,但整个行业的需求量预计下降50%。通过仔细分析和追踪顾客的偏好和行为,该公司确定了对哪些顾客展开营销,以及哪些产品特征对这部分顾客最重要。公司经理使用了选择行为模型的营销工具进行市场细分和市场定位。

庄臣公司试图以最佳成本/收益来预测新产品成功的可能性,之前主要靠试销来获取数据,但试销费用太高,且会让竞争者得到新产品的信息,于是采了"ASSESSOR"营销工程工具进行试销效果衡量和建模,不仅大大降低成本,且获得准确的决策效果。

一、营销工程方法

图1-8所示描述了营销工程的方法,即用计算机模型将有关营销环境的主观和客观数据转化为决策所需的信息并辅助决策实施,具体解释如下。

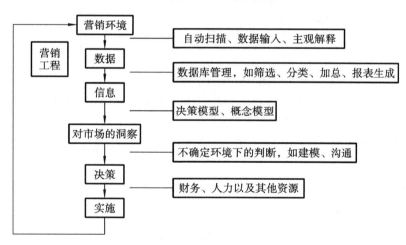

图1-8 营销工程方法

数据:指的是客观事实、对事务的信赖或者观察应用。如不同地区销售的货币金额,而且信念也可以作为模型的输入。

信息:指的是加总或分类后得到的数据。如所有地区或高或低的销售分类的均值方差所构成的信息。

洞察:指的是赋予数据和信息含义,并帮助营销经理们更好地理解决策环境。如对为什么销售量在不同地区会存在巨大的变动,为什么某些地区销售量一直偏低等现象的洞察。

决策:指的是对某项特别洞察力偏好判断提供比较可信的解释。如针对销售低迷的地区以更大的营销努力来制定决策。

以上最重要的是将信息和洞察力转换成决策。

二、营销决策模型

营销工程的核心和基础是营销决策模型,通过采用营销决策模型可以提高决策的一致性,探索更多的决策方案。营销工程通过计算机编码将决策模型计算机化和软件化,从而使决策者不必关心那些复杂的数学模型,通过营销工程软件简化决策过程,得出正确的决策方案。

常用的模型主要有文字模型、图形模型和数学模型。

文字模型是用语言来定性描述变量间关系的模型,如图 1-9 所示的 Mayer 信任模型,他认为值得信任的因素包括能力、善良和正直,此外,信任的过程中必须承担风险。

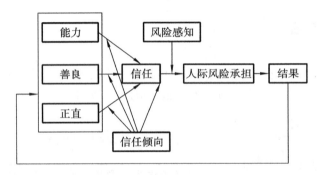

图 1-9 Mayer 信任模型

(资料来源:Mayer R C,Davis J H,Schoorm an F D. An Integrative Model of Organizational Trust[J]. Academy of Management Review,1995,20(3):709-734.)

图形模型是用图表描述变量间关系,如图 1-10 所示的朗逸及高尔夫在 2013 年的销量和增速走势。

数学模型是用数学方程式来分析现象和解决问题的模型,如销售额与广告费用间关系可以用如下数学模型表示:

$$\frac{\mathrm{d}x_t}{\mathrm{d}t} = (a + bx_t)(N - x_t)$$

式中:x_t 为在时机 t 之前已购买过该产品的总人数;N 为人口规模;a,b 为要确定的常量。

(一)营销模型发展历程

回顾营销模型发展历程,大致经历了以下五个阶段(见图 1-11)。

1950—1965 年期间,学者们主要是直接应用运筹学和管理科学工具来解决营销问题,包括对消费者抉择行为进行数学建模、计算机模拟、随机过程建模以及动态建模,其中,差分方程和微分方程作为当时动态建模的首要选择。代表人物有 Cyert 和 March,他们把模型分为描述型模型、预测模型和标准化模型。

1965—1970 年期间,学者们开始设计和使用大型的专门营销决策模型。代表人物有

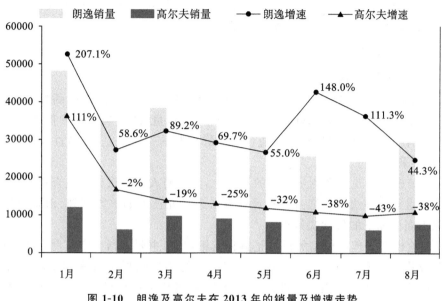

图 1-10　朗逸及高尔夫在 2013 年的销量及增速走势

（资料来源：中汽协数据。）

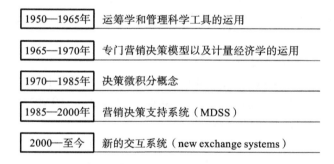

图 1-11　营销模型发展历程

Lee 和 Massy，他们多采用计量经济学方法建模。

1970—1985 年期间，这时的营销模型更加注重方便、实用和营销实务再现。代表人物有 Little 和 Leeflang，前者提出了决策微积分概念，后者著有《数学模型在营销中的运用》一书。

1985—2000 年期间，学者们集中于研究营销决策支持系统（MDSS），产生了整合分析（meta-analyses）以及对普遍意义结果的分析。代表人物有 Gary L. Lilien 和 Rangaswamy，他们二人提出了营销工程概念，并且著有《营销工程——计算机辅助营销分析和计划》一书。

2000—至今，技术的变化促进了新的交互系统（new exchange systems）的研究。为了更好地进行营销决策，专家学者与业界都在尝试使用一些新的营销模型、方法与工具，如使用计算机和通信技术把相关信息及时地传递到整个公司，通过神经元网络和遗传算法进行诸如数据挖掘（DM）等技术的试验。同时，业界也要求营销学界提供更多密切联系营销工作实务的模型,并进行针对性解释。这些都共同促进了营销工程模型与决策工具的开发,以及对营销决策问题的务实研究。

(二)决策模型分类

1. 根据模型建立目的的分类

(1)测量模型。测量模型是为了衡量多个自变量与因变量之间的函数关系,衡量营销学中营销工具对市场成果指标(如市场占有率、销售量)的影响及影响程度。自变量主要是营销组合中的一些变量,包括企业自身能够控制的一些变量、季节性变量、消费者特点、竞争对手采取的行动等。

(2)决策模型。建立在测量模型的基础上,为营销人员提供营销组合决策的选择,辅助营销人员进行具体决策。通过多种计算方法和研究技术如整数规划、动态规划等最大技术获取不同情况下的最优决策点。

(3)理论模型。理论模型的目的是解释营销现象,主要包括文字模型和数学模型,通过两步假设建立模型,比较不同的第二步假设下的相异结果了解真实市场具体操作理论。得出的理论可帮助营销人员进行定性分析,或者作为测量模型和决策模型的理论前提以辅助定性分析。

2. 根据所涉及的营销模块分类

(1)市场细分板块:聚类分析(分割法和分层法市场细分)、判别分析、基于行为选择模型。

(2)市场定位:知觉偏好分析。

(3)市场战略分析:多项式分对数分析、神经网络预测、线性回归分析。

(4)营销战略决策模型:决策树分析、产品业务组合分析、PIMS策略模型指导、产品业务组分析、层次分析法、竞争性分析。

(5)新产品决策分析:联合分析、巴斯模型、ASSESSOR预测市场模型。

(6)广告与沟通决策:广告预算、媒体与文案决策。

(7)销售队伍与渠道决策:资源分配、店址规划等。

(8)定价决策:竞争投标定价、差别定价、价值定价。

(9)促销决策:促销费用、促销分析。

第三节 营销工程软件实现

利连(Gary L. Lilien)在其出版的《营销工程与应用》一书中虽然自带 Marketing Engineering computer-Assisted Marketing Analysis and Planning 光盘,但需要美元进行在线付费,对中国学生而言不适用,目前国内有部分院校在使用国内公司开发的营销工程软件,但由于价钱较贵,绝大部分学校还是使用 Excel 和 SPSS 进行实践操作。

一、Excel 软件应用

1. 拖动

上下拖动:按住鼠标左键,选中一个或多个单元格,将光标上下拖动到选中的最后一个单元格的右下角,待光标变成大"十"时松开。

左右拖动:按住鼠标左键,将鼠标左右拖动到适当列(见图 1-12)。

图 1-12 拖动操作界面

2. 函数(公式)设置

选定要输入函数(公式)的单元格后,先输入"=",然后输入函数(公式),最后单击编辑栏中的"√"按钮确定。

3. 规划求解

Excel 的规划求解可以在有或无约束条件下求解线性或非线性规划问题。营销工程中,如果销售是广告支出的函数,则规划求解程序就可以得出在何种广告支出水平下利润最大。规划求解程序可以优化营销组合。

如果要确定函数的参数以便此函数能很好地拟合数据,规划求解程序就可以得出能使实际数值与预测数值之间方差最小的参数值。

【例题 1-1】 某企业需要制定三种主要产品 A、B、C 的生产计划,各产品的预期销量不同。各产品的预期销量(台)、生产时间(工时)、利润(元/台)如表 1-7 所示。而且,工厂的生产能力(工时)有限,最大是 28000(工时)。

为了实现最大的总利润,则各产品分别生产多少台?

表 1-7 原始数据

产 品	预期销量(台)	生产时间(工时/台)	利润(元/台)
A	135~165	35	110
B	180~220	45	140
C	225~270	55	180

解

(1) 约束条件：A 产品的产量为 x；B 产品的产量为 y；C 产品的产量为 z；x、y、z 为整数。

销量的约束条件：$135 \leqslant x \leqslant 165$，$180 \leqslant y \leqslant 220$，$225 \leqslant z \leqslant 270$。

生产能力(工时)的约束条件：$35x+45y+55z \leqslant 28000$。

(2) 目标函数：利润 $P=110x+140y+180z$，求出使得 P 最大的 x、y、z。

Excel 操作如下。

①启动加载项"规划求解"。

②在 Excel 中建表，如图 1-13 所示。

F4

	A	B	C	D	E
1					
2					
3	产品	预期销量	生产时间	利润	
4	A	135-165	35	110	
5	B	180-220	45	140	
6	C	225-270	55	180	
7					
8					

图 1-13　原始数据

③设定约束条件：打开规划求解，逐一设置 $135 \leqslant x \leqslant 165$，$180 \leqslant y \leqslant 220$，$225 \leqslant z \leqslant 270$；生产能力(工时)设置：$35x+45y+55z \leqslant 28000$，$x$、$y$、$z$ 为整数，如图 1-14 所示。

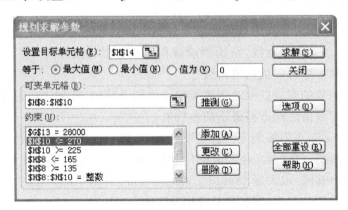

图 1-14　规划求解约束条件设定

④输入公式：输入生产工时公式 $35x+45y+55z$，如图 1-15 所示；输入目标函数公式 $110x+140y+180z$，如图 1-16 所示。

⑤规划求解：求解后的结果如图 1-17 所示。

综上所述，当 A 产品产量为 143 台，B 产品产量为 181 台，C 产品产量为 270 台时，总利润最大为 89670 元，需要工时数是 28000 工时。

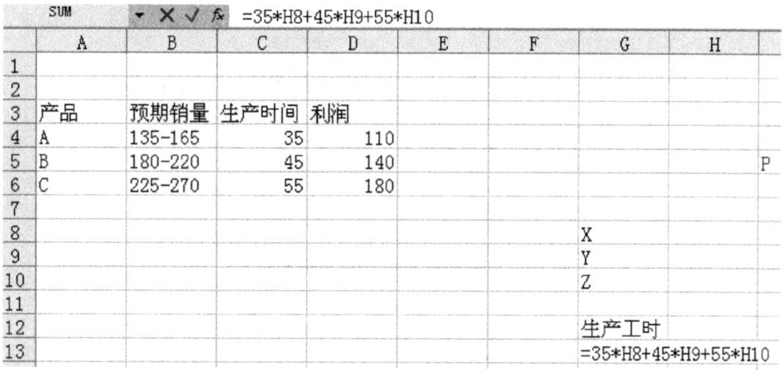

SUM =35*H8+45*H9+55*H10

	A	B	C	D	E	F	G	H	I
1									
2									
3	产品	预期销量	生产时间	利润					
4	A	135-165	35	110					
5	B	180-220	45	140					P
6	C	225-270	55	180					
7									
8							X		
9							Y		
10							Z		
11									
12							生产工时		
13							=35*H8+45*H9+55*H10		

图 1-15 生产工时公式输入

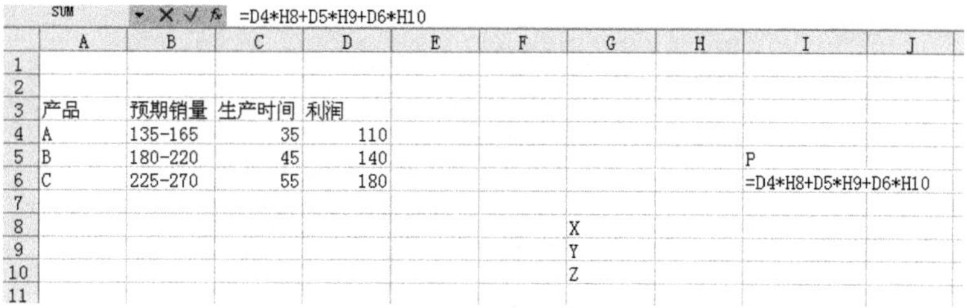

SUM =D4*H8+D5*H9+D6*H10

	A	B	C	D	E	F	G	H	I	J
1										
2										
3	产品	预期销量	生产时间	利润						
4	A	135-165	35	110						
5	B	180-220	45	140					P	
6	C	225-270	55	180					=D4*H8+D5*H9+D6*H10	
7										
8							X			
9							Y			
10							Z			
11										

图 1-16 目标函数公式输入

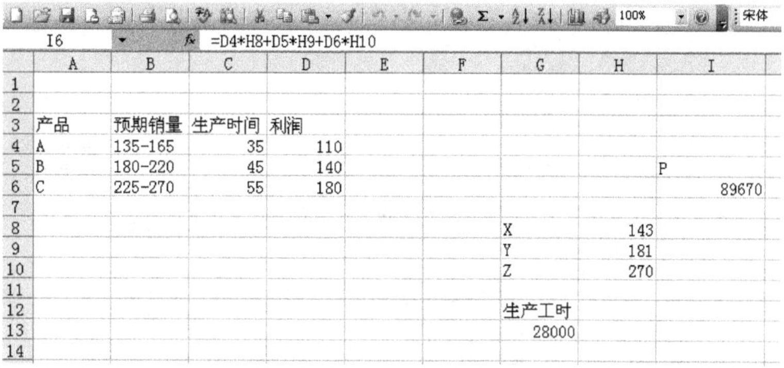

I6 =D4*H8+D5*H9+D6*H10

	A	B	C	D	E	F	G	H	I
1									
2									
3	产品	预期销量	生产时间	利润					
4	A	135-165	35	110					
5	B	180-220	45	140				P	
6	C	225-270	55	180					89670
7									
8							X	143	
9							Y	181	
10							Z	270	
11									
12							生产工时		
13							28000		
14									

图 1-17 规划求解结果

二、SPSS 基本操作

1. 启动、打开及保存

（1）启动和打开文件：依次单击“开始”、“所有程序”、“SPSS for Windows”；或者使用 SPSS 16.0，将 SPSS 16.0 文件直接安装于计算机 C 或 D 盘，打开 SPSS 16.0 文件夹，双击 ，选择需要打开的文件即可，如图 1-18 所示。

（2）文件保存：选择菜单“File-save”或“save as”，可以保存为如图 1-19 所示的文件格式。

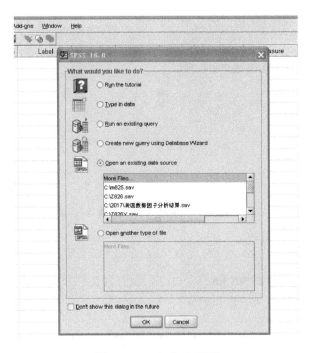

图 1-18　SPSS 初始界面

图 1-19　数据保存时画框

2. 变量和数据录入

1）变量定义

单击变量视图(variable view)，如图 1-20 所示。

①Name(名称)：定义变量名。变量名必须以字母或字符开头，不能包含空格。每个变量名必须是唯一的，不允许重复。其他字符可以是任何字母、数字或_、@、#、$ 等特殊符号。变量名最多可包含 64 个字节，汉字为 32 个字符。

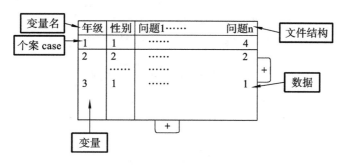

图 1-20　SPSS 变量视图

②Type(类型)：定义变量类型。SPSS 的主要变量类型有：Numeric(标准数值型)、Comma(带逗点的数值型)、Dot(逗点作小数点的数值型)、Scientific Notation(科学记数法)、Date(日期型)、Dollar(带美元符号的数值型)、Custom Currency(自定义型)、String(字符型)。单击 Type 相应单元中的按钮，显示如图 1-20 所示的对话框，选择合适的变量类型并单击"OK"按钮。缺省情况下，假定所有新变量都为数值变量。

③Width：变量长度。设置数值变量的长度，当变量为日期型时无效。

④Decimal：变量小数点位数。设置数值变量的小数点位数，当变量为日期型时无效。

⑤Label：变量标签。变量标签是对变量名的进一步描述，在分析结果输出时显示，提高可读性。可以为描述性变量标签分配多达 256 个字符(在双字节语言中则为 128 个字符)。变量标签对大小写敏感，显示时与输入值完全一样，在需要时可用变量标签对变量名的含义加以解释。

⑥Value：变量值标签。变量值标签是对变量的每一个可能取值的进一步描述，当变量是定类或定序变量时非常有用，例如：代码 1 和代码 2 分别代表 male 和 female，可以在图 1-21 所示的对话框中进行设置。

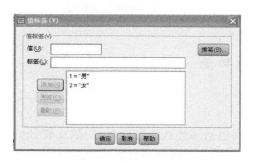

图 1-21　SPSS 变量值设置对话框

⑦Scale：变量的测量尺度。变量按测量精度可以分为定类变量、定序变量、定距变量和定比变量。如果变量为定距变量或定比变量，则在 Scale 相应单元的下拉列表中选择"Scale"；如果变量为定序变量，则选择"Ordinal"；如果变量为定类变量，则选择"Nominal"。如果多个变量类型相同，则可以采用复制方式定义多个变量。

2）数据输入

切换到数据视图(data view)，如图 1-22 所示。

营销工程与实践

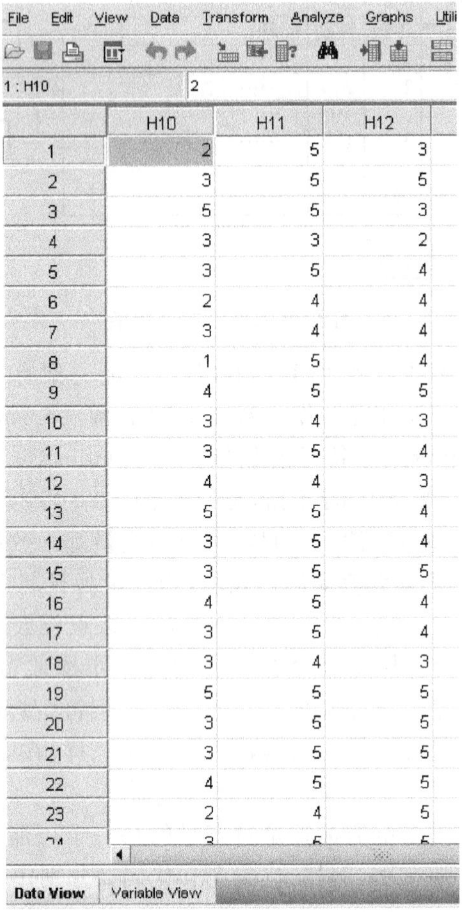

图 1-22 SPSS 数据视图

三、数据和图形分析功能

1. 统计分析

SPSS 的统计分析主要包括描述性统计分析、均数比较分析、相关分析、回归分析、因子分析、信度分析、非参数检验等多种分析方法,可根据要求选择使用,如表 1-8 所示。

表 1-8 SPSS 主要分析方法介绍

菜 单 项	主要功能介绍	各菜单项包含的统计分析功能
Reports(报告)	分析处理时需要制作一系列含有多种统计量的报告,以获取有价值的信息或设定相应的打印格式,利用这些信息还可以进行深层次分析	OLAP Cubes (Online Analytical Processing Cubes,在线分层分析) Case Summaries(个案汇总) Report Summaries in Rows(按行汇总) Report Summaries in Columns(按列汇总)

· 26 ·

续表

菜 单 项	主要功能介绍	各菜单项包含的统计分析功能
Descriptive Statistics（描述统计）	具有一系列的基本统计分析与作图功能，有助于深入认识观测数据的分布特征	Frequencies（单变量频数分布分析） Descriptive（描述性分析） Explore（探索性分析） Crosstabs（列联表分析） Ratio Statistics（比率统计分析）
Tables（表格）	可对定量资料、分类资料及多重反应资料整理成各种统计表	Custom Tables（自定义表格） Multiple Response Sets（多重反应资料统计表）
Compare Means（均值比较）	求解统计量，推断样本均数间或样本均数与总体均数间的差异是否显著	Means（分组求均值） One-Sample T Test（单样本 t 检验） Independent-Samples T Test（独立样本 t 检验） Paired-Samples T Test（配对/相关样本 t 检验） One-way ANOVA（一维方差分析）
General Linear Model（GLM，广义线性模型）	完成实验设计的多自变量、多水平、多因变量、重复测量方差分析及协方差分析	Univariate（单变量 GLM） Multivariate（多变量 GLM） Repeated Measures（重复测量设计的 GLM） Variance Components（方差成分）
Correlate（相关分析）	研究变量间密切程度	Bivariate（两个变量的相关分析） Partial（偏相关分析） Distances（距离分析）
Regression（回归分析）	研究一个或多个自变量与另一个因变量之间是否存在某种线性关系或非线性关系	Linear（线性回归分析） Curve Estimation（曲线估计） Binary Logistic（二值 Logistic 回归分析） Multinomial Logistic（多项 Logistic 回归分析） Ordinal（有序回归） Probit（Probit 回归分析） Nonlinear（非线性回归分析） Weight Estimation（加权估计） 2-Stage Least Squares（两阶段最小二乘法回归分析）
Loglinear（对数线性模型）	分析列联表资料的一种多变量统计模型，用于识别各变量间的关系，以便对单元格中的概率产生来源加以解释	General（一般对数线性模型分析） Logit（Logit 分析） Model Selection（模型选择对数线性分析）

续表

菜 单 项	主要功能介绍	各菜单项包含的统计分析功能
Classify(分类)	将对象的集合分组成为由类似的对象组成的多个类,作为多元分析的预处理,商业上用于市场细分	Two Step Cluster(两步聚类) K-Means Cluster(K 均值大样本聚类分析) Hierarchical Cluster(系统/层次聚类分析) Discriminant(判别分析)
Data Reduction(数据降维)	从多变量或大样本中选择少数几个综合独立的新变量或个案,其使用频率高	Factor(因子分析,主成分分析) Correspondence(对应分析)
Scale(等级分析)	检验测量工具的可靠性(信度分析)等	Reliability Analysis(可靠性分析) Multidimensional Scaling(多维等级分析)
Nonparametric Tests(非参数检验)	总体不服从正态分布或分布不明时,用于检验数据资料是否来自同一总体假设的检验方法	Chi-Square(卡方检验) Binomial(二项检验) Runs(游程检验) 1-Sample K-S(单样本 K-S 检验) 2 Independent Samples(两个独立样本非参数检验) K Independent Samples(多个独立样本非参数检验) 2 Related Samples(两个相关样本非参数检验) K Related Samples(多个相关样本非参数检验)
Time Series(时间序列)	用于对某个时间间隔顺序排列的序列进行分析	Exponential Smoothing(指数平滑) Auto regression(自回归) ARIMA(差分自回归滑动平均模型) X11 ARIMA Seasonal Decomposition(季节分解)
Survival(生存分析)	事物生存时间大于 t 的概率;一个生存到时间 t 的事物在时间 t 的瞬时死亡率或条件死亡率	Life Tables(生命表分析) Kaplan-Meier(卡普兰-梅尔分析) Cox Regression(Cox 回归分析)
Multiple Response(多重应答)	用于多选题回答分析	Define Sets(定义多重应答数据集合) Frequencies(多重应答频数) Crosstabs(多重应答交叉列表)
Missing Value Analysis		Missing Value Analysis(缺失值分析)

2. 创建图表

选择"Graphs(图形)",如表 1-9 所示,再选择"Chart Builder(图形构建程序)",构建需要的图形,如图 1-23 所示,根据性别和年龄对网络购买选择条形图。

表1-9 交互绘图功能

图 形 名 称	菜单项选择
条形图(Bar)	[Graphs]=>[Interactive]=>[Bar]
点图(Dot)	[Graphs]=>[Interactive]=>[Dot]
线图(Line)	[Graphs]=>[Interactive]=>[Line]
带状图(Ribbon)	[Graphs]=>[Interactive]=>[Ribbon]
垂直线图(Drop-Line)	[Graphs]=>[Interactive]=>[Drop-Line]
面积图(Area)	[Graphs]=>[Interactive]=>[Area]
饼图(Pie)	[Graphs]=>[Interactive]=>[Pie...]
箱线图(Boxplot)	[Graphs]=>[Interactive]=>[Boxplot]
误差条图(Error Bar)	[Graphs]=>[Interactive]=>[Error Bar]
直方图(Histogram)	[Graphs]=>[Interactive]=>[Histogram]
散点图(Scatterplot)	[Graphs]=>[Interactive]=>[Scatterplot]

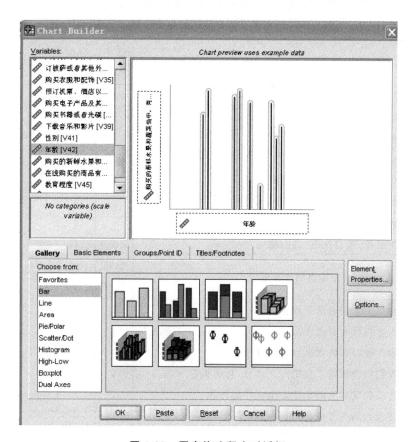

图1-23 图表构建程序对话框

与SPSS相比较,Excel的图表功能更简单,易操作。

思考与练习

（1）什么是营销工程，它与概念营销有何区别？
（2）人工智能在营销管理中的应用有哪些？
（3）按照营销工程的思路，以共享汽车为例，如何制定一个项目的市场策略？

实践操作

【操作1】 用规划求解方法，求 x（广告支出水平）为多少时，目标利润最大。
目标利润与广告支出函数为

$$0.7 \times [5 + 30x^2/(15 + x^2) - x]$$

其中 $x > 0$，原始值任取一个大于 0 的数值。

【操作2】 使用 SPSS 将表 1-10 所示的变量进行变量输入。

表 1-10 消费者有机食品认知与信任调研问卷[①]

1.环保意识	绝不可能	有点可能	可能	很有可能	极有可能
a) 回收纸、塑料或铝产品	1	2	3	4	5
b) 在家里使用节能照明灯	1	2	3	4	5
c) 购物的时候使用环保袋	1	2	3	4	5
d) 购买有机食品	1	2	3	4	5
e) 不使用电灯和电器的时候关闭电源	1	2	3	4	5
f) 装修房屋的时候会参照环保指南	1	2	3	4	5
g) 购买相对较贵的环保清洁产品	1	2	3	4	5
h) 使用可再生能源（风力发电、太阳能等）	1	2	3	4	5
2.请表明您的看法	强烈反对	比较反对	无所谓	比较支持	完全支持
a) 购买有机食品的人们通常受教育程度较高	1	2	3	4	5
b) 只有有钱人才买得起有机食品	1	2	3	4	5
c) 相信电视和广播对有机食品好处的宣传	1	2	3	4	5
d) 当亲戚朋友们向我推荐了有机产品之后，会购买它	1	2	3	4	5
e) 相信有机食品包装袋上面标注安全字样的标签	1	2	3	4	5
f) 如果医生建议我购买有机食品，我会购买	1	2	3	4	5
g) 会仔细地评估科学健康报告的有效性和真实性	1	2	3	4	5

---

① 程玉桂.农产品网络消费信任研究及其质量安全管理体系构建[M].北京：经济科学出版社，2018.

续表

3.请表明您对下列事项的看法	强烈反对	比较反对	无所谓	比较支持	完全支持
a) 会关注最新的科学健康信息	1	2	3	4	5
b) 会定期去做体检	1	2	3	4	5
c) 会购买有实体店的网店的商品	1	2	3	4	5
d) 网上的价格比较便宜,这让我更倾向于使用网络购物	1	2	3	4	5
e) 选择网络购物是因为能够节省时间	1	2	3	4	5
4.请问您进行下列网络购物活动的频率	从不	很少	一般	较多	很频繁
a) 订比萨或者其他外卖小吃	0	1	2	3	4
b) 买衣服和配饰	0	1	2	3	4
c) 预订机票、酒店以及用车服务	0	1	2	3	4
d) 购买电子产品及其配件	0	1	2	3	4
e) 购买书籍或者光碟	0	1	2	3	4
f) 在线支付购买正版影音	0	1	2	3	4
g) 购买新鲜水果和蔬菜	0	1	2	3	4

受访者背景信息如表 1-11 所示。

表 1-11 受访者背景信息调查表

1.性别	男　　　　女
2.年龄(岁)	18～22　　23～25　　26～30　　31～40　　41～50　　50以上
3.您购买的新鲜水果和蔬菜当中,有机水果和蔬菜占多大比率? 少于5%　　5%～10%　　11%～25%　　26%～50%　　50%以上	
4.您在线购买的商品有多少是用来作为礼物送人的? 少于5%　　5%～10%　　11%～25%　　26%～50%　　50%以上	
5.受教育水平	高中　　　专科　　　本科　　　研究生

第二章 市场反应模型

教学目标

（1）育人目标：让学生在建立营销决策的概念的基础上，逐渐进入营销基本模型的理解。

（2）课程目标：①了解基本的市场反应模型；②能结合实际对市场反应模型进行简单的解释；③尝试应用市场反应模型进行操作。

教学重点

通过引导案例的解释，使学生构建正确的营销工程的概念和营销决策的必要性。具体内容为：①市场反应模型概念；②基本市场反应模型；③市场反应模型应用介绍；④市场反应模型应用实践操作。

现实中，市场并不是一个你可以仔细观察各种过程，从而可以清楚地、非常明确地理解的简单实验室。影响计划实施的因素有很多，有的是可控的，有的是不可控的。

软饮料的营销计划有效性思路

某个软饮料制造商制订了某项营销计划，想提前知道这个计划的有效性以便决定如何将该计划在整个市场中推行。

考虑其影响因素有：品牌知名度、消费者品牌偏好、该产品目前的销售额。

而影响销售额的因素有：竞争品牌目前的营销措施、该品牌及竞争者品牌的价格、促销手段等。

这些因素中有些是可控的，如促销活动；有些则是无法控制的，如终端销售价格（因为终端销售价不是由制造商能决定的）。同时，渠道的不同选择也会产生不同的反应。还有，产品类别、包装……

因为营销问题的复杂性，营销管理人员可以通过反应模型进行分析与决策。

从营销工程的思路出发，以上案例可以用以下模型（见图2-1）进行解释。

输入：指营销人员能控制的营销行为（如价格、广告、推销等营销组合）及不可控的变量，如市场规模、竞争环境等。

反应模型:公司的输入与可衡量的产出之间的关系(如顾客知名度、产品认知、销售量和利润)。

目标:公司用来监控和评估那些行动(如开展促销后的销售水平、能回忆起广告内容的目标受众所占比例)的尺度。

市场反应模型如图2-1所示。

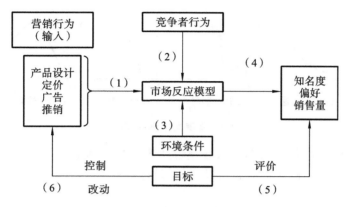

图 2-1　市场反应模型

注:(1)—企业的营销行动;(2)—竞争对手的营销行动;(3)—环境条件;
(4)—企业的关键性输出;(5)—企业的目标;(6)—营销行动的表现

第一节　经典市场反应模型

一、总体市场反应模型

(一) 静态(非竞争性)市场反应模型

桑德斯(Saunders,1987)模型:桑德斯描述了八种营销现状,如图2-2所示,输入是指营销努力(X,即独立变量)的水平,输出是指结果(Y,即非独立变量)。

P1:当输入为零时输出为零。

P2:输入和输出是线性关系。

P3:回报随输入的提高而递降(新增一单位的输入比之前增一单位的输入所带来的输出要少)。

P4:输出不能超出某一水平(饱和)。

P5:回报随输入的提高而递增(新增一单位输入比以前增一单位的输入所得的输出更多)。

P6:随着输入的提高,回报先递增,然后递减(S形回报曲线)。

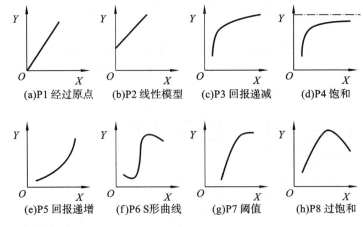

图 2-2 桑德斯市场反应模型

P7：在输入能产生输出之前，输入必须超过某一水平（阈值）。

P8：输入达到一定水平后，输出开始递减（过饱和点）。

1. 线性模型

用公式表示为 $Y=a+bX$，模型图如图 2-2(a)、(b)所示。

在产品销售中，特别是对一些带有很强季节性的产品，如电冰箱、空调等，我们常常需要对市场需求进行预测以辅助企业进行营销抉择。为此，我们可以设立产品销量趋势线性方程：

$$Q = a + bt \tag{2-1}$$

通过数据的采集及相关的统计方法，我们可以得出以下方程式：

$$Q = 108 + 5.3t$$

继而可以预测出下一期的销量。

线性模型的特征如下。

（1）模型容易表示也容易理解。

（2）在输入的取值范围内，线性模型能很好地近似表示更多、更复杂的函数，直线在有限区域内能逼近大多数曲线。但线性模型存在以下问题：

① 由于线性模型假设在任何一点回报率都是常数，它无法表示 P3、P5 和 P6 这三种情况；

② Y 没有上限；

③ 决策时，线性模型提供给营销经理的指导意见往往不合理。线性模型中，销量斜率（$\Delta Y/\Delta X$）在任何一点都是恒定的，且恒等于 b，这样，假如该产品的边际贡献（假设为常量）为 m，则每增加一单位的投入带来的边际利润就是 bm。如果 $bm>1$，则应该无限增加对营销活动的投入，即投入的每一元钱可以立即带来高于一元钱的回报；如果 $bm<1$，则不应投资。现实中，该模型对于局部性决策有助于决定是否应该增加或减少支出，但对于全局性决策意味着要么无限投入，要么一分钱不花！

2. 非线性模型

利连的《营销工程与应用》中除了介绍线性模型外，还介绍了幂级数模型、分数根模型、半对数模型、指数模型、修正指数模型、Logistic 模型、Gompertz 模型和 ADBUDG 模型。本书根据国内外营销应用现状,只介绍其中一些。

1) 幂级数模型

若 X 和 Y 之间的关系不是很明确,市场反应模型可以表示为

$$Y = a + bX + cX^2 + dX^3 + \cdots \tag{2-2}$$

当预测某品牌的快速消费品销售额时,从该品牌历年数据来看,它呈现出某种上升的趋势,且无明显的季节波动,而且能够找到一条合适的函数曲线来反映这种变化趋势,则可以以时间 t 为自变量,销售额 Q 为因变量,建立函数:

$$Q = b_0 + b_1 t + b_2 t^2 + \cdots + b_n t^n$$

当 $n = 1$ 时,该函数为线性函数,模型图如图 2-2(a)、(b)所示;当 $n = 2$ 时,该函数为抛物线形函数,模型图如图 2-2(h)所示;当 $n = 3$ 时,该函数为 S 形曲线函数,如图 2-2(f)所示。

2) 半对数模型

该模型函数表达式为

$$Y = a + b\ln X \tag{2-3}$$

半对数模型适用于营销努力以固定比例不断提高导致销售出现对数水平提高的情况。它适用于桑德斯模型 P3 和 P7 的情形,可用于表示市场对广告费用变动的反应,即当知名度达到一定阈值后,再增加广告支出带来的递减回报。

3) 指数模型

该模型函数表达式为

$$Y = ae^{bX}, \quad X > 0 \tag{2-4}$$

指数模型表示回报率递增情况(对于 $b > 0$ 而言),但经常也在 $b < 0$ 的条件下当作价格反应函数来用。指数模型适用于 P5。当 b 为负数时,也适用于 P4(Y 趋近于 0,即下限)。

4) 修正指数模型

该模型函数表达式为

$$Y = a(1 - e^{-bX}) + c \tag{2-5}$$

修正指数模型在 $Y = a + c$ 处达到上限(饱和水平);在 $Y = c$ 处达到下限,表示回报率递减。该模型适用于 P3 和 P4,可以用作推销努力的反应函数,当 $c = 0$ 时,也可用于 P1。

5) Logistic 模型

该模型函数表达式为

$$Y = \frac{a}{1 + e^{-(b+cx)}} + d \tag{2-6}$$

该模型在 $Y = a + d$ 处达到饱和水平,回报率先递增,然后递减,围绕 $Y = d + a/2$ 处对称。它适用于 P4 和 P6。Logistic 模型在营销中应用非常广泛,如企业可以根据产品的历史销售数据,拟合相应的 Logistic 模型,借以判断该产品的发展潜力、机会及需求走势等。本书将在第三章具体解释其应用。

6) Gompertz模型

该模型的函数表达式为

$$Y = ab^{cX} + d, a > 0;\quad 0 < b < 1; c < 1 \qquad (2-7)$$

Gompertz模型的应用较少,本书不做具体介绍。

7) ADBUDG模型

该模型的函数表达式为

$$Y = b + (a-b)\frac{X^c}{d+X^c} \qquad (2-8)$$

当 $c>1$ 时,模型呈S形;当 $0<c<1$ 时,模型呈凹形,其上限为 a,下限为 b。该模型适用于P1、P3、P4和P6,在营销中广泛应用于广告、推销的市场反应模型,本书将在第九章再做具体介绍。

(二) 动态市场反应模型

桑德斯模型假设市场环境是静态的且没有竞争的状态,然而现实中,市场对营销行为的反应往往并不是立即就能呈现出来。在广告活动结束时,它的效果却没有立即结束,这种效果(或这种效果的一部分)还会持续一段时间,但其效力会越来越弱。如短期的价格促销期间,许多消费者购买的产品会高于他们的消费能力。这种营销行动使消费者在家里积攒大量存货,以后一段时期的销售速度就会放慢。另外,促销活动的影响也取决于过去的存货量。如果顾客上周已经储存了A品牌的啤酒,那么新的促销活动隔一周再做,其促销效果会更好。

以上现象可以表现为遗留效应(carryover effect)、尝新效应(new trier effect)、储备效应(stocking effect),如图2-3所示。

1. 遗留效应

遗留效应泛指当前营销投入对未来销售的影响。遗留效应分为三类。第一类遗留效应为延迟效应,发生时间在营销费用的支出时刻和产生效果的时刻之间。延迟效应在产业市场中特别明显。产业市场上的延迟,特别是固定资产设备的延迟可能会长达一年或一年以上。第二类遗留效应为顾客维持效应,指营销活动吸引的新顾客在未来很长时期内仍为该产品的固定顾客,他们的后续购买行为在某种程度上应归功于以前花费的营销费用。在以后各个时期内都会保留一部分这类顾客,这种现象的专业术语是顾客维系率,反之则为顾客流失率。第三类遗留效应的形式为滞后作用,即销售上升与销售下降之间的不对称。如刚开始打广告时,销售量会迅速上升,而在广告活动结束后,销售量依然保持不变或缓慢下降。

2. 尝新效应

它是指销售量在稳定之前会达到一个最高点,这在频繁购买的产品中是一个很常见的现象。对于这类产品,许多消费者都会尝试新的品牌,但只有少数人日后会成为常客。

3. 储备效应

当促销活动不仅吸引新顾客,而且鼓励现有顾客储存或提前购买时,就会发生储备效应。储备效应往往会在促销过后的一段时间内导致销售出现低谷。

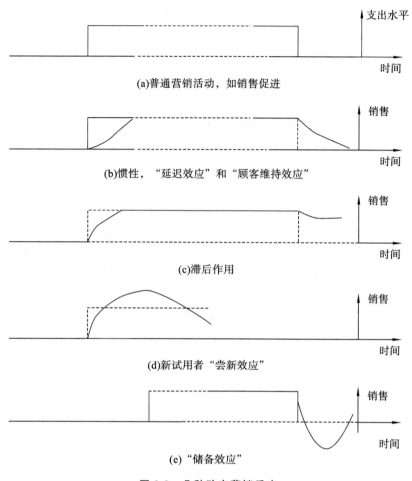

图 2-3 几种动态营销反应

二、个体市场反应模型

消费品市场中,市场是由消费者个体组成的。在大数据时代,个体数据的收集已经变得更加容易,市场研究者可以借助这些数据预测消费者反应,进而制定出对应的营销策略。

个体市场反应模型主要关注个体购买的概率,并按照不同个体在购买数量、频率等方面的差异赋予权重,然后将各个体顾客的购买概率进行加权求和,继而得出对市场份额的估计值。

最常用的表示个体选择行为的函数形式是多项式分对数模型。这种模型的简单形式为

$$P_{i1} = \frac{e^{A_1}}{\sum_j e^{A_j}} \tag{2-9}$$

式中：$A_j = \sum_k w_k b_{ijk}$，b_{ijk} 为顾客 i 对产品 j 在属性 k（如产品质量）方面做出的评价，此处要考虑顾客 i 可能购买的所有品牌；w_k 表示属性 k 在促使顾客形成产品偏好方面的权重。

第二节 模型的应用

假设企业对某地区的购物者进行一次调查，以了解他们的购物习惯并确定会受即将开设的商店的影响的购物者比重。接受调查的人被要求对三家现有商店和一家即将开设的商店进行排序，排序的属性依据包括：①商店品种数量；②商店产品质量；③停车条件；④物有所值（见表 2-1）。

表 2-1　商店选择的权重数据

商　店	品种数量	产品质量	停车条件	物有所值
1	0.7	0.5	0.7	0.7
2	0.3	0.4	0.2	0.8
3	0.6	0.8	0.7	0.4
4（新）	0.6	0.4	0.8	0.5
权重	2.0	1.7	1.3	2.2

接下来，将购物者对现有商店的排序结果代入分对数模型，进行系数（w_k）估算：

$$A_j = w_1 b_{j1} + \cdots + w_k b_{jk} + \cdots + w_K b_{jK}$$

式中：A_j 为商店 j 的吸引力；b_{jk} 为在维度 k 上商店 j 的排名，$k=1,\cdots,K$；w_k 为维度 k 的权重。结果如表 2-2 所示。

表 2-2　新商店份额的多项式分对数模型分析

商　店	$A_j = w_k b_{jk}$	e^{A_j}	没有新店时的份额估计值	有新店时的份额估计值	夺取的市场份额
1	4.70	109.9	0.512	0.407	0.105
2	3.30	27.1	0.126	0.100	0.026
3	4.35	77.5	0.362	0.287	0.075
4	4.02	55.7	—	0.206	—

多项式分对数模型的应用很广泛，但它的几个假设限制了其进一步应用，如权重必须是已知的。

案例

基于消费者效用的消费者选择行为分析[①]

消费者行为是一个非常复杂的概念,很难精准测量并直接量化。而消费者效用是消费者行为的一个直观反映,且易于量化。由于消费者在做出购买决策时,一般都会遵循效用最大化原则,因此,消费者效用和消费者选择概率之间存在着某种联系,如图2-4所示。

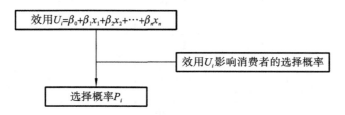

图 2-4 消费者效用与消费者选择概率关系

用分对数模型可以表示为 $P_i = \dfrac{e^{U_i}}{1 + e^{U_i}}$ 。

图2-4中,$\beta_1 \sim \beta_n$ 表示相应的因素对消费者效用的影响程度,即权重。

分对数模型的实际应用操作步骤如下。

问题:有两大搜索引擎甲和乙,想探究甲和乙的细分市场及特征。

第一步:通过预调研,初步确定影响顾客选择品牌行为的主要因素。通过二手资料的查阅以及对消费者的访谈,初步确定消费者在选择搜索引擎时受以下因素的影响:性别、年龄、地域、网龄、使用搜索引擎的年限、搜索引擎在用户心目中的重要程度、对搜索引擎广告推广的态度等(见图2-5)。

图 2-5 消费者对搜索引擎消费者效用感知的影响因素

---

① 费鸿萍,顾蓓蓓,戚海峰,等.营销工程与应用——基于中国市场与企业运作的视角[M].上海:华东理工大学出版社,2012.

第二步：收集信息。根据第一步确定的影响因素设计问卷，展开问卷调研，进行数据的收集。调研对象为经常使用互联网及搜索引擎的群体（一周使用互联网三次以上）。

第三步：数据的整理与分析。对收回的有效问卷进行整理，并运用 SPSS 对数据进行二元回归分析，得到的主要数据分析结果如表 2-3 所示。

表 2-3　方程中的变量

影响因素	B	S.B	Wald	Df	Sig	Bxp(B)
网龄	−1.545	0.921	2.810	1	0.094	0.213
使用年限	−1.831	0.996	3.386	1	0.066	0.160
重要性	−0.845	0.676	1.562	1	0.211	0.429
广告态度	−1.344	0.665	4.089	1	0.043	0.261
性别	0.007	0.883	0	1	0.994	1.007
年龄	2.340	0.739	10.040	1	0.002	10.386
地域	0.387	0.680	0.325	1	0.569	1.473
常数	13.704	5.535	6.131	1	0.013	894748.550

考虑各项影响因素的显著性分析，取置信区间为 90%，得到针对乙的消费者效用函数表达式（问卷设置中，0 代表甲，1 代表乙）：

$$U_i = 13.704 - 1.545 \times 网龄 - 1.831 \times 使用年限 - 1.344 \times 广告态度 + 2.340 \times 年龄$$

其中，网龄越长、使用搜索引擎越久、越介意广告的用户越偏向于使用甲搜索引擎，而年龄越大的用户越偏向于使用乙搜索引擎，常数项 13.704 表示本效用函数中未考虑到其他影响因素所提供的效用之和。

自此，利用消费者选择模型从消费者行为的角度量化地分析出互联网搜索引擎细分市场的特征。

第四步：营销策略（建议）的提出。

(1) 用户网龄的系数为负，即网龄越大的用户越倾向于选择使用甲；用户年龄的系数为正，即年龄大的用户喜欢使用乙而年龄小的用户喜欢使用甲。对此，乙应当在巩固现有年龄大的用户的基础上，分析年龄小的用户的特点，以进一步拓展该市场。

(2) 使用搜索引擎越久的用户越倾向于选择使用甲。因此，甲可以推出一些针对老用户的产品，而乙则可以推出一些可以吸引新用户的产品，不断完善自己的用户群结构。

(3) 用户对广告的态度系数为负，表明越在乎搜索引擎广告的用户越倾向于选择使用甲。因此，乙若想赢取对广告推广比较敏感的这部分用户，则需对自己的广告方式进行改进。因为互联网广告是运营商收入的很大一部分来源，妥善处理好广告推广的方式和用户体验之间的关系（如竞价排名、广告链接等）非常重要。

(1) 认识营销决策模型，并结合实际进行解释。

（2）市场总体反应模型有哪些？
（3）消费者个体反应模型有哪些？
（4）总体模型和个体反应模型区别有哪些？
（5）结合实际对桑德斯模型进行描述。

某地产公司拟在你所在学校附近建立大学生公寓，现委托你对该项目进行分析，以"准确识别目标群体的选择行为"。请尝试采用个体反应模型进行分析，并提出相关分析思路。

第二篇

营销工程实践之市场机会分析

第三章 市场分析

教学目标

(1) 育人目标:让学生在建立营销决策的概念的基础上,逐渐理解营销基本模型。
(2) 课程目标:①学会定量预测分析方法;②能运用软件结合历史数据进行市场预测;③根据预测结果尝试性提出营销策略。

教学重点

通过引导案例的解释,使学生构建正确的营销工程的概念和营销决策的必要性。具体内容为:

①了解并掌握基本定量市场预测手段;
②预测操作练习;
③根据预测结果提出发展战略思路。

威尔森观察｜五菱宏光 S3 接棒"神车",旗开得胜之道有哪些？
细分市场高速增长——五菱宏光 S3 起关键作用

根据汽车数据决策服务商威尔森的零售量监测数据显示(见图 3-1),2017 年 12 月自主中大型 SUV 细分环比增速高达 43.9%,销量为 8.6 万辆,而正在高速增长的 SUV 市场 12 月整体环比增长为 32.5%。

从份额上看,自主中大型 SUV 细分市场一直是一个"不起眼"的细分市场,2017 年 1 至 11 月的月均份额为 4.4%,而 12 月份额增长至 6.1%,成绩可算十分理想(见图 3-2)。

那么,自主中大型 SUV 细分为何突然出现高速增长呢? 它的增长是偶然的还是该细分的拐点呢?

要探寻当中的原因,我们需要从车型上去深挖。从图 3-3 可以看出,12 月中大型自主 SUV 细分并非整体细分市场都是高速增长的,而是有一个车型起到了非常关键的作用——五菱宏光 S3。该车型于 2017 年 10 月底上市,11 月销量已破万辆,12 月销量更是攀升至近 2.5 万辆,以 29%份额的佳绩居 SUV 细分市场首位,为细分增加量贡献 51.7%。

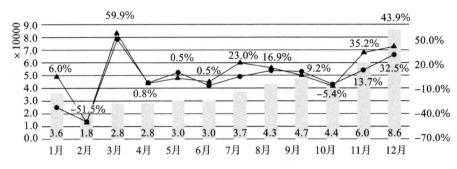

图 3-1 自主中大型 SUV 零售量 & 环比 vs SUV 环比

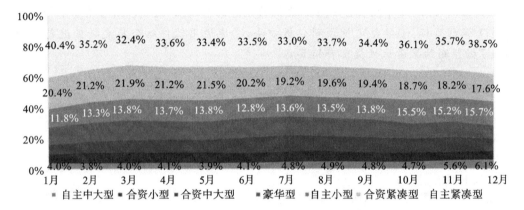

图 3-2 2017 年 SUV 三级细分份额占比

车型	12月销量	份额	环比11月	变化量贡献度
五菱 宏光S3	24860	29.0%	119.4%	51.7%
广汽 传祺GS8	8598	10.0%	14.4%	4.1%
长城 WEYVV7s	8534	9.9%	19.6%	5.3%
众泰 T700	6722	7.8%	20.4%	4.4%
东风启辰T90	5878	6.9%	40.2%	6.4%

图 3-3 12 月中大型自主 SUV 高销量主力车型

纵观 12 月该细分市场中销量前五名的车型，我们暂且把自主中大型 SUV 大致分为三类：高端大牌型，售价 20 万元左右，凭着高配置、高性价比和品牌力，取得了市场的认可，如传祺 GS8 和长城 VV7s；中端品质型，售价 10 万~15 万元，质量过硬，性价比高，如众泰 T700 和启辰 T90；最后是低价入门型，售价 6 万~8 万元，以相对基础的配置和超低售价吸引消费者，如宏光 S3。显然，这类车型"引爆"了一个低价"大型车"的市场需求。

那么问题来了，这是一个有什么消费需求的群体呢？从销量构成上看，12 月"高端大牌型"在三、四线城市销量占比约 45%，"中端品质型"占比约 50%，而宏光 S3 在三、四线城市的销量占比超过 70%（见图 3-4）。因此，通过分析三、四线城市的消费者需求是宏光

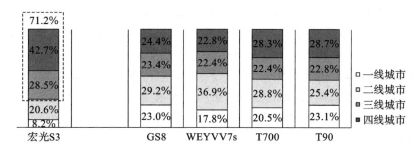

图 3-4 12 月各车型不同城市级别销量占比

S3 上市销量火爆的关键。

1. SUV 更适合三、四线城市路况环境

近几年,三、四线城市的经济发展迅速,虽然铺设了许多新路,但很多道路的质量还没跟上"节奏",一些城镇路面铺设的平整性和完好性较差,凹凸不平的"烂路"较多,一般轿车还真是应付不了。因此,复杂的路况让三、四线城市消费者对 SUV 车型的需求更加旺盛。

五菱厂商在五菱宏光牢牢保持住了自主 MPV 细分第一的位置后,顺势推出了宏光 S3,进军自主 SUV 市场,在完善多方位的产品体系的同时,迎合了三、四线城市用户对"越野"车型的基本用车需求。

2. 实用 7 座大空间车型,迎合市场需求变化

相对于一、二线城市高昂的养育成本,三、四线城市的家庭养育两个孩子的负担较轻,而且受传统"生子情结"影响较大。如果一胎是女儿,生二胎的概率也会增加。"全面二孩"政策的出台对三、四线城市的影响更大。这样家庭结构就会发生变化:原来一家三口变为一家四口,再加上可能需要父母一起照顾家庭,家庭成员将增加至 6 人以上,对 7 座大空间的车型需求更大。

此外,三、四线城市消费者对车辆用途可能还有载货的隐性需求,因此他们对这类宜家宜商、具有装载功能的"大型车"的购车意向十分强烈。

而宏光 S3 的空间实用性也显而易见,2800 mm 的轴距,"2+2+3"的 7 座布局,可放倒的后排座椅(第二、三排还可以放全平),载人装货都能收放自如,满足消费者对空间大、实用性强的需求,考虑十分周到,很好地迎合了市场的需求变化。

3. "高吸引"的"低姿态"定价——高性价比及竞争力

随着城镇居民可支配收入的稳步提高,人均消费水平将快速提升。相对一线城市,三、四线城市的经济水平比较低,大部分消费者的购车预算不会太高,更多的是在 5 万～10 万元的区间内。因此,价格相对低廉、外观不失体面、配置相对丰富的"高性价比"车型会更受欢迎。

而宏光 S3 的外观,前脸造型在设计上摆脱了 MPV 或微面车型的思路,同时前大灯组与格栅相连,造型不规则的前大灯、雾灯以及悬浮车顶和前包围设计,也彰显硬派和时尚,既不失体面又有时尚的外观,让宏光 S3 的颜值得到了认可。

配置方面,亮点主要在手动豪华型,配备液晶仪表盘,增强科技感;具备双安全气囊、牵引力控制、刹车辅助、车身稳定控制系统、定速巡航、多功能方向盘、大尺寸全景电动天窗、倒车影像等功能；后排座椅可比例放倒，能更灵活地使用车内空间。整体配置丰富度高，从科技感、安全性、使用体验等方面均贴合了用户的需求。

相比之下，其标准型和舒适型的价格虽然略低，但均不具有以上配置，在消费升级的市场环境下，相信选择低配版的只是小部分对空间有更大要求且对价格非常敏感的用户，从宏光S3各型号的销量也印证了这点，1.5 L手动豪华型在12月的销量就超过7千辆（见图3-5）。

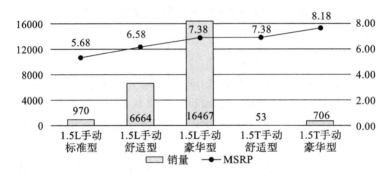

图3-5　宏光S3 12月各型号销量及价格（万元/辆）

4. 渠道布局规划取得先机，得天独厚的销售渠道基础

尽管初步完成城镇化建设的三、四线城市的消费者对私家车的需求也进入爆发期，但其4S店数量不足，或只有二级网点造成的选车不方便、买车体验差、价格相对高等因素均制约了用户消费。与此同时，售后维保的便捷性和服务质量也是他们的关注点，因此，在三、四线城市有"丰富"的渠道布局，也是促动消费者购车的重要因素之一。

五菱——"总有一间在附近"的渠道布局就准确地抓住了三、四线城市的消费者的痛点。从网点总数上看（见图3-6），五菱网点数达到1600多家，覆盖300多个城市，三、四线城市的网点比例超过了70%，其中四线城市比例更是高达43.8%，使得宏光S3的销售有更大的渠道优势，如此强大的渠道力也是其他品牌望尘莫及的。

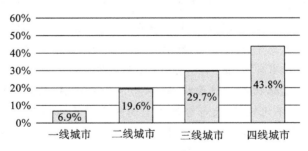

图3-6　五菱不同城市级别网店比例

5. 良好的市场声誉"加持"宏光S3

相对于一、二线城市的用户，三、四线城市的消费者对产品个性化的需求较弱，他们更喜欢跟随"潮流"，亲朋好友相互之间的品牌、口碑传播是他们选车的重要依据。同时，

三、四线城市的用户在传统观念影响下,对资讯传播的置信度更高,更容易相信亲朋好友的推荐。而五菱宏光系列经过多年在三、四线城市的"深耕",在产品质量、性价比及实用性方面都赢得了良好的市场声誉,使得五菱品牌在三、四线城市有良好的品牌背书。

6. 预期宏光S3销量继续向好,月均销量约1.7万辆

威尔森根据细分市场目前的竞争情况划分宏光S3的竞品圈,利用"价-量"模型,通过对比宏光S3与竞品圈产品力、品牌力、渠道力、价格和生命周期的差距,进行了量化分析,威尔森预测宏光S3在2018年的月均销量约为17347辆(见图3-7)。

图3-7 预测宏光S3在2018年月均销量约为17347辆

宏光S3上市的成功,似乎让我们看到了低价入门级中大型SUV的商机,但进入这一市场,各厂家还需要注意以下两个方面。

一方面,三、四线城市网点的布局是首要考虑的问题。与一、二线城市的网点拓展策略不同,三、四线城市人口密度低、地域广,需要搭建辐射范围更广,布局更完善的经销商网络,在运营维护和规划管理上的难度更高,也可能需要投入更大的成本。

另一方面,三、四线城市中五菱宏光的品牌影响力非常强,尤其在低端车型市场,这对于其他新进入的品牌会形成非常大的阻碍作用,如何利用创新的营销手段打动消费者至关重要。

在一、二线城市限购,居民出行方式多样化导致购车意愿降低,且三、四线城市购车需求不断增大的市场环境下,五菱品牌成功把握了低价入门级中大型SUV的商机。但低价入门级中大型SUV是否能够成为中国汽车市场的一个新的增长点,让我们一起拭目以待。

案例思考:

(1) 以上案例预测中采用了哪些预测方法?

(2) 解析一份好的预测报告包括哪几个部分?

(案例资料来源:威尔森汽车数据咨询官网 http://www.way-s.cn/。)

第一节 市场需求预测

当一个企业或产品进入市场时,必须研究市场可能出现的各种变化趋势,发现市场机会或者规避市场风险,以利于更有效地进行市场开发。

市场需求预测方法归纳起来有定性预测分析方法和定量预测分析方法,如图 3-8 所示。

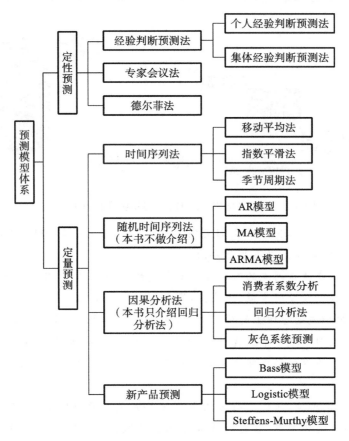

图 3-8 需求预测模型体系

注:AR(auto-regressive)模型,即自回归模型;MA(moving-average)模型,即移动平均模型;ARMA(auto-regressive moving-average)模型,即混合模型。

一、定性预测方法

定性预测是指预测者依靠熟悉业务知识、具有丰富经验和综合分析能力的人员与专家,根据已掌握的历史资料和直观材料,运用个人的经验和分析判断能力,对事物的未来发展做出性质和程度上的判断,然后,再通过一定形式综合各方面的意见,作为预测未来的主要依据。

定性预测分析方法主要包括:经验判断预测法、专家会议法和德尔菲法。经验判断预测法又包括个人经验判断预测法和集体经验判断预测法。

(一)经验判断预测法

1. 个人经验判断预测法

个人经验判断预测法是由个人单独进行的经验判断预测的方法。它具体的操作方法分为以下4种。

1)对比类推法

对比类推法是指由预测人员把预测的经济现象或经济指标同其他相类似的现象或指标加以对比分析来推断未来发展变化趋势的一种方法。其基本思路是将不同空间、同类经济现象的相关情况进行对比类推,找出某种规律,推断出预测对象的发展变化趋势。

例如,对家用电器系列产品的需求预测,可参考某类家用电器的家庭普及率来类推另一类家用电器需求的变化趋向。也可以用来进行新产品需求预测。由于没有历史资料,对新开发的产品难以进行量化分析,可以运用类似产品的历史资料和现实市场需求的调研资料,通过对比分析、判断,估计新产品上市后的需求量。

对比类推预测法的优点:它提供了一种代价不高但全面的预测,且对市场营销的管理人员有益。缺点:必须至少存在一个且不能有过多的可供选择的类比物;可能存在多个可供选择的类比物,为决定到底使用哪一个类比物会产生极大的争议。

2)关联推断预测法

关联推断预测法是通过一些已知事物的关联指标(如现象)的发展变化趋势,来判断事物未来发展走势的一种预测方法。

现象之间在变动方向上存在着正相关关系和负相关关系。经济现象或经济指标之间在变动方向上同增或同减的关系叫作正相关关系;如果是一增一减的关系叫作负相关关系。人们可以利用这种相关原理,从已知相关的经济现象或指标的变动方向来推断所要预测现象指标的变动方向。

3)比例分析法

比例分析法是关联推断法的一种特殊情况。比例分析法是利用关联事物之间存在的比例关系,先获得其中一类事物的数据,再根据这一类事物的数据及比例关系来推断另一类事物的未来数据。

例如,政府投资的发展速度与GDP的增长速度之间存在一定的内在联系,可根据历史资料计算出两者的比例系数。当知道政府投资的发展速度时,就可以推算出GDP的增长速度。

4)平衡分析法

平衡分析法是利用方程两边都相等的性质来进行判断和预测,因为数据的来源不同,但其结果相同。如果知道方程一边,则可推出方程另一边。特别是当把有关预测目标分解成若干个分目标,并组成一个预测系统的时候,将能得到更多的推测信息。

例如,在商品购销存当中,会计上有先进先出法和后进先出法之分,但不管采用哪种方法,都存在一个方程可以利用:

$$商品期初库存+购进数量=销售数量+期末库存$$

利用这个等式,可以进行多种判断预测。如要预测销售数量,其计算公式为

$$销售量=期初储存量+购进量-期末储存量$$

预测时,只要能先测算出期初储存量、购进量和期末储存量,即可推算出销售量的大小。

2. 集体经验判断预测法

集体经验判断预测法又叫集体意见交换法。它是由经过精心挑选的、与预测相关的、具有一定经验和相关知识的一组人员共同座谈讨论、交换意见,对预测对象进行充分的分析后,对其发展变化的趋势提出集体的预测结果的集体判断方法。

这种方法具有三个突出特点:第一,集体经验判断预测法较之于个人判断预测法,更能避免单凭个人经验进行预测而产生的主观片面性;第二,集体经验判断预测法综合了各方面意见,有利于调动经营管理人员、业务人员及其他人员的积极性;第三,集体经验判断预测法召集的人员是比较熟悉市场需求及其变化动向,因此做出的判断往往比较符合市场的真实趋向。

它的具体操作方法分为以下4种。

1) 意见交换方法

意见交换法是指参加预测的人员,通过座谈、讨论,相互交换意见,当场提出个人主观的估计预测值或者事后提出个人主观的估计预测值,然后由主持者集中各方面的意见,综合形成一种或几种预测结果。它主要适用于企业内部。

2) 意见汇总预测法

意见汇总预测法,就是由主管召集一组人员共同进行预测,即由参加人员对他们在一定时间内各自负责的市场区域的销售量做出预计,然后在分析、综合他们意见的基础上,做出市场需求的预测。

【例题3-1】 有甲、乙、丙三位推销人员,他们的预测值如表3-1所示,假设三位推销人员权数相等。

表3-1 甲、乙、丙的预测值

推 销 员	预测项目	销 售 量	概 率
甲	最高销售量	2000	0.3
	最可能销售量	1400	0.5
	最低销售量	800	0.2
乙	最高销售量	2400	0.2
	最可能销售量	1800	0.6
	最低销售量	1200	0.2

续表

推销员	预测项目	销售量	概率
丙	最高销售量	1800	0.2
	最可能销售量	1200	0.5
	最低销售量	600	0.3

由表 3-1 计算得：

甲推销人员预测值的期望值为 1460；

乙推销人员预测值的期望值为 1800；

丙推销人员预测值的期望值为 1140。

因为三位推销人员权数相等，所以预测值为三位推销人员预测值的期望值的简单算数平均：

$$下一年度某产品的销售预测值 = \frac{1460+1800+1140}{3} = 1467$$

3）消费者意向调查预测法

消费者意向调查预测法是指调查消费者或用户在未来某个时间内购买某种商品意向的基础上，对商品需求量或销售量做出预测的方法。

这种方法可以集中消费者或用户购买商品的决策经验，反映他们未来对商品的需求状况。

4）意见测验法

意见测验法是指向企业外部的有关人员（如消费者或用户）征求意见，并加以综合分析做出预测推断的一种方法。经常采用的方法有消费者或用户现场投票法、发调查表征求意见法、商品试销或试用征求意见法等。

（二）专家会议法

专家会议法又称专家意见集合法，是根据市场预测的目的和要求，向一组经过挑选的有关专家提供一定的背景资料，通过会议的形式对预测对象及其前景进行评价，在综合专家分析判断的基础上，对市场趋势做出推断。

专家意见集合的具体方法有以下 3 种。

1. 头脑风暴法

这是根据一定的规则，通过共同的讨论，鼓励专家独立思考，充分发表意见的一种集体评估的方法。

2. 交锋式会议法

要求参加会议的专家通过各抒己见、互相争论来预测问题。

3. 质疑头脑风暴法

质疑头脑风暴法具体操作方法有两种：一种是同时召开由两组专家参加的两个会议进行集体讨论，其中一个专家组会议直接按头脑风暴法提出设想，另一个专家组会议则是对第一个专家组会议提出各种设想质疑，并通过质疑进行全面评估，直到没有问题可以质疑为止，使预测结果更符合实际。另一种是会议分两个阶段实施。第一阶段实施头脑风暴法,第二阶段进行质疑、争论、批评,不断交换意见、互相启发,最后取得一致的结论。

(三)德尔菲法

德尔菲法又称专家小组法或专家意见征询法,是以匿名的方式,逐轮征求一组专家各自的预测意见,最后由主持者进行综合分析,确定市场预测值的方法。德尔菲法是在专家个人判断法和专家意见集合法的基础上发展起来的一种专家调查法,它广泛应用在市场预测、技术预测、政策制定、经营预测、方案评估、社会评价等众多领域。

德尔菲法尤其适用于长期需求预测,特别是当预测时间跨度长达10~30年,其他定量预测方法无法做出较为准确的预测时,以及预测缺乏历史数据,应用其他方法存在较大困难时,采用德尔菲法能够取得较好的效果。

【例题3-2】 某公司研制出一种新兴产品,现在市场上还没有相似产品出现,因此没有相关的历史数据。公司需要对可能的销售量做出预测,以决定产量。于是该公司成立专家小组,并聘请业务经理、市场专家和销售人员等8位专家,预测全年可能的销售量。8位专家提出个人判断,经过三次反馈得到的结果如表3-2所示。

表3-2 专家反馈结果

专家编号	第一次判断			第二次判断			第三次判断		
	最低销售量(0.2)	最可能销售量(0.5)	最高销售量(0.3)	最低销售量(0.2)	最可能销售量(0.5)	最高销售量(0.3)	最低销售量(0.2)	最可能销售量(0.5)	最高销售量(0.3)
1	500	750	900	600	750	900	550	750	900
2	200	450	600	300	500	650	400	500	650
3	400	600	800	500	700	800	500	700	800
4	750	900	1500	600	750	1500	500	600	1250
5	100	200	350	220	400	500	300	500	600
6	300	500	750	300	500	750	300	600	750
7	250	300	400	250	400	500	400	500	600
8	260	300	500	350	400	600	370	410	610

1)平均法

在预测时,最终一次判断是综合前几次的反馈得出的,因此在预测时一般以最后一次判断为准。最低销售量的算术平均值为415;最可能销售量的算术平均值为570;最高销售量的算术平均值为770。

将最可能销售量、最低销售量和最高销售量分别按0.50、0.20和0.30的概率加权平均,则预测销售量为

$$570 \times 0.50 + 415 \times 0.20 + 770 \times 0.30 = 599(千件)$$

2)中位数法

用中位数计算,可将第三次判断按预测值从低到高排列如下。

最低销售量为

300　300　370　400　400　500　500　550

最可能销售量为

410　500　500　500　600　600　700　750

最高销售量为

600　600　610　650　750　800　900　1250

中间项的计算公式为

$$\frac{n+1}{2}(n=\text{项数})$$

其中，$n=8$，中位数即为排在第四位和第五位的数的平均值：最低销售量的中位数为400；最可能销售量的中位数为550；最高销售量的中位数为700。

将最可能销售量、最低销售量和最高销售量分别按 0.50、0.20 和 0.30 的概率加权平均，则预测平均销售量为：

$$550\times 0.5+400\times 0.2+700\times 0.3=565(\text{千件})$$

二、定量预测分析方法

本书主要介绍三种最常用的定量分析方法：时间序列法、回归分析法和新产品需求预测法。有关新产品预测方法在第六章中具体介绍。

（一）时间序列法

时间序列法是将过去的数据按照时间顺序进行排列，并采用数理统计方法对其进行数据处理，以预测未来事物的发展。时间序列法主要包括确定时间序列法和随机时间序列法，其中，确定时间序列法包括移动平均法、指数平滑法、季节周期法，随机时间序列法主要包括 AR、MA、ARMA 模型。

1. 移动平均法

移动平均法是一种在简单平均法的基础上改良的算术平均法。将简单平均法改进为分段平均，并且按照时间序列数据点的顺序，逐点推移，这种方法称为移动平均法。它是一种最简单的自适应预测模型，根据近期数据对预测值影响较大、远期数据对预测值影响较小的事实，把平均数逐期移动。移动期数的大小视具体情况而定。移动期数少，虽然能快速地反映变化，但不能反映变化趋势；移动期数多，虽然能反映变化趋势，但预测值带有明显的滞后偏差。

常用的移动平均法主要有一次移动平均法和二次移动平均法。

1）一次移动平均法

一次移动平均法是根据时间序列，逐期移动，依次计算包含一定项数的时间序列平均数，形成一个平均时间数序列，并据此进行预测，适用于具有明显线性趋势的时间序列数据的预测。它分为简单移动平均法和加权移动平均法。

（1）简单移动平均法。

简单移动平均法的预测模型为

$$Y_{t+1} = \frac{Y_t + Y_{t-1} + \cdots + Y_{t-k+1}}{k} \tag{3-1}$$

式中：Y_{t+1} 为第 $t+1$ 期的预测值；$Y_t + Y_{t-1} + \cdots + Y_{t-k+1}$ 为被平均的 k 个观测值；k 为移动平均的项数，即移动期数。

【例题 3-3】 某企业 2017 年 12 个月的销售量如表 3-3 所示，分别按照 3 期、5 期和 7 期移动平均预测 2018 年 1 月份的销售量。

表 3-3 2017 年 1—12 月销售量

月　份	1	2	3	4	5	6	7	8	9	10	11	12
销售量(万台)	50	52	53	51	52	56	50	54	52	55	52	55

Excel 的操作步骤如下：在工具栏中依次选择"数据分析"、"移动平均"，如图 3-9 所示，单击"确定"按钮，弹出如图 3-10 所示的对话框，在输入区域中选前 12 个月销售量，间隔中选择"3"，在输出区域中输入"＄C＄3"，单击"确定"按钮，得出 2018 年 1 月份的销售量为 54。选中"＄C＄14"单元格，将鼠标拖动到单元格的右下角，当出现"＋"时，往下拉出其他月份的销售量（见图 3-11）。

图 3-9　移动平均数据分析对话框

图 3-10　移动平均选择对话框

第三章 市场分析

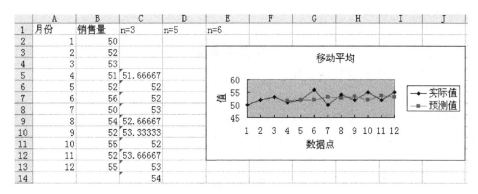

图 3-11 移动平均期数为 3 的分析结果

（2）加权移动平均法。

把前 k 期的加权平均数作为下一期的预测值，设 $w_1, w_2, \cdots, w_k$ 分别代表 $Y_t + Y_{t-1} + \cdots + Y_{t-k+1}$ 的权数，则第 $t+1$ 期的预测值为

$$Y_{t+1} = \frac{w_1 Y_t + w_2 Y_{t-1} + \cdots + w_k Y_{t-k+1}}{w_1 + w_2 + \cdots + w_k} \tag{3-2}$$

【例题 3-4】 依然以上面数据为例，假定跨越期为 3 个月，每个月权数分别为 1、2、3，试用加权移动平均法预测 2018 年 1 月份的销售量。

Excel 的操作步骤如下：在"＄C＄5"中输入公式"＝(1*B2+2*B3+3*B4)/(1+2+3)"，得出第 4 个月的销售额，鼠标单击该单元格，将鼠标拖动到单元格的右下角，当出现"＋"时，往下拉出其余一个月的销售额，如图 3-12 所示。

图 3-12 加权移动平均法预测分析

一次移动平均法只能用来对下一期进行预测，不能用于长期预测，必须选择合适的移动跨期。跨期越大对预测的平滑影响也越大，移动平均数滞后于实际数据的偏差也越大；跨期太小则不能有效消除偶然因素的影响。跨期取值在 3～20 之间。

2）二次移动平均法

它是对时间序列一次移动平均后，再对该序列进行一次移动平均。与一次移动平均法相比，其优点是大大减少了滞后偏差，使预测准确性提高了。但二次移动平均只适用于短期预测，本书在此不做具体展开。

2. 指数平滑法

在时间序列预测中，近期的数据往往比远期的数据更具有预测价值。指数平滑法是一种对历史各期数据按时间顺序加权的时间序列预测方法，适合中短期预测。该模型为

$$S_{t+1} = \alpha Y_t + (1-\alpha) S_t \tag{3-3}$$

式中：S_{t+1} 为 $t+1$ 期的预测值；Y_t 为 t 期的实际值；S_t 为 t 期的预测值；α 为平滑系数（$0 \leqslant \alpha \leqslant 1$）。

指数平滑法中，确定合适的 α 值和初始值尤其重要。α 值越大，t 期的实际值对新预测值的贡献就越大；反之，则越小。取不同的 α 值进行预测，比较预测误差，取误差最小的 α 值，通常 α 值介于 0.2~0.3。

【例题3-5】 同样取表3-3中的数据，利用指数平滑法，分别取阻尼系数0.2、0.25、0.28和0.3进行销售量预测。

Excel的操作步骤如下：在工具栏中依次选择"数据分析"、"指数平滑"，弹出如图3-13所示的窗口，在输入区域选前12个月销售量，阻尼系数中选择"0.2"，在输出区域中输入"＄C＄3"，单击"确定"按钮，得出如图3-14所示的结果。同样方法得出阻尼系数为0.25、0.28、0.3的预测值。

比较误差平方值，取最小值的阻尼系数，可见阻尼系数为0.3时的预测值误差最小。

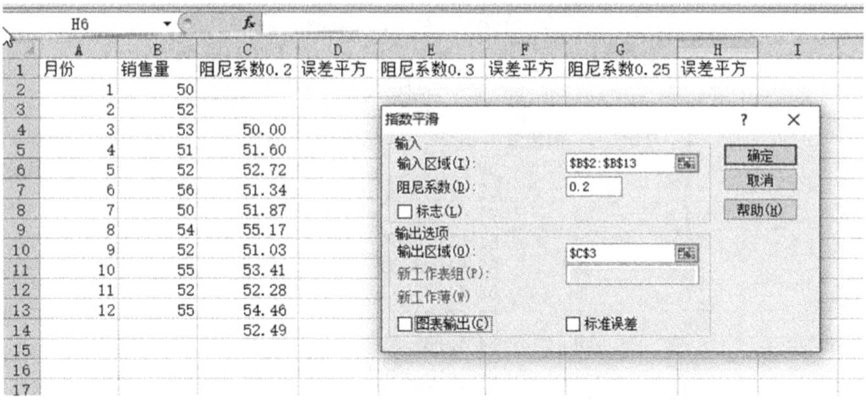

图3-13 指数平滑法阻尼系数选择对话框

（二）回归分析法

回归分析法是在掌握大量观察数据的基础上，利用数据统计方法建立因变量与自变量之间的回归关系函数表达式，以此来描述变量之间的数量变化关系。

回归分析中，当研究的因果关系只涉及因变量和一个自变量时，叫作一元线性回归分析；当研究的因果关系涉及因变量和两个及两个以上自变量时，叫作多元回归分析。按照自变量和因变量之间的关系类型，也可分为线性回归和非线性回归分析。

	A	B	C	D	E	F	G	H	I	J
1	月份	销售量	阻尼系数0.2	误差平方	阻尼系数0.3	误差平方	阻尼系数0.25	误差平方	阻尼系数0	误差平方
2	1	50								
3	2	52								
4	3	53	50.00	9.00	50.00	9.00	50.00	9.00	50.00	9.00
5	4	51	51.60	0.36	51.40	0.16	51.50	0.25	51.44	0.19
6	5	52	52.72	0.52	52.52	0.27	52.63	0.39	51.44	0.32
7	6	56	51.34	21.68	51.46	20.65	51.41	21.10	51.44	20.81
8	7	50	51.87	3.49	51.84	3.37	51.85	3.43	51.84	3.40
9	8	54	55.17	1.38	54.75	0.56	54.96	0.93	54.84	0.70
10	9	52	51.03	0.93	51.43	0.33	51.24	0.58	51.35	0.42
11	10	55	53.41	2.54	53.23	3.14	53.31	2.86	53.26	3.03
12	11	55	52.28	0.08	52.37	0.14	52.33	0.11	52.35	0.12
13	12	55	54.46	0.30	54.21	0.62	54.33	0.45	54.26	0.55
14			52.49	40.27	52.66	38.25	52.58	39.08	52.63	38.54
15										

图 3-14 指数平滑运行结果

1. 一元线性回归分析

一元线性回归分析适用于确定两个变量之间的线性关系,其基本模型为

$$Y_t = a + bx_t \tag{3-4}$$

式中:Y_t 为预测值;a、b 为回归系数;x_t 为自变量。

2. 多元线性回归分析

由于影响预测数据的变量不止一个,常常有多个,在这种情况下,就需要采用多元线性回归分析。多元线性回归分析的基本模型为

$$Y = b_0 + b_1 x_1 + b_2 x_2 + \cdots + b_m x_m + e^k \tag{3-5}$$

其中,Y 为因变量;x 为自变量;$b_0, b_1, b_2, \cdots b_m$ 为回归系数;m 为自变量个数;e^k 为随机误差。

【**例题 3-6**】 某企业 2005—2014 年的产品销售收入 Y(万元)、广告支出 X_1(万元)和居民平均收入 X_2(元)的有关数据如表 3-4 所示,用一元线性回归法预测 2014—2018 年的销售收入。

表 3-4 2005—2014 年原始数据

年 份	产品销售收入/万元	广告支出/万元	居民平均收入/元
2005	400	19	2100
2006	460	23	2400
2007	480	26	2600
2008	500	30	2900
2009	520	25	3200
2010	620	33	3700
2011	640	38	3900
2012	700	44	4200
2013	740	50	4500
2014	800	58	4900

采用 Excel 进行预测分析,其步骤如下。

将以上数据输入 Excel 后,在工具栏中依次选择"数据分析"、"回归",如图 3-15 所示。

图 3-15　回归分析数据分析对话框

单击"确定"按钮,出现如图 3-16 所示的对话框,分别选 Y 输入区域和 X 输入区域,在置信度中选择"95%"后,单击"确定"按钮。

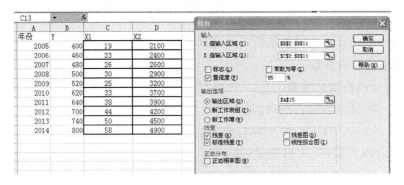

图 3-16　回归分析数据选择对话框

数据选择后,其输出结果如图 3-17 所示。

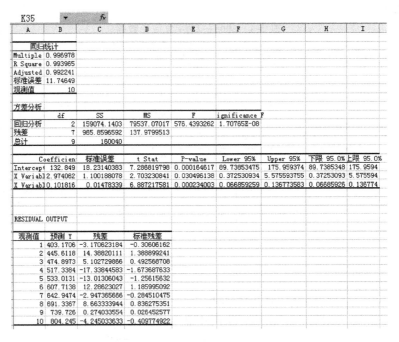

图 3-17　回归分析结果

结果显示,R 值为 0.994,说明因变量和自变量之间高度相关,可以得到回归方程为
$$Y = 132.85 + 2.97X_1 + 0.10X_2$$
同时,依据该数据可预测出后 10 年的 Y 值。

3. 非线性回归分析

当预测变量和影响它的变量之间关系是非线性相关时,就需要将非线性问题转化为线性问题来解决。主要有幂函数模型、指数函数模型、对数函数模型等。

第二节　预测实践操作

【练习】[①]　表 3-5 所示的是一家酒店在过去 18 个月的营业额数据,试进行以下分析。

(1) 用 3 期移动平均法预测第 19 个月的营业额。

(2) 采用指数平滑法(阻尼系数为 0.3,0.4,0.5)预测每个月的营业额,并分析预测误差,说明用哪一个阻尼系数预测最合适。

表 3-5　酒店过去 18 个月的营业额数据

月　　份	营业额/万元	月　　份	营业额/万元
1	295	10	473
2	283	11	470
3	322	12	481
4	355	13	449
5	286	14	544
6	379	15	601
7	381	16	587
8	431	17	644
9	424	18	660

参考答案:

(1) 第 19 个月的 3 期移动平均预测值为
$$y_{19} = \frac{587 + 644 + 660}{3} = 630.33$$

(2) 由 Excel 输出的指数平滑预测值如表 3-6 所示。

[①] 张健,李静文,齐林.管理决策模型与应用[M].2 版.北京:机械工业出版社,2017.

表 3-6 指数平滑预测图

A	B	C	D	E	F	G	H
月份	营业额	阻尼系数 0.3	误差平方	阻尼系数 0.4	误差平方	阻尼系数 0.5	误差平方
1	295						
2	283	295.00	144.00	295.00	144.00	295.00	144.00
3	322	286.60	1253.16	287.8	1169.64	289.00	1089.00
4	355	311.38	1902.70	308.32	2179.02	305.50	2450.25
5	286	341.91	3126.38	336.33	2532.91	330.25	1958.06
6	379	302.77	5810.37	306.13	5309.86	308.13	5023.27
7	381	356.13	618.40	349.85	970.17	343.56	1401.57
8	431	373.54	3301.69	368.54	3901.13	362.28	4722.27
9	424	413.76	104.82	406.02	323.41	396.64	748.54
10	473	420.99	2711.43	416.81	3157.70	410.32	3928.74
11	470	457.38	159.30	450.52	379.37	441.66	803.15
12	481	466.21	218.64	462.21	353.10	455.83	633.53
13	449	476.56	759.78	473.48	599.45	468.42	376.94
14	544	457.27	7522.28	458.79	7260.16	458.71	7274.81
15	601	517.98	6892.19	509.92	8296.04	501.35	9929.37
16	587	576.09	118.94	564.57	503.24	551.18	1283.30
17	644	583.73	3632.68	578.03	4352.47	569.09	5611.74
18	660	625.92	1161.55	617.61	1796.85	606.54	2857.52
			39438.26		43228.52		50236.04

阻尼系数为 0.3 时的预测值为 649.77,误差均方为 39438.3;阻尼系数为 0.4 时的预测值为 643.04,误差均方为 43228.5;阻尼系数为 0.5 时的预测值为 633.3,误差均方为 50236。

可见,阻尼系数为 0.3 时的预测最合适。

【练习】 表 3-7 所示的为某城市 1993—2006 年的居民用电量、工业用电量和总用电量。试采用移动平均法和指数平滑法预测该市 2007 年至 2016 年的用电量,并与表 3-8 所示的实际值进行拟合,根据拟合结果找出最适合的预测方法。同时思考:对于中长期预测,哪种预测方法的预测结果更准确。

表 3-7 某市 1993—2006 年居民用电量、工业用电量和总用电量 单位:万千瓦时

年　　份	居民用电量	工业用电量	总 用 电 量
1993	32266	174395	269037
1994	39522	177665	282208

续表

年 份	居民用电量	工业用电量	总用电量
1995	47655	194006	312510
1996	50171	204856	325074
1997	53336	194889	314246
1998	64141	187455	326558
1999	46871	194632	332203
2000	52707	233018	360835
2001	56956	255432	385977
2002	63526	273151	437378
2003	86233	324657	527274
2004	89983	361535	614828
2005	170289	395741	738684
2006	172097	505249	854364

表 3-8 某市 2007—2016 年居民用电量、工业用电量和总用电量　　单位：万千瓦时

年 份	居民用电量	工业用电量	总用电量
2007	135392	463725	728628
2008	128434	478087	876851
2009	139414	473277	906520
2010	150960	526480	1008000
2011	230000	731000	1288000
2012	269000	739000	1364000
2013	314000	786000	1494000
2014	302900	813400	1535000
2015	333400	852100	1643400
2016	381300	926000	1852000

（资料来源：江西省统计年鉴。）

【练习】 表 3-9 列出了某地区家庭人均鸡肉年消费量 Y 与家庭月均收入 X，鸡肉价格 P1（元/千克），猪肉价格 P2（元/千克）与牛肉价格 P3（元/千克）的相关数据。

表 3-9 某地区家庭人均鸡肉、猪肉与牛肉价格与家庭月收入相关数据

年 份	Y/千克	X/元	鸡 P1	猪 P2	牛 P3
1980	2.78	397	4.22	5.07	7.83
1981	2.99	413	3.81	5.20	7.92
1982	2.98	439	4.03	5.40	7.92

续表

年 份	Y/千克	X/元	鸡 P1	猪 P2	牛 P3
1983	3.08	459	3.95	5.53	7.92
1984	3.12	492	3.73	5.47	7.74
1985	3.33	528	3.81	6.37	8.02
1986	3.56	560	3.93	6.98	8.04
1987	3.64	624	3.78	6.59	8.39
1988	3.67	666	3.84	6.45	8.55
1989	3.84	717	4.01	7.00	9.37
1990	4.04	768	3.86	7.32	10.61
1991	4.03	843	3.98	6.78	10.48
1992	4.18	911	3.97	7.91	11.40
1993	4.04	931	5.21	9.54	12.41
1994	4.07	1021	4.89	9.42	12.76
1995	4.01	1165	5.83	12.35	14.29
1996	4.27	1349	5.79	12.99	14.36
1997	4.41	1449	5.67	11.76	11.76
1998	4.67	1575	6.37	13.09	13.09
1999	5.06	1759	6.16	12.98	12.98
2000	5.01	1994	5.89	12.80	12.80
2001	5.17	2258	6.64	14.10	14.10
2002	5.29	2478	7.04	16.82	16.82

（1）求出该地区关于家庭鸡肉消费需求模型。

（2）请分析鸡肉的家庭消费需求是否受猪肉及牛肉价格的影响。

回归分析结果如表 3-10 至表 3-13 所示。

表 3-10 汇总输出表

回 归 统 计	数 据
Multiple R	0.969392238
R Square	0.939721312
Adjusted R Square	0.926326048
标准误差	0.200123591
观测值	23

第三章 市场分析

表 3-11 方差分析

项 目	df	SS	MS	F	Significance F
回归分析	4	11.23839683	2.809599207	70.15325046	9.93688E-11
残差	18	0.720890128	0.040049452		
总计	22	11.95928696			

表 3-12 标准误差分析

项 目	Coefficients	标准误差	t Stat	P-value	Lower 95%	Upper 95%	下限 95.0%	上限 95.0%
Intercept	3.617519128	0.450616569	8.027931903	2.33196E-07	2.670808847	4.564229409	2.670808847	4.564229409
X Variable 1	0.001138991	0.000244841	4.651955058	0.000198277	0.000624598	0.001653383	0.000624598	0.001653383
X Variable 2	−0.506765948	0.162481304	−3.118918512	0.005928699	−0.848126502	−0.165405395	−0.848126502	−0.165405395
X Variable 3	0.119389902	0.085738329	1.392491583	0.180737911	−0.060739644	0.299519447	−0.060739644	0.299519447
X Variable 4	0.048333522	0.051480612	0.938868455	0.360227005	−0.05982323	0.156490274	−0.05982323	0.156490274

表 3-13 残差输出表

观测值	预测 Y	残 差	标准残差
1	2.914904474	−0.134904474	−0.745252009
2	3.160773071	−0.170773071	−0.94340069
3	3.102776305	−0.122776305	−0.678252431
4	3.181618085	−0.101618085	−0.561368199
5	3.314829863	−0.194829863	−1.076297488
6	3.436276556	−0.106276556	−0.587102962
7	3.485706859	0.074293141	0.410417168
8	3.604971837	0.035028163	0.193505878
9	3.613422273	0.056577727	0.31255201
10	3.690658529	0.149341471	0.825006224
11	3.922900291	0.117099709	0.646893245
12	3.876758786	0.153241214	0.846549553
13	4.138655253	0.041344747	0.228400548
14	3.776467691	0.263532309	1.455830012
15	4.043731916	0.026268084	0.145112627
16	4.155149307	−0.145149307	−0.80184748
17	4.464787145	−0.194787145	−1.076061499

续表

观测值	预测 Y	残 差	标 准 残 差
18	4.366981406	0.043018594	0.237647371
19	4.378830243	0.291169757	1.608507408
20	4.676375831	0.383624169	2.11925278
21	5.05067527	−0.04067527	−0.22470216
22	5.189334844	−0.019334844	−0.106811367
23	5.693414164	−0.403414164	−2.228578539

(1) 家庭鸡肉消费需求模型为
$$Y=3.617519+0.001139X-0.50677P1$$
(2) 根据表格中,置信水平为95%,猪肉的P2值为0.180738>0.05,牛肉的P3值为0.360227>0.05,所以鸡肉的家庭消费需求不受猪肉和牛肉的价格影响。

定性预测方法与定量预测方法各自的优劣势是什么?

表3-14所示的为某共享电动车在6月1日至6月15日间的系统数据,请尝试用本章学的定量预测分析方法对6月16日至6月30日的营业收入及会员人数进行预测。

表3-14 某共享电动车后台数据

日 期	营业收入/元	充值金额/元	会员人数	天气
6月1日	16168	16090	220	多云
6月2日	13762	12830	263	晴
6月3日	15094	14870	222	晴
6月4日	13425	12020	154	多云
6月5日	10169	9550	98	小雨
6月6日	14685	13750	183	晴
6月7日	13668	13160	149	阴
6月8日	10928	10250	116	小雨
6月9日	10928	10250	166	小雨
6月10日	14677	13420	231	晴

续表

日　　期	营业收入/元	充值金额/元	会员人数	天气
6月11日	14840	13040	158	晴
6月12日	13432	12500	159	晴
6月13日	13407	11820	142	阴
6月14日	15042	15042	143	晴
6月15日	14208	12720	153	晴

第三篇

营销工程实践之目标市场营销战略

第四章　市场细分与目标市场选择

教学目标

（1）育人目标：在进行市场需求预测的基本训练之后，开始进行营销决策的实际操作。

（2）课程目标：①学会市场细分定量分析方法；②根据市场细分结果，对细分市场进行描述；③依据每个细分市场特征，选择目标市场。

教学重点

通过引导案例的描述，让学生了解市场细分的定量分析方法和思路，具体内容包括：①了解并掌握市场细分定量方法；②描述细分市场特征；③选择目标市场。

维林克菲奶醋饮料目标市场策略选择分析[①]

维林克菲奶醋是江苏恒顺集团有限公司开发的恒顺奶醋的商用名。它融合了恒顺香醋专属菌群和克菲尔乳酸菌，经过二次发酵而成。作为醋饮产品，奶醋和家用烹饪的醋有很大的差别，它是以镇江香醋和奶为主要原料，经现代高科技的生物工程微生物技术精制而成，改善了醋的酸涩口感，其气味清香、口感细腻、味道独特，同时它还富含克菲尔菌、氨基酸、有机酸及钾、钙、镁、铁、锌等多种营养素，具有很高的营养价值。与酸奶和其他乳酸菌产品相比，维林克菲奶醋所含菌群较多（100 多株），产品的特点和功效更突出，如水解能力很强、易分解乳糖分子，容易被人体吸收，不会引起肠胃不良反应，同时使身体能够吸收更多的营养，具有消耗人体内脂肪的作用，保证了糖、蛋白质等新陈代谢顺利进行，可以增加人体皮肤血液循环，能够使小血管扩张，从而起到养颜护肤的作用。

在对市场进行了充分的竞争分析后，项目组需要考虑的是，尽管维林克菲奶醋已经进入饮料市场，处于导入期阶段，但随着消费者和市场都基本趋于成熟，人们的需求变得更加细致，要求进一步细分来满足不同消费者的需求与欲望。企业要根据细分结果，制

[①] 王伟方．"维林克菲"牌奶醋饮料市场细分与产品定位分析[D]．上海：上海交通大学安泰经济与管理学院，2007．

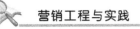

定有效措施来延长产品的生命周期或者缩短产品生命周期,以保证营销活动正常进行。

借助营销工程软件中的聚类分析模型,结合饮料市场实际情况,进行市场细分,步骤如下。

一、市场调研

1. 确定调研的目的

根据不同顾客对饮料市场的不同需求,将饮料市场划分为更细致的几个子市场,以便企业针对不同细分区域的顾客提供不同的产品或服务。

2. 确定被调查顾客以及数据收集的方法

饮料的消费在餐饮市场占了很大的比重,因此调查的地点选在饭店和餐馆,被调查者为用餐的顾客。选择面对面的访问形式进行数据采集。

3. 确定调查问卷的问题形式

调查问卷主要采用封闭式和量表应答式问题中的顺序量表相结合的方式来设计的。顺序量表通常用来测量消费者对产品或服务的态度,其特点是,问题的选择项以①到⑨的顺序排列,以两端为极端(①通常表示极其不满意,⑨通常表示极其满意),中间数字按程度顺序排列,通过应答者所选的数字表示其对产品或服务的态度。

4. 确定调查的属性及产品(品牌)

属性的确定主要以消费者对饮料的品牌、口感、价格及功能等方面的需求为考虑因素,具体属性有9个,即:品牌声望、解渴作用、提神醒脑作用、美容作用、营养保健作用、性价比、包装设计、口感以及产品的来源是否具有天然性。

5. 预先测试与调查问卷的修改

问卷初步设计完成之后,还要进行预先测试,即采用相同的数据收集方法,先进行小范围的试答,以检查问卷设计是否存在语义错误、不清晰等问题。为了保证问卷设计的准确性,先期制作了10份问卷初稿,面对面发给10位被测试者作答,并与他们讨论问卷设计语义是否清楚、明白,语言表达方式是否可以被接受,提出的问题是否合乎逻辑等。在讨论的基础上,找出改进办法,与被测试者共同对问卷初稿认真地进行了修改。此次预先测试的调查问卷回收率为100%。

6. 调查问卷的最终定稿

再次检查问卷的格式,进行文字校对,最终编排打印,制成正式的调查问卷如下。

饮料市场调查问卷

首先非常感谢您的大力支持和帮助——参加我们的问卷调查!希望您能根据实际情况填写本问卷,答案尽可能坦诚和完整。本问卷的回答基本上采用选择答案的方式进行,只要在相应答案的编号上划上√即可。对于您的个人资料我们将予以保密,同时绝不涉及您的个人隐私。

(1)您选择购买饮料时,

①听从促销人员导购;②听从媒体广告宣传;③听从朋友介绍;④不受他人影响,自由选择。

(2) 您购买饮料主要考虑产品的品牌声望：
①②③④⑤⑥⑦⑧⑨
绝对不同意 有点不同意 无所谓 同意 绝对同意

(3) 您购买饮料主要考虑产品的解渴作用：
①②③④⑤⑥⑦⑧⑨
绝对不同意 有点不同意 无所谓 同意 绝对同意

(4) 您购买饮料主要考虑产品的提神醒脑作用：
①②③④⑤⑥⑦⑧⑨
绝对不同意 有点不同意 无所谓 同意 绝对同意

(5) 您购买饮料主要考虑产品的美容作用：
①②③④⑤⑥⑦⑧⑨
绝对不同意 有点不同意 无所谓 同意 绝对同意

(6) 您购买饮料主要考虑产品的营养保健作用：
①②③④⑤⑥⑦⑧⑨
绝对不同意 有点不同意 无所谓 同意 绝对同意

(7) 您购买饮料主要考虑产品的性价比：
①②③④⑤⑥⑦⑧⑨
绝对不同意 有点不同意 无所谓 同意 绝对同意

(8) 您购买饮料主要考虑产品的包装设计：
①②③④⑤⑥⑦⑧⑨
绝对不同意 有点不同意 无所谓 同意 绝对同意

(9) 您购买饮料主要考虑产品的口感：
①②③④⑤⑥⑦⑧⑨
绝对不同意 有点不同意 无所谓 同意 绝对同意

(10) 您购买饮料主要考虑产品的天然性(天然性是指从天然动植物中提取,非人工合成的物质)：
①②③④⑤⑥⑦⑧⑨
绝对不同意 有点不同意 无所谓 同意 绝对同意

7. 确定样本容量

确定调查问卷发放数量为 160 份。

8. 调研的实施

选择在上海市区"苏浙汇"等几个知名的饭店和餐馆对用餐顾客发放问卷,问卷的发放遵守"同一桌用餐的顾客只发放一张问卷"的原则。如果不这样做,可能同一桌用餐的顾客在应答问卷的过程中使应答结果雷同,造成分析中数据的多重共线性,给分析结果带来误差。本次调研最终发放调查问卷 160 份,回收问卷 158 份,经过初步筛选,剔除无效问卷 11 份,回收有效问卷 147 份。

9. 检验问卷中量表的信度

在量表的信度检验中,使用克隆巴赫(Cronbach α)信度系数来测量每一题项得分之间是否具有一致性。α系数越高,则说明量表的信度越高、越可靠。通常情况下,α系数在0.70~0.98之间属于高信度,表明可以相信测试结果;而α系数低于0.35属于低信度,结果必须予以拒绝。

用 SPSS 13.0 for Windows 软件包对除"籍贯"以外的93个题项、147个受试对象的测试结果进行信度分析(reliability analysis),如图4-1所示。

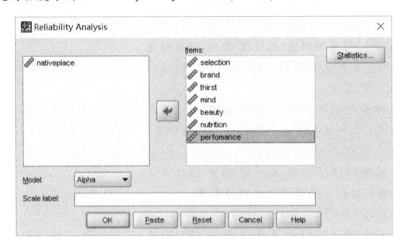

图 4-1 饮料市场调查问卷的信度检验分析

得到分析结果如表4-1所示,α信度系数为0.972,说明该项测试所得分数中仅有2.8%的变异来自随机误差,测试的可靠程度很高,测量结果可以信赖。

表 4-1 信度分析结果

Cronbach's Alpha	N of Items
0.972	93

二、聚类分析

对调查问卷中第2、3、4、5、6、7、8、9、10题的数据输入SPSS进行聚类分析,结果如表4-2所示。

表 4-2 各细分市场内每个变量的均值

变 量	总 共	CL1	CL2	CL3
品牌声望	6.62	6.97	6.73	4.23
解渴作用	5.56	6.00	5.50	3.54
提神醒脑	3.92	3.44	4.65	2.69
美容作用	3.67	2.12	5.52	2.38
营养保健	5.52	5.12	6.14	4.54

续表

变量	总共	CL1	CL2	CL3
性价比	6.01	6.26	6.47	2.31
包装设计	5.29	5.22	5.64	3.92
口感	7.46	7.62	7.47	6.62
天然性	6.86	6.81	7.18	5.554
proportion	1.000	0.463	0.449	0.088

三、细分结果解释

从表 4-2 中可以看出，调查对象在购买饮料时都关心产品的口感（7.46 分），对产品的天然性（6.86 分）、品牌声望（6.62 分）以及性价比（6.01 分）也比较看重，对饮料的提神醒脑（3.92 分）和美容作用（3.67 分）都不关心。但经过市场细分后，我们会发现第一组（CL1）注重关心饮料的品牌声望、解渴作用、性价比、口感和天然性，不关心提神醒脑和美容作用，对营养保健和包装设计也表示出了无所谓的态度；第二组（CL2）对所有变量打分的平均值都超过 4.5 分，对饮料的口感和天然性打分较高。尽管在提神醒脑、美容作用和包装设计上本身打分不算高，分别为 4.65、5.52 和 5.64 分，但超过了另外两组及总体平均对这三个变量的关注度；第三组（CL3）除了对饮料的口感和对产品的天然性有一定的关注（平均打分大于 5 分）外，对其余各变量均不关心，平均打分在 2.3 分至 4.6 分之间，另外，第三组对除"美容作用"外的八个变量的平均打分都居三个组中的最低。

综上所述，通过这次市场调查以及数据分析，将该饮料市场分成三个细分市场。根据每个细分市场中被调查对象关注饮料的侧重点不同，它们分别称为传统保守型（CL1）、全方位挑剔型（CL2）和漠不关心型（CL3）等三个饮料市场的细分子市场。其中传统保守型与全方位挑剔型的被调查者占总体被调查者的比例差不多，分别为 46.3% 与 44.9%，而漠不关心型被调查者仅占总数的 8.8%。

四、目标细分市场的选择

经过对饮料市场细分的分析，得到三个细分市场，这里引入 GE 产品组合模型（GE portfolio planning）来帮助江苏恒顺企业选择服务的目标细分市场。

首先，确定评价细分市场吸引力的九个因素，要求对每一细分市场从市场潜力、每年销售增长率、竞争强度、细分市场成熟度、壁垒、环境风险、与企业形象匹配程度、与企业协同程度、利润率等九个方面进行考察评分；其次，从企业业务实力的角度来评价，对每一细分市场内产品匹配度、销售匹配程度、促销手段、产品的特性、竞争性产品的宣传、品牌声望以及人员业务水平等七个方面进行打分；再次，对以上十六个因素赋予相应的权重；在实施分析的过程中，前三个步骤为公司聘请的三位专家完成，评分与权重数值被赋予在 0~10 之间。然后将他们分别对三个细分市场的十六个因素的打分结果和所分配的权重比例进行汇总平均，得到如下结果（见表 4-3）。最后，形成可观测的 GE 多因子矩阵图，如图 4-2 所示。

表 4-3 专家对各细分市场各指标的平均打分情况汇总

细分市场代码	细分市场吸引力								企业业务能力						
	市场潜力	销售增长率	竞争强度	细分市场成熟度	壁垒	环境风险	形象匹配程度	协同程度	利润率	产品匹配度	销售匹配程度	促销手段	产品的特性	竞争性产品的宣传	品牌声望	人员业务水平
CL1	9	8	6	7	2	5	7	6	7	9	7	5	8	5	6	6
CL2	10	9	9	2	5	5	7	6	10	8	5	9	6	7	6	
CL3	7	7	5	5	2	3	5	6	5	5	5	5	8	5	6	6
权重	9	8	9	4	7	5	5	2	6	8	8	6	6	5	6	6

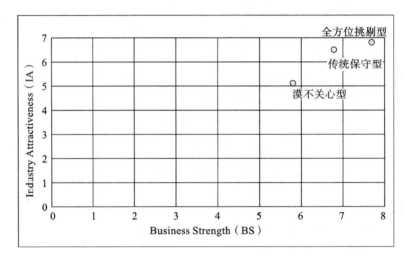

图 4-2 维林克菲奶醋饮料选择目标细分市场的 GE 多因子矩阵图

各细分市场消费群体特征分析如表 4-4 所示。

表 4-4 每个饮料细分市场内类别变量情况分析

调查项目	调查项目描述	各细分市场内选择某项的人数与总调查人数的比例/(%)		
		传统保守型	全方位挑剔型	漠不关心型
购买饮料选择	促销人员导购	0.7	0.7	0.7
	广告宣传	10.9	10.9	0.7
	朋友介绍	8.2	8.2	1.4
	自由选择	26.5	25.2	6.1
	合计	46.3	45.0	8.9

续表

调查项目	调查项目描述	各细分市场内选择某项的人数与总调查人数的比例/(%)		
		传统保守型	全方位挑剔型	漠不关心型
性别	男	32.7	19.8	4.8
	女	13.6	25.2	4.1
	合计	46.3	45.0	8.9
年龄	18~25 岁	5.4	12.2	2.0
	26~35 岁	30.6	28.6	6.8
	36~49 岁	8.2	3.4	0
	50 岁及其以上	8.2	0.7	0
	合计	46.2	44.9	8.8
在上海居住时间	3 年以下	10.6	15.0	2.0
	3~5 年	5.4	4.1	2.0
	5~7 年	6.8	3.4	0.7
	7~10 年	6.1	4.1	1.4
	10 年以上	17.0	18.4	2.7
	合计	46.2	45.0	8.8

从购买饮料习惯来说,各细分市场的消费者大部分选择自己挑选饮料品牌,不会听从促销人员、广告宣传和朋友建议;全方位挑剔型和漠不关心型细分市场中性别差异不明显,但在传统保守型细分市场内,男性人数是女性人数的 2.4(32.7/13.6)倍;从年龄角度分析,传统保守型的购买者年龄偏大,26~49 岁的消费者居多。全方位挑剔型和漠不关心型的购买者年龄偏小,18~35 岁的消费者居多;在上海居住时间的长短对漠不关心型人群的影响不大。而前两组人群在上海居住时间表现为两极分化,即居住 10 年以上和 3 年以下的消费者最多。

经过以上分析,江苏恒顺集团有限公司将对传统保守型细分市场内的消费者提供麦香型(普通型)维林克菲奶醋,主要关注并满足那些年岁稍大的、不大注重时尚的并且比较在意饮料的原始功能的男性消费者;对于全方位挑剔者,公司除了提供麦香型奶醋之外,还将提供养身型和养颜型奶醋,为关注健康、减肥、美容的消费者服务。在这个细分市场,维林克菲奶醋饮料的主要目标消费者被定义为经常出入休闲场所的白领人士,产品的诉求点为时尚健康;对于漠不关心型消费者,考虑到他们相对其他属性来说比较关心饮料口感和天然性,公司将通过研发新的口味、新的品种的奶醋来激发消费者的消费热情,预计将研制出玉米、水果等口味的奶醋饮料。

案例思考:
(1) 本案例使用的市场细分步骤有哪些?
(2) 案例中采用的市场细分分析方法是什么?

第一节　市场细分过程与步骤

目标市场营销策略是由市场细分、确定目标市场和市场定位等三个步骤组成。这三个步骤的英文首字母分别是S、T和P,因此也将其称为STP方法。市场细分就是将顾客分为需求、欲望和反应相似的不同顾客群。选择目标市场就是决定公司该为哪个顾客群服务以及怎样服务。市场定位就是公司的产品如何同市场上其他产品展开竞争。本章节主要阐述前两个步骤,市场定位将在第五章具体介绍。

市场细分过程与步骤

(一)明确市场细分目的

如引导案例中,项目组在对维林克菲奶醋饮料进行了充分的市场竞争优势分析后认为:虽然该饮料已经进入的市场,但尚处于产品导入期,随着相类似产品竞争愈加激烈,消费市场日趋成熟,维林克菲奶醋饮料必须寻找到合适的细分市场,继而有针对性推出营销策略,方能抓住目标群体,进行有效市场推广,达到市场营销目标。

(二)市场细分变量的确定

一般来说,所选择的细分变量应该基于潜在顾客需求和欲望,且能反映出顾客之间的差别。消费品市场更多使用行为变量,产业市场通常采用与产品本身相关的变量。

细分变量的选取没有统一标准,需要因地制宜,本书使用科特勒(Kotler)分类方法把细分变量划分为地理、人文、心理和行为变量四类,如表4-5所示。

表4-5　消费者市场的主要细分变量

变　量	划　分　标　准
地理变量	
地区	东北、华北、西北、西南、中南、华东、华南;亚洲、欧洲、非洲、美洲等
城市大小	50万人以上大城市、20万~50万人中等城市、少于20万人小城市
人口密度	都市、郊区、乡村
气候	热带、亚热带、温带
人文统计因素	
年龄	6岁以下、6~11岁、12~20岁、21~30岁、31~50岁、51~60岁、60岁以上
代沟	老一代、开放的一代、80后、90后
家庭人口	1~2人、3~4人、5人以上
家庭类型	核心、小型扩展家庭、大型扩展家庭

第四章 市场细分与目标市场选择

续表

变　量	划　分　标　准
家庭生命周期	青年单身、青年已婚无子女、青年已婚最小子女 6 岁以下、青年已婚最小子女 6 岁以上、较年长已婚与子女同住、较年长已婚子女都过 18 岁、较年长单身、年长无子女、年长单身等
性别	男、女
收入	少于 1000 元、1000～2500 元、2501～4000 元、4001～5500 元、5501～7000 元、7001～10000 元、10000 元以上
职业	技术人员、管理人员、官员和老板、职员、推销员、农民、蓝领工人、学生、家庭主妇、自由职业者、退休、失业者
教育	文盲、小学、中学、大专、本科、研究生
宗教	无神论、佛教、天主教、印度教、伊斯兰教、基督教、道教、其他
种族	汉族、蒙古族、回族、藏族、维吾尔族、苗族、彝族、壮族、布依族、朝鲜族、满族、侗族、瑶族、白族、土家族、哈尼族、哈萨克族、傣族等
国籍	中国、美国、德国、法国等
社会阶层	下层、中层、上层
心理因素	
生活方式	变化型、参与型、自由型、稳定型
个性	冲动型、积极型、交际型、权利主义型、有野心
行为变量	
使用时机	一般时机、特殊时机
追求的利益	方便、经济、易于购买
使用者状况	从未使用过、以前使用过、有可能使用、第一次使用、经常使用
使用频率	不常用、偶然使用、常用
品牌忠诚状况	无、一般、强烈、绝对
准备程度	未知晓、知晓、已知道、有兴趣、想得到、企图购买
对产品的态度	热情、积极、不关心、否定、敌视

1. 按地理变量细分

按照消费者所处的地理位置与自然环境的差异来进行细分市场,具体变量包括国家、地区、城市、乡村、城市大小、人口密度、气候带、地形地貌等。在实际中,仅仅按照地理变量进行细分是不够全面的,因为即使处于相似地理位置的消费者,其购买行为也会有很大的差别的。

2. 按人口统计变量细分

人口统计变量包括年龄、收入、性别、职业、受教育程度、家庭人口、家庭生命周期、国籍、民族、宗教、社会阶层等。由于人口统计变量较容易衡量,这种细分方法在企业中常常被用于消费者群体细分中。

3. 按心理变量细分

相比前两种方法,近年来按心理变量细分更多运用于研究和营销实践中。如相同人口地理特征的消费群体面对同一营销推广(如广告、促销等)反应不同,这可能基于消费群体的心理特征不一样。

心理变量市场细分在研究及实践中的应用典型代表是 VALS(values and lifestyle survey)的运用。它是由美国加利福尼亚的 SRI 国际公司(原斯坦福国际研究中心)于 1978 年开发出来的。最早的研究者根据对大约 1600 户美国家庭进行冗长的全面询问,设计出一个把消费者放在 8 个生活方式群体的系统,即自我实现者、履行者、信仰者、成就者、奋斗者、体验者、制造者和挣扎者。

VALS 系统在市场细分中的应用非常广泛,例如,红塔山香烟的定位以成就导向者为主,其广告创意应突出成就感、独立性、创新性等特征,如其广告语"山高人为峰"就突出了这些特征,广告创意和品牌定位的吻合会使其对红塔山香烟的目标受众产生积极的效果。

4. 按行为变量细分

在心理变量细分的基础上,研究者发现许多产品的消费需求与消费者的使用情境及行为密切相关,行为细分是产品导向下的细分方法,它是根据消费者对产品特性的知识、态度、使用与反应等行为将市场细分为不同的群体。消费者行为细分变量很多,包括消费者进入市场的程度、购买或使用产品的时机、消费规模、品牌忠诚度等,按消费者进入市场的程度可分为经常购买、出处购买、潜在购买等,按品牌偏好可分为单一品牌忠诚、多品牌忠诚及无品牌忠诚等。

此外,市场细分还可以按时间分为事前细分和事后细分。事前细分法是营销人员在研究之前利用某些细分因素人为地将总体市场划分为细分市场,最常用细分因素有两类:人口统计因素和行为因素。事后细分(U&A)法就是营销人员利用研究中有关消费者对产品的态度,运用多元统计分析中的因子分析和聚类分析,将总体市场划分为细分市场,如图 4-3 所示(这部分我们将在第五章进行具体描述)。

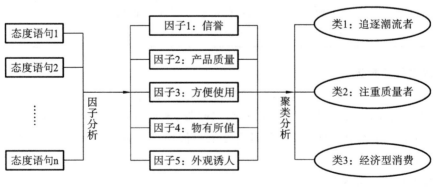

图 4-3 事后细分法

（三）选择适合方法进行数据收集和分析

问卷设计及数据收集，或者采用对已有的数据库进行信息挖掘。营销实务中，多采用因子分析方法、主成分分析方法、多元回归分析方法进行数据处理，用聚类分析方法划分细分市场，最后通过判别分析检验聚类的有效性。

（四）描述细分市场

在划分出每一个细分市场后，首先必须根据细分市场的特征进行细分市场命名，然后逐一描述每一个细分市场，描述变量如表4-6所示。

表4-6　市场细分变量标准

细分变量	地理细分	人口细分	心理细分	行为细分	利益细分
细分维度	位置、环境	各种外部特征	生活方式、价值取向、个性	购买行为	寻求的利益
细分目标	了解需求总量和变化趋势等	了解市场结构、其他方法的补充	新产品引入策略、广告策略及其他营销策略	产品定位、客户关系管理等	新产品引入策略、广告策略及其他营销策略

（五）细分市场吸引力评价与目标市场选择

在对每一个细分市场进行具体详尽的描述之后，企业必须采用一定的衡量标准（指标）来评价每一个细分市场的吸引力，主要的标准为3类共9个标准（见表4-7）：第Ⅰ类标准关注细分市场的规模和增长；第Ⅱ类标准关注细分市场的结构性特点，如竞争、市场饱和度、地区保护和环境风险；第Ⅲ类标准关注的是企业的产品与可能选择的细分市场的匹配度、与其他细分市场的关系、利润水平。

表4-7　细分市场吸引力的评价标准

标　准	举　例
Ⅰ 规模与增长	
1 规模	市场潜力，目前的市场渗透程度
2 增长	过去的增长对技术变化的预测
Ⅱ 结构性特点	
3 竞争	进入壁垒，退出壁垒，竞争者的地位和报复程度
4 细分市场饱和度	市场的空白
5 地区保护	产品受专利的保护，进入壁垒
6 环境风险	经济变化，政治变化，技术变化
Ⅲ 产品与市场的匹配	
7 匹配程度	与企业的优势和形象相吻合
8 与其他细分市场的关系	协同作用，成本互动，形象转移及产品线的内部竞争
9 利润水平	进入成本，利润水平和投资收益率

在对目标细分市场吸引力进行评价之后,企业将根据企业阶段性营销战略、企业内部的实力,结合自身产品特征,选择与自身产品相吻合的目标群体(细分市场)。可以选择一个或多个细分市场进行拓展。

GE矩阵对目标市场的选择做了较好的描述(见图4-4):横坐标表示细分市场的吸引力,纵坐标表示企业的优势和能力。运用GE矩阵选择目标市场的具体方法如下。

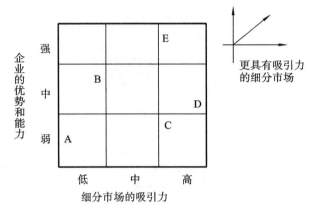

图4-4　GE目标细分市场选择

(1) 确定影响每个维度的主要因素。分别确定对企业的优势与能力、细分市场的吸引力产生驱动作用的因素,注意在众多的因素中应尽可能选择那些对特定与整体战略产生关键作用的因素。

(2) 确定各个影响因素的权重。在此步骤中,企业应通过商讨(适当的研究的方法或手段,如德尔菲法、与相关的行业专家座谈、利用历史资料等方法)给各影响因素分配权重。

(3) 使用影响因素指标,对各个细分市场打分。打分与确定权重一样,应通过适当的方法进行商讨与折中。

(4) 权重乘以步骤(3)中的评分,即为各细分市场的最终分数。

(5) 解释最后结果。

(6) 敏感度分析,即采用不同权重与不同的打分重复,以期得到最优结果。

第二节　市场细分方法

一、基于因子分析的多元聚类

基于因子分析的市场细分步骤为:因子分析筛选数据、聚类分析划分细分市场、细分市场解释。

第四章 市场细分与目标市场选择

因子分析法(factor analysis),是主成分分析的推广,是一种主要用于数据简化和降维的多元统计方法。在面对诸多具有内在相关性的变量时,因子分析是试图使用少数几个随机变量来描述许多变量所体现的一种基本结构。其基本思想是根据相关性大小把原始变量分组,使得同组内的变量之间相关性较高,而不同组的变量之间相关性较低。运用因子分析,营销者可以将一堆烦琐的数据简为较少的数据,即通过分析大量变量(如态度、对问卷的回答等)之间的相互关系,然后用常用的基本维度表示这些变量。

（一）因子分析筛选数据

因子分析的主要步骤为:首先定义因子分析问题和分析变量;其次构建相关矩阵,选择因子分析方法,确定提取的因子数和旋转方法;再次解释旋转后的因子;最后判断模型的拟合情况。

1. 构造相关矩阵

相关矩阵是因子分析的基础,只有当变量之间存在相关关系时才适合进行因子分析。如果所有变量之间的相关系数很小,则没有必要进行因子分析,直接进行聚类分析即可获得市场细分结果。实际操作中,应用较多的是统计标准的 KMO 值,KMO 值较小时,表示每一对变量之间的相关性较低,不能使用因子分析,所以通常要求 KMO 值大于 0.5。

2. 确定因子分析方法

主成分分析(principal components analysis)和公因子分析(common factor analysis)是两种主要的因子分析方法,主成分分析考虑全部方差,将全部方差引入因子矩阵,其主要目的是用尽可能少的因子解释尽可能多的方差;公因子分析只考虑公因子部分,其主要目的是识别公因子的主要纬度及相关关系。

品牌个性的本土化研究

"大五"品牌个性理论自从提出以来在很多国家得到了验证,同时也提出了新的问题:品牌个性作为符号文化的一种,在不同的国家是否应该呈现不同差异? 品牌个性作为品牌符号中最具有象征意义的部分,是否也必须打上文化的烙印? 不同文化的国家在品牌个性维度的构成方面是否也应该存在着不一致?

为了回答上述问题,黄胜兵和卢泰宏在2003年采用词汇法、因子分析和特质论作为方法论基础,根据对中国消费者的实证研究发展出中国的品牌个性维度及量表,并从中国传统文化角度阐释了中国的品牌个性维度:"仁、智、勇、乐、雅"。然后将中国的品牌个性维度与美国、日本的进行了比较。他们的研究表明:中国的品牌个性一方面继承了中国文化传统,保留了本土的独特特点;另一方面,随着中国与世界经济文化的交流和融合,中国的品牌个性也不可避免地受到西方文化的影响。其中,仁(sincerity)、智(competence)、雅(sophisticated)这三个维度具有较强的跨文化一致性。"仁"是中国的品牌个性中最具有文化特色的一个维度,其次是"乐"。中国与美国的品牌个性相比,最具有差异性的是:中国更加强调集体利益,而美国更加重视个人利益,强调个性的表现。中国与日本的品牌个性相比,中国的品牌个性中存在着"勇",而日本则不存在着这样一个单独维度,而"勇"与美国的 ruggedness 比较相关。上述结果表明:中国消费者对品牌个性的认知,在一定程度上受到西方理论及文化的影响,有其共性,但在某些方面又打上了中国文化的烙印,有一定的独特性。

因子分析方法中还有一些其他的方法,如最小二乘法、广义最小二乘法、极大似然法等,但这些方法使用较少。

本书所用案例只介绍主成分分析法的使用。

3. 确定因子数

理论上,主成分的数目可以和变量数相同,但这就达不到简化数据结构的目的。因此,应当提取比变量数少的因子。确定因子数目的方法有以下几种。

(1) 事先确定。依据以往的经验,事先确定提取的因子数目。SPSS 软件允许用户指定提取因子数,因此很容易实施。

(2) 根据特征值。通常保留特征值大于 1 的因子。某一因子的特征值代表与该因子有关的方差的大小,特征值小于 1 的因子并不优于原始变量,起不到简化数据的作用。所以通过标准化,每个标准化变量的方差为 1,如表 4-8 所示。

表 4-8 主成分分析各因子特征值和解释的方差比例

因 子	特 征 值	方差百分比	累计百分比
1	2.731	45.520	45.520
2	2.218	36.969	82.488
3	0.442	7.360	89.848
4	0.341	5.688	95.536
5	0.183	3.044	98.580
6	0.085	1.420	100.000

(3) 根据碎石图。碎石图是将特征值与因子数按提取的顺序作图,根据图的形状确定保留的因子数。图中特征值的折点处,代表应当提取的因子数。根据碎石图确定的因子数通常比根据特征值确定的多 1 个,如图 4-5 所示。

(4) 根据解释方差的比例。这一方法根据提取因子解释的累计方差达到满意水平时的因子数来确定保留多少个因子,通常建议提取的因子至少能解释 60% 的方差。

(5) 根据显著检验。可以分别对不同特征值的统计显著性进行检验,然后仅保留统计上显著的因子。但是,当样本量大(大于 200)时,许多因子尽管从实用的角度上看仅解释了很小比例的方差,但在统计上十分显著。

表 4-8 所示,因子的特征值和能够解释的方差比例均从第 1 个因子到第 6 个因子呈下降趋势。对于标准化变量,每个变量的方差都是 1,6 个变量的总方差为 6。某一因子所解释的方差比例是其特征值除以变量数。因此,第 1 个因子解释的方差是 2.731,即总方差的 45.52%(2.731/6);第 2 个因子解释的方差占总方差的 36.97%(2.218/6)。前 2 个因子共解释的方差占总方差的 82.49%。根据结果,按特征值大于 1 的标准可选取两

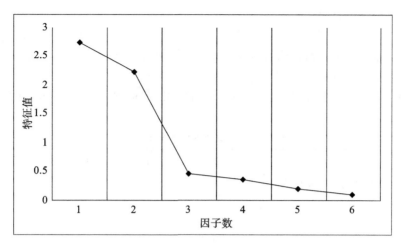

图 4-5 主成分分析的碎石图

个因子。最后,根据解释方差的累计比例,前两个因子已经解释了 82.49% 的方差,增加第 3 个因子的边际作用不大,如图 4-5 所示,在第 3 个因子处有一个明显的折点,因此,提取两个因子比较合适。

4. 因子旋转

未经旋转的因子矩阵中的因子与很多变量相关,每个因子的含义不够清晰,不容易解释。表 4-9 所示未经旋转的因子 1 至少与 6 个变量中的 5 个变量有某种程度的相关(因子载荷的绝对值大于 0.3),因子 2 至少与其中 4 个变量相关。因此要通过对因子矩阵的旋转获得更容易理解的矩阵,最常用的旋转方法是变值尽简法(varimax procedure)。

如表 4-9 所示,用变值尽简法旋转使因子矩阵简化且便于理解。旋转后只有 V_1、V_3 和 V_5 与因子 1 相关,V_2、V_4 和 V_6 与因子 2 相关,且没有任何变量同时与两个因子相关。

表 4-9 旋转前后的因子矩阵

初始因子矩阵			旋转后的因子矩阵		
变量	因子 1	因子 2	变量	因子 1	因子 2
V_1	0.928	0.253	V_1	0.962	−0.027
V_2	−0.301	0.795	V_2	−0.057	0.848
V_3	0.936	0.131	V_3	0.934	−0.146
V_4	−0.342	0.789	V_4	−0.098	0.854
V_5	−0.869	−0.351	V_5	−0.933	−0.084
V_6	−0.177	0.871	V_6	0.083	0.885

5. 解释因子(因子命名)

根据因子矩阵载荷特征,对因子进行解释(命名),以便于后面的聚类分析。

6. 计算因子得分

为进一步的分析,还需要计算因子得分,以便后面的聚类分析中将因子得分代替原

始变量。因子得分的计算公式为

$$F_i = W_{i1}X_1 + W_{i2}X_2 + \cdots + W_{ik}X_k, \quad i = 1,\cdots,m$$

由于 $k > m$,所以不能得到精确的因子得分,只能通过估计。通常使用巴特莱特因子得分(加权最小二乘法)和回归法进行估计。

【练习】 以下是有关生活态度的因子分析结果,请根据表 4-10 所示的结果解释各因子的含义并给这些因子命名。

表 4-10 生活态度因子分析结果

因子	测量语句	因子负载	方差贡献率/(%)	累计方差贡献率/(%)
F1	我喜欢被认为是时髦的人	0.76	24.88	24.88
	与其他人相比,我的穿着更加时髦	0.74		
	我喜欢追求流行、时髦与新奇的东西	0.73		
	流行与实用之间,我比较喜欢流行	0.70		
F2	为了成功,我愿意承担风险	0.76	13.19	38.07
	我具有冒险精神	0.70		
	我喜欢追求富有挑战、新奇和变化的生活	0.69		
	我喜欢接受从未尝试过的挑战	0.65		
F3	我希望被视为一个领导者	0.77	7.28	45.35
	我把我的工作视为事业	0.72		
	我希望能达到所从事职业的顶峰	0.71		
F4	我愿意无偿参与公益活动	0.76	6.60	51.95
	我常常以实际行动支持环保	0.70		
	业余时间,我更愿意从事有社会价值的事情而不是去赚钱	0.68		
F5	尊重传统习俗是很重要的	0.76	5.91	57.86
	工作的稳定比高收入更重要	0.75		
	我反对婚外恋	0.60		

(二)聚类分析划分细分市场

聚类分析(cluster analysis)是一组将研究对象按一定的标准分为相对同质的群组的统计分类方法。

1. 聚类分析在市场分析中的应用

(1)市场细分。例如可以根据消费者购买某产品的各种目的把消费者进行分类,这样每个类别内的消费者在购买目的方面是相似的。

(2) 了解购买行为。聚类分析可以把购买者进行分类,这样有助于分别研究各类购买行为。

(3) 开发新产品。对产品与品牌进行聚类分析,把它们分为不同类别的竞争对手。在同一类别的品牌比其他类的品牌更具有竞争性。公司可以通过比较现有竞争对手,明确新产品的潜在机遇。

(4) 选择实验性市场。通过把不同城市分类,选择具有可比性的城市来检验不同的营销策略的效果。

2. 聚类分析进行市场细分的步骤

(1) 选择距离指标。由于聚类分析的目的是将相似的对象聚同到同一组中,因此需要一些衡量对象之间相似性或相异程度的指标。常用的计算距离的方法有欧式距离、马氏距离、兰氏距离、斜交空间距离和切氏距离等。使用不同的距离指标可能导致不同的聚类结果,因此,最好使用不同的指标并比较其结果,然后按照细分目标进行选择。

(2) 选择聚类分析方法。聚类分析方法分为快速聚类、分层聚类和两步聚类等三种方法。快速聚类也叫 K-均值聚类(K-means clustering),该方法的基本思路是先选择 K 个聚类起始点,然后根据距离最小的原则,将样本成员分配到 K 个聚类中;接着再重新计算 K 个聚类中心和分配样本成员;如此不断迭代,最后达到收敛的要求为止。顾名思义,快速聚类的特点是速度快,对于大样本数据具有一定的优势。该方法的主要缺点是需要事先确定群数和选择群中心,聚类结果可能取决于初始中心的确定方法。

层次聚类(hierarchical clustering)也称系统聚类,以产生分层或树状结构为特征,又可进一步分为聚合法和分解法。聚合聚类(agglomerative clustering)以每个对象为单独一群开始,根据距离最小的原则,将不同群依次聚合在一起,形成越来越大的群,直至所有对象同属一群。分解聚类(divisive clustering)过程正好相反,开始时所有对象同属一群,然后不断分裂直至每个对象为单独一群。

根据群间距离定义的不同,可以将层次聚类进一步分为最小距离法、最大距离法、平均距离法、方差法和重心法等。最小距离法(single linkage method)中,两群间的距离是两群之间最近两点之间的距离,根据最短距离将两群合并。最大距离法(complete linkage method)中,两群间的距离是两群之间最远的两点之间的距离。平均距离法(average linkage method)是根据两群中所有案例之间的平均距离定义两群之间的距离,它利用了所有案例之间的距离信息,而不仅仅是距离的极小值或极大值。Ward 式法(Ward's procedure)是根据组内方差最小的原则进行聚类。在聚类的每一步中,合并后群内距离平方和增加最小的两群被合并在一起。重心法(centroid method)的群间距离是两群重心之间的距离。上述方法中平均距离法和 Ward 氏法的效果较佳。

两步聚类(two stage clustering)是通过分析聚类特征树自动确定最佳的群数,然后进行分组。该方法具有能够处理分类变量和连续变量、自动选择群数、适合大样本数据的优点。

SPSS 可以使用 cluster 完成聚类,一般使用较多的是 K-means clustering 模块;SAS 的 cluster 程序中,一般选择 FASTCLUS 进行对象的非层次聚类,变量的聚类可使用

VARCLUS完成。本书采用SPSS来完成聚类分析。

（3）确定群组数目。进行聚类分析时面临的一个重要的问题是确定群组数目。

（4）解释细分市场结果。对群的解释与描述涉及对群中心的考察。群中心代表该群成员每个变量的均值，可以根据群中心为每一个群取一个合适的名字来描述该群的特点。如果聚类软件不直接提供这一信息，还可以通过判别分析获得。

某品牌视力检测市场细分

一、项目背景

随着互联网、智能手机的普及和人们使用电子产品的频率增加，我国近视人数也不断增加，眼镜行业需求量不断增多，而且呈现低龄化状态。眼镜行业中的大学生市场潜力巨大，但是学校周边的眼镜店的质量堪忧，国家目前还没有一个专门针对验光方面的标准或者技术规范，具体验光的水平很多时候只有通过经验来评判。由于缺少统一的标准或规范，很难约束验光师的验光行为，这就造成了他们验光的水平参差不齐。同时，眼镜行业作为众所周知的暴利行业，随着人们需求提高和产品服务的竞争，传统眼镜行业将被淘汰或者进行升级。原目在不断追求眼视光行业的标准化的同时，特别针对大学生群体提出了"人生路上的第一副好眼镜"的口号，配备高级的验光标准和高质量的服务，专为大学生的眼睛健康提供服务。虽然原目重视验光的标准化和眼视光服务的提升，但是江西市场的眼视光消费需求甚少的环境，且消费者需求日新月异，其消费目的也不同，有人是为了配眼镜做装饰品，有人是为了看得清，有人是注重更好地保护视力。所以对于已经进入江西市场九个月的原目眼视光健康品牌来说，对现有客户进行市场细分来进一步提高客户满意度成为当务之急，其中适合该产品和服务的市场细分变量的开发显得尤为重要。但是原目在江西市场的发展过程中也遇到了瓶颈，没有进行专业精准的市场细分和市场选择，目前对于社会市场（主要是近视防控）有所涉及，其中对大学生市场作为主要市场进行开发。针对大学生市场主推"人生路上的第一副好眼镜"的口号没有落实到位，同时大学生对品牌价格具有一定的敏感性，其购买力存在较大的波动性。所以原目的产品和服务必须融合大学生文化（地区性），通过科学的市场细分，开发新的、合理的市场细分变量，进行市场选择，从而在后期可以获取精准的市场定位。

二、研究设计

（一）细分变量设计

本案例基于满意度CCSI指标体系，把满意度测评指标分为两大部分：综合指标和专项指标。综合指标包括客户感知质量、原目的形象、客户的预期质量、客户的感知价值、对原目眼视光的满意度、客户抱怨、客户忠诚度等7项（见表4-11），专项测评包括店铺的便利性、店铺的环境和硬件设施、原目门店人员的服务、原目专业检测服务、原目眼视光的价格与促销等5项（见表4-12）。

第四章 市场细分与目标市场选择

表 4-11 综合测评指标体系

序号	1	2	3	4	5	6	7
二级指标	客户感知质量	原目的形象	客户的预期质量	客户的感知价值	对原目眼视光的满意度	客户抱怨	客户忠诚度
三级指标	眼镜多样性	企业整体形象	在去原目检测之前,客户对原目专业检测的总体期望	根据目前的检测售价,客户对原目眼视光的精准检测满意程度	客户对原目眼视光产品和服务总体满意程度	客户是否抱怨过原目眼视光	客户下次检测/配镜去原目的可能性
	眼镜性能	专业检测品牌形象	在去原目检测之前,对原目专业配镜的总体期望	根据目前的检测售价,对精准检测的售价满意程度	与预期相比客户对原目眼视光的产品和服务满意程度	客户是否投诉过原目眼视光	客户向亲戚/朋友推荐原目眼视光的可能性
	眼镜经济性		在去原目检测之前,对原目个性化服务满足需求程度的期望	根据目前的检测售价,对原目眼视光的眼镜品质满意程度	与同类视光中心/眼镜店相比客户对原目满意程度		如果原目眼视光价格小幅度提高,客户还到原目检测/配镜的可能性
	眼镜可靠性						
	原目眼贴						

表 4-12 专项测评指标体系

序号	二级指标	三级指标
1	店铺的便利性	能快捷地找到原目的门店位置
		营业时间的合理
		店铺内的清晰的指示标志(路标、卫生间标志等)
2	店铺的环境和硬件设施	装修、设计风格
		店内卫生(地面、检测设备清洁)
		店内检测氛围(温度、光线、色调等)
		原目检测设备齐全
		卫生间是否易于寻找,且方便使用

续表

序号	二级指标	三级指标
3	原目门店人员服务	对接待人员的服务态度的评价
		对检测人员的检测/验光水平的评价
		对检测人员专业形象的评价
		对讲解人员的沟通表达和专业知识的评价
		对选镜人员的评价
		对售后服务人员的评价
4	原目专业检测服务	对检测流程(精准验光＋眼科检查)的评价
		对检测排队时长的评价
		对检测所用时间的评价
		对检测结果的效用性评价
		对检测报告的评价
5	原目眼视光的价格与促销	检测/验光价格合理
		配镜价格合理
		镜片升级价格的性价比
		功能镜片(防蓝光)价格合理
		原目的促销活动(检测送一盒眼贴、会员卡赠送)有吸引力

(二) 问卷设计

根据眼视光客户满意度评价指标体系,设计出调查问卷,主要由两个部分组成:一是调查主体,包括客户对店铺便利性、环境、人员服务、专业检测的满意度,还有企业形象满意度、客户感知价值、客户预期质量满意度、客户感知质量、客户总体满意度、客户抱怨和客户忠诚;二是顾客个人信息和客户戴镜信息。

(三) 数据分析

1. 信效度分析

信度分析:打开 SPSS,依次单击 Analyze、Scale、Reliability Analysis,得到如表 4-13 所示的结果。

表 4-13 各项指标信度分析结果

指　标	个　数	Alpha
店铺便利性满意度	3	0.789
店铺环境和设施满意度	5	0.929
人员服务满意度	6	0.942
专业检测满意度	6	0.953
客户感知价值	18	0.950

续表

指　　标	个　　数	Alpha
价格与促销满意度	5	0.949
企业形象满意度	2	0.949
客户预期质量满意度	3	0.949
客户感知质量	4	0.961
客户总体满意度	3	0.953
客户抱怨	2	0.919
客户忠诚	3	0.925

由表 4-13 可知问卷中各评价指标的信度系数均在 0.7 以上,说明问卷各类指标内部一致性较好,可靠性较高。

从表 4-14 可知,KMO 值为 0.960＞0.6,通过巴特球形检验,累积方差解释率值为 77.072%,说明 4 个维度可以提取出大部分项目信息。因而综合说明研究数据具有良好的结构效度水平。

表 4-14　KMO 和 Bartlett 的检验

取样足够度的 Kaiser-Meyer-Olkin 度量		0.960
Bartlett 的球形度检验	近似卡方	14056.153
	Df	1225
	Sig.	0.000

2. 因子分析筛选数据

操作:打开 SPSS,依次单击 Analyze、Data Reduction、Factor。

由于 KMO 值为 0.960,大于 0.6,满足因子分析的前提要求,意味着数据可用于因子分析研究。再通过 Bartlett 球形度检验($P<0.05$),说明研究数据适合进行因子分析。

因子分析一共提取出 4 个因子,特征根值均大于 1,四个因子旋转方差解释率分别为 27.717%,24.723%,12.915%,11.717%,旋转后累积方差解释率为 77.072%(见表 4-15)。

表 4-15　因子提取表

成分	初始特征值			提取平方和载入			旋转平方和载入		
	合计	方差的/(%)	累积/(%)	合计	方差的/(%)	累积/(%)	合计	方差的/(%)	累积/(%)
1	32.403	64.806	64.806	32.403	64.806	64.806	13.858	27.717	27.717
2	3.125	6.251	71.057	3.125	6.251	71.057	12.362	24.723	52.440
3	1.834	3.667	74.724	1.834	3.667	74.724	6.457	12.915	65.355
4	1.174	2.348	77.072	1.174	2.348	77.072	5.859	11.717	77.072

提取方法：主成分分析。用主成分因子法，采用最大方差法旋转，得到4个原目眼视光客户满意度变量，根据初试变量负荷值进行因子命名，结果如表4-16所示。

表4-16 方差最大化旋转后的因子荷载

因子1		因子2		因子3		因子4	
初始变量	环境服务满意	初始变量	期望价格满意	初始变量	眼镜多样满意	初始变量	耐用售后满意
店内卫生（地面、检测设备清洁等）	0.844	对原目专业配镜的总体期望	0.778	原目的眼镜框式样多	0.849	对售后服务人员的评价	0.669
装修设计风格	0.818	对原目个性化服务满足需求程度的期望	0.775	在原目有你喜欢的眼镜框颜色	0.832	原目眼镜不容易损坏	0.667
店内检测氛围（温度、光线、色调等）	0.808	对原目专业检测的总体期望	0.773	原目的眼镜框材质选择多相关	0.828	原目眼镜耐用	0.657
对接待人员的服务态度的评价	0.819	镜片升级价格性价比	0.721	原目眼镜的框架适合你的脸型	0.636	原目眼镜的设计能降低眼镜的损坏率	0.526
原目检测设备齐全	0.778	配镜价格合理	0.707			原目眼镜损坏后可维修	0.510
检测流程（精准验光＋眼科检查）	0.772	对眼镜的售价满意相关	0.703				

3. 聚类分析划分细分市场

操作：打开SPSS，依次单击Analyze、Classify、K-mean Cluster。

表4-17所示的为最终的聚类中心，可依此来描述不同组群类别的特征。第一类群对眼镜多样的满意度较高；第二类群对四类服务的满意度均不高，尤其是对环境服务满意度不高；第三类群对眼镜的多样性的满意度不高，对期望价格的满意度较高；第四类群对期望价格的满意度不高，对环境服务的满意度较高。

第四章　市场细分与目标市场选择

表 4-17　聚类分析分析结果

组群类别	聚　类			
	1	2	3	4
REGR factor score 1 for analysis 2	0.24809	−2.09088	0.08471	0.42464
REGR factor score 2 for analysis 2	0.38238	−0.63813	0.54792	−1.52717
REGR factor score 3 for analysis 2	0.54481	0.01056	−1.71833	−0.21933
REGR factor score 4 for analysis 2	−0.03797	−0.09552	−0.10492	0.31143

基于以上的特点，四个组群可以分别命名为：眼镜多样满意细分市场、非敏感满意细分市场、期望价格满意细分市场、环境服务满意细分市场。

4. 判别分析

操作：打开 SPSS，依次单击 Analyze、Classify、Discriminant Analysis。

表 4-18 所示的为方差检验的结果，表明四个因子在不同类别均值不等。为判别分析中比较重要的检验结果，我们的判别方法默认为 Wilks 的 Lambda 方法，每步都是 Wilks 的 Lambda 统计量最小的进入判别函数。表中 Wilks 的 Lambda 值分别为 0.065、0.211、0.548，卡方检验值分别为 525.034、298.573、115.431，P 值均小于 0.05（见表 4-19）。

表 4-18　判别分析结果

组群类别	Wilks 的 Lambda	F	df1	df2	Sig.
REGR factor score 1 for analysis 2	0.466	73.597	3	193	0.000
REGR factor score 2 for analysis 2	0.454	77.313	3	193	0.000
REGR factor score 3 for analysis 2	0.339	125.338	3	193	0.000
REGR factor score 4 for analysis 2	0.981	1.242	3	193	0.296

表 4-19　检验结果

函数检验	Wilks 的 Lambda	卡　方	df	Sig.
1 到 3	0.065	525.034	12	0.000
2 到 3	0.211	298.573	6	0.000
3	0.548	115.431	2	0.000

表 4-20 是结构矩阵图，显示出四个判别函数与因子之间的相关程度。判别分析实际上是利用特征变量和特征系数构造判别函数得到判别值区分类别，所以如果有 n 个类别，则至少需要 $n-1$ 个判别函数。

表 4-20　结构矩阵图

组群类别	函　数		
	1	2	3
REGR factor score 1 for analysis 2	0.369	0.429	0.812*

续表

组群类别	函数		
	1	2	3
REGR factor score 2 for analysis 2	0.355	0.572	−0.693*
REGR factor score 3 for analysis 2	0.742*	−0.662	−0.105
REGR factor score 4 for analysis 2	−0.013	−0.043	0.139*

判别变量和标准化典型判别式函数之间的汇聚组间相关性,按函数内相关性的绝对大小排序的变量

注:* 每个变量和任意判别式函数间最大的绝对相关性。

从表 4-20 中可以看出,四个判别函数分别与三个因子的相关程度较高,这就验证了聚类分析中按三个因子不同的中心来分类的结果。也就是说,如果第一个判别函数值显著,就为第一类群;第二个判别函数值显著,就为第二类群;第三个判别函数值显著,就为第三类群;三个函数值均不显著,则为第四类群。

表 4-21 所示为预测类别与实际类别之间的正确度,从对角线的百分比可以看出,正确率(100.0%、100.0%、100.0%、96.8%)都很高,说明第二步聚类分析的效果很好。

表 4-21 预测类别与实际类别之间的正确度

项目		案例的类别号	预测组成员				合计
			1	2	3	4	
初始	计数	1	113	0	0	0	113
		2	0	21	0	0	21
		3	0	0	32	0	32
		4	0	1	0	30	31
	%	1	100.0	0	0	0	100.0
		2	0	100.0	0	0	100.0
		3	0	0	100.0	0	100.0
		4	0	3.2	0	96.8	100.0

已对初始分组案例中的 99.5% 个进行了正确分类

同时,从保存的预测类别看,与第二步聚类分析的类别变量基本一致,同样使聚类分析结果的可靠性得到验证,如表 4-22 所示。

表 4-22 预测类别

| QCL_1 | 1 | 3 | 3 | 1 | 3 | 2 | 3 | 3 | 3 | 1 | 1 | 1 | 2 | 2 | 1 | 3 | 1 | 1 | 1 | 1 | 1 |
| Dis_1 | 1 | 3 | 3 | 1 | 3 | 2 | 3 | 3 | 3 | 1 | 1 | 1 | 2 | 2 | 1 | 3 | 1 | 1 | 1 | 1 | 1 |

三、细分市场描述

下面分别对四个细分市场进行描述。

（一）眼镜多样满意细分市场

该细分市场的人群眼镜多样的满意度较高，以"丰富的眼镜框色系、不同的镜片/镜框材质、不同的镜片/镜框材质"满意度最高，因此该细分市场的客户对眼镜产品的多样性更加看重，可以在眼镜产品的多样性进行产品的配置和宣传。

（二）非敏感满意细分市场

该细分市场的人群对四类服务的满意度均不高，尤其是对环境服务满意度不高，因此这类客户对原目眼视光的各项体验的满意度不敏感，尤其对环境服务的满意度不高。这一类非敏感客户暂时不明确他们的需求。

（三）期望价格满意细分市场

该细分市场的人群对眼镜产品的多样性的满意度不高，对期望价格的满意度较高，对原目的预期质量很高，也就是在去原目检测之前，对原目的专业检测、专业配镜和个性化服务的期望程度较高，同时对原目价格较为满意，即对眼镜价格、镜片性价比较为满意，是对价格比较敏感的群体。因此需要提高他们对价格的认知和对比，进一步加深他们对原目眼视光性价比方面的认可；同时注重对眼镜多样性的宣传，在"丰富的眼镜框色系、不同的镜片/镜框材质、不同的镜片/镜框材质"的配置和宣传上下功夫，提高他们对眼镜多样性的满意度。

（四）环境服务满意细分市场

该细分市场的人群对期望价格的满意度不高，对环境服务的满意度较高，即对店内卫生、检测氛围、接待人员的服务态度、设备和流程的满意度较高。需要提升他们对期望和价格的满意度，加强企业的专业检测宣传，注重企业形象传播，让他们了解产品的性价比是最优的。

四、目标市场的选择

在划分的四个细分市场中，选择期望价格满意细分市场和眼镜多样满意细分市场作为目标市场，理由如下所述。

（一）市场特点

这个年龄段的学生大多是高频率使用电子产品的人群，他们正处于生长发育阶段，视力也处于防控阶段，大部分人因为学习和娱乐的需要，不得不配镜，又因为各种因素对眼睛健康的要求提升，配镜也极力避免近视度数的进一步加深。同时，大学生处于读书阶段，比较单纯，同时富于想象力，其思维活跃、崇尚个性，大多数人喜欢在学校附近的眼镜店消费，而且他们的消费具有模仿性和攀比性，配镜也很容易受到周围同学的影响，所以店铺的知名度和口碑往往决定他们消费的去向。因此，提高大学生对原目眼视光的口碑和期望非常重要。

虽然大学生的生活费自主支配，但大多数大学生的生活费用有限，更多会考虑价格较低的眼镜，所以他们非常看重眼镜的性价比，不一定会追求眼镜的牌子。因此，大学生配镜在性价比的基础上，首先看重的是质量和舒适度，其次是款式和颜色。据调查统计

(成为原目的197位客户的调查结果),80%的大学生戴眼镜的时间超过四年,68.02%的大学生配眼镜时会选择500元以下的眼镜。

根据以上大学生市场的特点,建议原目选择期望价格细分市场和眼镜多样满意度细分市场作为目前的目标市场的同时,还需关注学生群体对于个性化和时尚有着他们的主流追求。他们在选购眼镜时,不仅考虑价格因素,还考虑个性因素,比如有些视力正常的人也会把眼镜作为一种装饰,很多视力正常的人选购墨镜,而且现在流行定制,即使价格贵一点有一些大学生也愿意尝试。所以追求眼镜的多样性是大学生客户的特点,建议原目选择眼镜多样满意市场为其目标市场。

(二) 企业特点

企业的年度营销目标是打开江西眼健康市场,在南昌各大高校提高品牌知名度和市场占有率、扩展校园的销售渠道,提高销售量的同时进行后续人才梯队的筛选与培养,因此,挖掘和满足江西大学生的配镜和眼保健需求是企业的重点。

原目眼视光目前定位的群体是大学生:在最优性价比的前提下,最大限度地满足大学生的需求。原目眼视光标榜自己为"大学生自己的眼镜店",以"人生路上第一副好眼镜"为口号,因此它致力于为大学生的眼健康提供性价比最优的产品和服务,在客户期望和价格方面也在不断优化。所以根据企业自身定位选择期望价格满意细分市场作为目标市场也非常合理。

原目眼视光兼具专业与时尚,也追求给大学生提供更加个性化的配镜,希望大学生能够戴出自己独特的时尚。店铺的装修和企业的理念追求轻奢品质,在最优的性价比的基础下,大学生也可以最大化地追求戴镜的潮流与时尚,同时大学生本身就是一个注重个性化的群体,因此必须选择眼镜多样满意细分市场为其中一个目标市场。

综上所述,由于企业资源有限所以短期内选择期望价格满意细分市场和眼镜多样满意细分市场作为现在的目标市场,如果后面市场扩大可以同时选择包括环境服务满意细分市场在内的三个细分市场。

【练习】[①] ABC电信公司的数据中包含了顾客的人口统计特征和服务的使用情况,其中人口统计特征包括:years with current employer、years at current address、age in years、level of education 等。

服务使用情况包括:toll free、caller ID、calling waiting、calling forwarding、way calling、equipment、wireless、voice mail、paging service、internet、electronic bill、long distance 和 calling card。

SPSS的操作如下。

第一步:用因子分析提取变量。

在SPSS软件中打开数据telco. sav,进入数据界面。依次单击Analyze、Date Reduction、Factor进入因子分析,如图4-6所示,再选择"Long distance last month"到"Wireless last month"和"Multiple lines"到"Electronic billing"之间的选项作为分析变量。

---

① 翁智刚.营销工程[M].北京:机械工业出版社,2010.

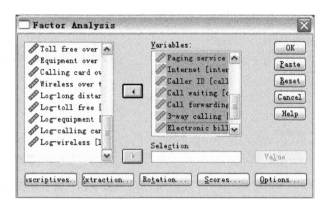

图 4-6　因子分析对话框

单击"Descriptives"按钮,进入因子分析描述性统计对话框,选择"Initial solution"和"KMO and Bartlett's test of sphericity",如图 4-7 所示。

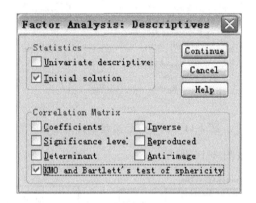

图 4-7　因子分析描述性统计对话框

返回上一界面,单击"Extraction"按钮,进入因子提取对话框,此过程以系统默认值为准,如图 4-8 所示。

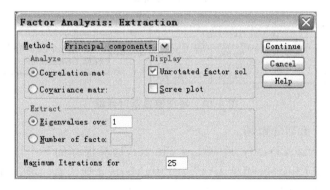

图 4-8　因子提取对话框

返回上一界面,单击"Rotation"按钮,选择"varimax",如图 4-9 所示。

返回上一界面，单击“Scores”按钮，再勾选“Save as variables”，如图 4-10 所示。

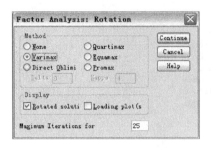

图 4-9　选用最大正交旋转

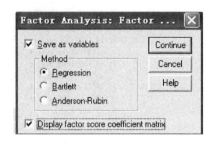

图 4-10　因子分析保存变量对话框

返回上一界面，单击“Options”按钮，选择“Replace with mean”，最后单击“OK”按钮，如图 4-11 所示。

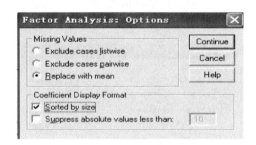

图 4-11　因子分析变量选择对话框

结果显示如图 4-12 至图 4-16 所示。

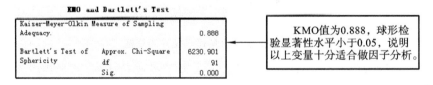

KMO and Bartlett's Test

Kaiser-Meyer-Olkin Measure of Sampling Adequacy.		0.888
Bartlett's Test of Sphericity	Approx. Chi-Square	6230.901
	df	91
	Sig.	0.000

KMO值为0.888，球形检验显著性水平小于0.05，说明以上变量十分适合做因子分析。

图 4-12　分析结果

Component	Initial Eigenvalues		
	Total	% of Variance	Cumulative %
1	4.877	34.838	34.838
2	2.733	19.518	54.357
3	1.476	10.546	64.903

有三个因子特征值大于1，解释了64.903%的变量。

图 4-13　特征值显示对话框

第二步：聚类分析划分市场。

依次单击 Analyze、Classify、K-Means Cluster，选择保存的三个因子得分，进入变量列表，在 Number of Clusters 中输入“4”。其中，Method 默认第一项，如图 4-15 所示。

单击“Save”按钮，选择保存 Clusters membership，然后单击“OK”按钮，得出结果，如图 4-16 所示。

图 4-16 显示了最终的聚类中心，可依此来描述不同组群类别的特征。

Rotated Component Matrix[a]

	Component		
	1	2	3
Long distance last month	0.052	−0.145	0.855
Toll free last month	0.768	0.006	0.210
Equipment last month	0.061	0.853	0.061
Calling card last month	0.360	−0.048	0.629
Wireless last month	0.534	0.649	0.164

方差最大化旋转后的因子载荷状况，载荷越高，说明该因子对变量的解释程度越好。

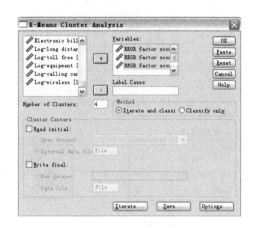

图 4-14　因子载荷显示对话框

图 4-15　聚类分析变量选择对话框

Final Cluster Centers

	Cluster			
	1	2	3	4
REGR factor score 1 for analysis 1	0.92871	0.69158	−0.31188	−0.89991
REGR factor score 2 for analysis 1	−0.74147	1.50470	−0.57275	−0.06467
REGR factor score 3 for analysis 1	−0.26338	0.02620	2.07205	−0.34128

图 4-16　聚类分析结果

第三步：判别分析。

打开细分数据，依次单击 Analyze、Classify、Discriminant，选择前面聚类分析保存的分组结果，进入组别变量，并单击 Define Range，在 Minimum 中输入“1”，Maximum 中输入“4”。选择三个因子得分，进入 Independents 中，如图 4-17 所示。

单击“Statistics”按钮，选择“Univariate ANOVA”和“Box’s M”，然后单击“Classify”按钮，在 Display 选项中选择“Summary table”，再单击“Save”按钮，选择“Predict group membership”，最后单击“OK”按钮，得出分析结果，如图 4-18 至图 4-22 所示。

二、基于行为的市场细分

基于因子分析的市场细分是假设有一套可用来找出细分市场的基变量。如果市场

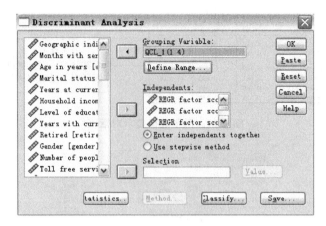

图 4-17　判别分析对话框

图 4-18　分析结果 — 方差检验的结果，表明三个因子在不使用的类别中均值不相等。

图 4-19　检验结果 — Wilk 值分别为 0.053、0.193、0.509，卡方检验之分别为 2920.196、1635.670、671.595，P 值均小于 0.05。

图 4-20　结构矩阵图 — 结构矩阵图，显示出三个判别函数与因子之间的相关程度。

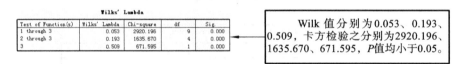

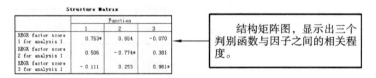

图 4-21　预测类别与实际类别之间的正确度 — 最后该表表示出预测类别与实际类别之间的正确度，从对角线的百分比可以看出，正确率都很高（97.9%、96.5%、96.1%、98.1%），说明第二步聚类分析的效果很好。

细分调查的目的只是找出最可能进行购买的个人或群体，可以使用交叉列表法、回归分析和选择模型的方法。这三种方法的目的都是在描述性变量和衡量（易受营销活动影响

第四章 市场细分与目标市场选择

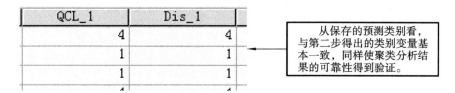

图 4-22 预测类别

的)购买意图的指标之间建立联系。

本书着重介绍交叉列联表分析法。

交叉列联表分析是指将数据按两个或三个维度进行分类。交叉列联表在当前应用得比较广泛。它首先根据收集到的样本数据,形成二维或多维交叉列联表;然后,在交叉列联表的基础上,对两两变量间是否存在一定的相关性进行分析。

在交叉列联表中,对横轴和纵轴变量的不同水平之间的交叉项,输入生产频数或频率等统计数据,这样,就可以非常直观地反映这两种水平下的市场容量和消费行为的分布。

【练习】 依然选用 ABC 电信公司的数据,运用上一节所保存的服务使用类别与基本的人口统计变量进行交叉列联表分析。为了简明展示细分过程,我们选取性别、受教育程度与服务使用类别进行三维细分,并解析性别、受教育程度与服务使用类别之间的相互关联性。

打开 SPSS 软件,依次单击 Analyze、Descriptive、Crosstabs,进入列联表分析界面,如图 4-23 所示,选择聚类分析中保存的服务使用类别进入行变量(Row),选择居民受教育程度进入列变量,选中性别为控制变量并进入"Layer"中,并选中"Display clustered bar charts"。

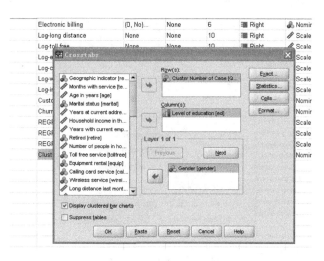

图 4-23 交叉列联表分析界面

单击"Statistics"按钮,选用分析行变量和列变量之间的关系的方法,其中"Chi-square"为卡方检验,列联表分析卡方检验的检验统计量是 Pearson 卡方统计量,零假设

· 101 ·

为行变量和列变量独立，Correlations 选项代表 Pearson 相关系数，如图 4-24 所示。

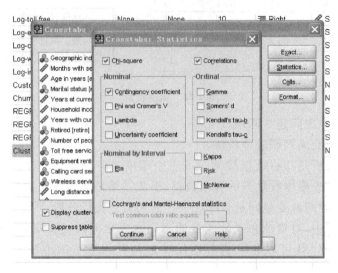

图 4-24　交叉列联分析、统计对话框

由于行、列变量均为类别变量而不是序列变量，因此选择"Nominal"，选用类别变量常用的检验方法"Contingency coefficient（列联系数）"。注意：如果细分变量是连续变量，就需要进行人为的分类，这样可能会掩盖一些重要的关系。因此，交叉列联表分析主要是非连续变量，如类别变量或者序列变量。

选择"Cells"指定列联表单元格中的输出内容，"Counts"标题代表频数统计，选中"Observed"和"Expected"选项，表示同时输出观测频数和预测频数。"Percentages"标题代表频率统计，选择如图 4-25 所示。

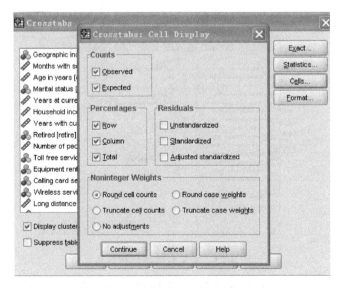

图 4-25　指定列联表单元格的输出内容

单击"OK"按钮,得出的结果如表 4-23 所示。

表 4-23 交叉分析结果

Cluster Number of Case * Level of education * Gender Crosstabulation

Gender				Level of education					Total
				Did not complete high school	High school degree	Some college	College degree	Post-undergraduate degree	
Male	Cluster Number of Case	1	Count	47	45	26	23	4	145
			Expected Count	32.1	40.2	27.0	35.7	9.9	145.0
			% within Cluster Number of Case	32.4%	31.0%	17.9%	15.9%	2.8%	100.0%
			% within Level of education	43.9%	33.6%	28.9%	19.3%	12.1%	30.0%
			% of Total	9.7%	9.3%	5.4%	4.8%	0.8%	30.0%
		2	Count	0	15	22	44	16	97
			Expected Count	21.5	26.9	18.1	23.9	6.6	97.0
			% within Cluster Number of Case	0.0%	15.5%	22.7%	45.4%	16.5%	100.0%
			% within Level of education	0.0%	11.2%	24.4%	37.0%	48.5%	20.1%
			% of Total	0.0%	3.1%	4.6%	9.1%	3.3%	20.1%
		3	Count	17	18	5	6	2	48
			Expected Count	10.6	13.3	8.9	11.8	3.3	48.0
			% within Cluster Number of Case	35.4%	37.5%	10.4%	12.5%	4.2%	100.0%
			% within Level of education	15.9%	13.4%	5.6%	5.0%	6.1%	9.9%
			% of Total	3.5%	3.7%	1.0%	1.2%	0.4%	9.9%
		4	Count	43	56	37	46	11	193
			Expected Count	42.8	53.5	36.0	47.6	13.2	193.0
			% within Cluster Number of Case	22.3%	29.0%	19.2%	23.8%	5.7%	100.0%
			% within Level of education	40.2%	41.8%	41.1%	38.7%	33.3%	40.0%
			% of Total	8.9%	11.6%	7.7%	9.5%	2.3%	40.0%

续表

Gender				Level of education					Total
				Did not complete high school	High school degree	Some college	College degree	Post-undergraduate degree	
Male	Total		Count	107	134	90	119	33	483
			Expected Count	107.0	134.0	90.0	119.0	33.0	483.0
			% within Cluster Number of Case	22.2%	27.7%	18.6%	24.6%	6.8%	100.0%
			% within Level of education	100.0%	100.0%	100.0%	100.0%	100.0%	100.0%
			% of Total	22.2%	27.7%	18.6%	24.6%	6.8%	100.0%
Female	Cluster Number of Case	1	Count	40	53	30	18	1	142
			Expected Count	26.6	42.0	32.7	31.6	9.1	142.0
			% within Cluster Number of Case	28.2%	37.3%	21.1%	12.7%	0.7%	100.0%
			% within Level of education	41.2%	34.6%	25.2%	15.7%	3.0%	27.5%
			% of Total	7.7%	10.3%	5.8%	3.5%	0.2%	27.5%
		2	Count	2	21	20	43	15	101
			Expected Count	18.9	29.9	23.2	22.5	6.4	101.0
			% within Cluster Number of Case	2.0%	20.8%	19.8%	42.6%	14.9%	100.0%
			% within Level of education	2.1%	13.7%	16.8%	37.4%	45.5%	19.5%
			% of Total	0.4%	4.1%	3.9%	8.3%	2.9%	19.5%
		3	Count	12	21	11	7	3	54
			Expected Count	10.1	16.0	12.4	12.0	3.4	54.0
			% within Cluster Number of Case	22.2%	38.9%	20.4%	13.0%	5.6%	100.0%
			% within Level of education	12.4%	13.7%	9.2%	6.1%	9.1%	10.4%
			% of Total	2.3%	4.1%	2.1%	1.4%	0.6%	10.4%

续表

Gender			Level of education					Total
			Did not complete high school	High school degree	Some college	College degree	Post-under-graduate degree	
Female	Cluster Number of Case	4	Count	43	58	58	47	14	220
			Expected Count	41.3	65.1	50.6	48.9	14.0	220.0
			% within Cluster Number of Case	19.5%	26.4%	26.4%	21.4%	6.4%	100.0%
			% within Level of education	44.3%	37.9%	48.7%	40.9%	42.4%	42.6%
			% of Total	8.3%	11.2%	11.2%	9.1%	2.7%	42.6%
	Total		Count	97	153	119	115	33	517
			Expected Count	97.0	153.0	119.0	115.0	33.0	517.0
			% within Cluster Number of Case	18.8%	29.6%	23.0%	22.2%	6.4%	100.0%
			% within Level of education	100.0%	100.0%	100.0%	100.0%	100.0%	100.0%
			% of Total	18.8%	29.6%	23.0%	22.2%	6.4%	100.0%

表4-23的结果反映了电信市场中性别、受教育程度与追求服务利益类别三种细分变量之间的关系,在表的最左边分别为男、女的性别变量,在男、女的性别变量的基础上将第二列分为四个服务类型变量,最上一行分为五类教育程度变量,相互间交叉的方格是发生的频数与频率统计。

从表4-24可以看出,无论男女,不同受教育程度的人对服务需求的差异是显著的。

表4-24 次方检验

Gender		Value	df	Asymp. Sig. (2-sided)
Male	Pearson Chi-Square	84.450[a]	12	0.000
	Likelihood Ratio	100.829	12	0.000
	Linear-by-Linear Association	0.194	1	0.660
	N of Valid Cases	483		
Female	Pearson Chi-Square	77.406[b]	12	0.000
	Likelihood Ratio	85.070	12	0.000
	Linear-by-Linear Association	2.635	1	0.104
	N of Valid Cases	517		

注:a.1单元格(5.0%)的期望计数小于5。最小期望计数是3.28。

b.1单元格(5.0%)的期望计数小于5。最小期望计数是3.45。

表 4-25 反映了不同性别下不同受教育程度对服务类别的相关检验,第一行为列联系数值,列联系数是对 Pearson 卡方统计量的修正,其取值范围为 0~1,越接近 1,表明行、列变量有较强的相关关系;反之,则无相关关系。此外,列联系数为 0.386 和 0.361,P 值显著,说明受教育程度与服务类别间存在较强相关关系。对照表 4-23 可以判断出,附加服务和基本服务市场中主要是低教育程度的消费群体,而 E-服务市场中主要是高等教育群体。

表 4-25　Symmetric Measures

Gender			Value	Asymp. Std. Error[a]	Approx. T[b]	Approx. Sig.
Male	Nominal by Nominal	Contingency Coefficient	0.386			0.000
	Interval by Interval	Pearson's R	0.020	0.045	0.440	0.660[c]
	Ordinal by Ordinal	Spearman Correlation	0.046	0.046	1.002	0.317[c]
	N of Valid Cases		483			
Female	Nominal by Nominal	Contingency Coefficient	0.361			0.000
	Interval by Interval	Pearson's R	0.071	0.042	1.626	0.105[c]
	Ordinal by Ordinal	Spearman Correlation	0.085	0.044	1.945	0.052[c]
	N of Valid Cases		517			

注:a. 不假设零假设。
　　b. 假设零假设下的渐进标准误差。
　　c. 基于正态近似。

E 品牌啤酒如何走出叫好不叫卖的困境[①]

案例背景

E 品牌是一家国外酿酒公司,拥有上百年的历史。2009 年,它在世界 65 个国家拥有超过 130 家酿酒厂。

但在 2008 年,世界啤酒的消费格局随着全球化进程开始有了微妙的改变:"价值 3670 亿美元的世界啤酒市场正发生一场剧烈的变化,美国和欧洲的啤酒消费正在萎缩,比如说美国从 2000 年以来,每年啤酒消费减少了 1%。"

作为曾经世界上最大啤酒消费国的美国,近年来消费量趋于饱和,自 2000 年以来均为 230 多亿升,2003 年为 237 亿升,少于中国的 250 亿升,从而退居第 2 位,2005 年为 241 亿升,2006 年为 245 亿,占世界总量的比例由 2000 年的 17% 下降到 2005 年的 15.3% 和 2006 年的 14.8%。同时另一大消费市场——欧洲市场,其啤酒消费量占世界

---

① 费鸿萍,顾蓓蓓,戚海峰,等. 营销工程与应用——基于中国市场与企业运作的视角[M]. 上海:华东理工大学出版社,2012.

第四章 市场细分与目标市场选择

总消费量的比例开始下降（表现出了下降的趋势），2006年为32.2%，而在1999年至2003年为33%以上，2003年达34%。

在西方啤酒消费总量呈现出下降趋势的同时，亚洲啤酒消费量已在不知不觉中迅速成长：1998年亚洲啤酒消费量为326亿升，2000年增至353亿升，2004年超过400亿升，2006年超过500亿升。亚洲啤酒消费量占世界总消费量的比例也不断上升，由1998年的25.3%提高到2000年的25.9%、2003年的26.8%和2005年的29.1%，在2006年提高30.1%。目前亚洲啤酒消费量已逼近啤酒消费总量第一的欧洲。

从国家啤酒消费量来看，中国和俄罗斯的消费量增长不可忽视。其中，中国啤酒消费量增长速度在世界所有消费国中是最高的。1996年中国啤酒消费量为165亿升，2000年和2005年分别增加到220亿升和305亿升，2006年中国啤酒消费量为350亿升，比上年增长14.8%。中国啤酒消费量占世界啤酒消费总量的比例，也由1996年的13.3%提升到2000年的16.1%、2005年的19.5%和2006年为21.1%。从2003年起，中国啤酒消费量已连续4年超过美国，稳居世界首位，中国啤酒消费量在2003年超出美国12亿升，2006年扩大为105亿升。

俄罗斯啤酒消费量在2006年增长了9%，由上年的88亿升增至96亿升，首次排在世界第3位。

从人均啤酒消费量来看，世界啤酒豪饮国多在欧洲，人均啤酒消费量超过51.6升的国家，共有35个，其中有26个是欧洲国家；人均啤酒消费量居前10位的国家中，9个在欧洲。人均啤酒消费量超过100升的国家分别是捷克162升、爱尔兰118升、德国116升、奥地利108升和澳大利亚107升。爱沙尼亚、英国、西班牙、比利时和立陶宛的人均啤酒消费量排第6位至第10位，分别为98升、92升、90升、89升和86升。

中国虽然是世界啤酒最大生产国和消费国，但人均消费量仍然较低，2005年排在世界第57位。中国人均啤酒消费量在1997年为15.2升，1990年增至16升，2002年为19.2升，2005年为24.4升，2006年为27.6升，排在世界第53位。

面对以上的变化，自2002年起，E公司的战略方向就是在世界范围内进行跨地区的兼并扩张，在全球啤酒业品牌化的时代，以中国和东欧为重点地区。

在中国市场上，E品牌延续了自己的品牌风格——年轻化、国际化，目标消费群体主要是高收入人士，以年轻人为主要的目标消费群，先是确定在25~35岁的男性。他们的生活形态是：平常不喝啤酒以外的烈酒，热爱生活，对运动与时装非常感兴趣，喜爱多姿多彩的休闲活动。

无疑，在中国啤酒市场强劲增长的趋势下，E品牌在中国市场的表现对其未来的发展确实有一定的影响。作为快消品的啤酒，市场化程度高，竞争较激烈。而在全球化进程中的中国，在消费者消费水平日益提高的同时，其需求、偏好也正在发生着巨大的改变。消费者偏好的变化让E品牌啤酒颇为忧虑。

基于此，该品牌中国区项目经理提出对中国啤酒市场进行深入调研的设想，意欲解决下述问题。

（1）了解当今消费者的需求和偏好，有助于发现消费者的潜在需求，以此预测消费者行为的大趋势。

(2) 制定相应的营销战略和策略。

本次调研中主要运用营销工程的聚类分析对啤酒市场进行细分,认识中国啤酒市场目前的消费格局和消费者偏好,为该啤酒品牌未来的发展提供目标营销战略的决策信息。

(一) 研究设计

1. 问卷设计

通过问卷调研形式收集消费者偏好数据,对消费者进行深度访谈,并结合现有的行业报告,归纳出影响消费者购买啤酒的五大利益维度:产品属性、功能利益、社交利益、情感利益、心理利益。并由此延伸出若干个初始利益变量,完成调研问卷的设计,通过问卷信度、效度检测后,修改问卷,正式调研(见表4-26)。

表4-26 影响消费者购买啤酒的利益维度与利益变量

利 益 维 度	利 益 变 量
产品属性	口味、包装、价格、品牌、酒精度
功能利益	增进感情、调动气氛、解压、清爽
社交利益	聚会、应酬
情感利益	个人喜好、习惯
心理利益	追求潮流、喜欢尝试新鲜事物

2. 数据分析:通过 SPSS 18.0 进行因子分析、聚类分析

1) 因子分析

将调研数据导入,依次单击分析、降维、因子分析,如图4-26所示。

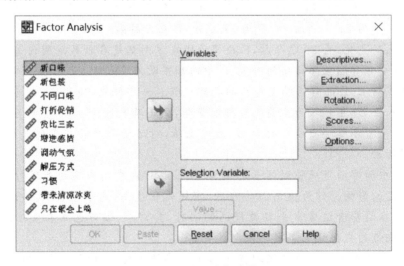

图4-26 因子分析步骤1

然后依次单击 Variables、Descriptives、Extraction、Rotation、Scores、Options、OK,如图4-27所示。

单击"Extraction"按钮,选择因子分析方法,因子个数提取标准如图4-28所示。

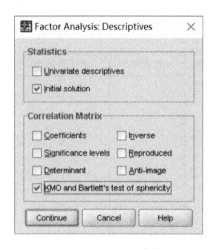

图4-27 因子分析步骤2

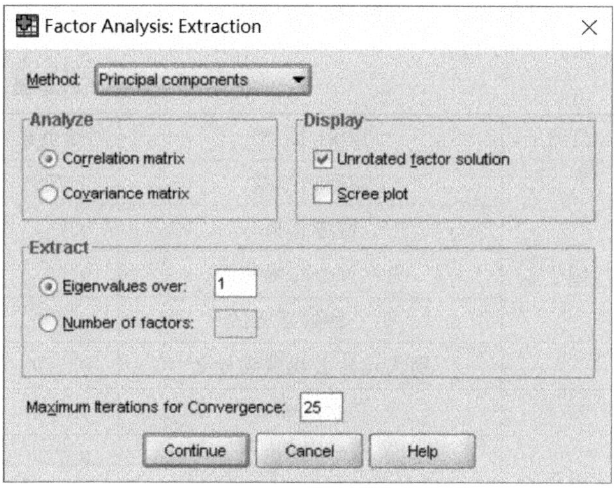

图4-28 因子个数提取标准

单击"Rotation"按钮,选择因子分析旋转方法,如图4-29所示,在Scores菜单中选"Save as variables",将提取的因子以变量的方式保存,以方便聚类分析,如图4-30所示。

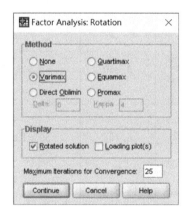

图4-29 因子分析旋转方法

图4-30 Factor Scores选项对话框

KMO越接近1(0.729),如图4-31所示,其偏相关性越强,因子分析满足要求;Bartlett's球形检验用来判断资料是否是多变量正态分布,也可用来检验是否适合进行因子分析,此例中,Bartlett's为1185.038,$P=0<0.001$,非常显著,可进行因子分析。

KMO and Bartlett's Test

Kaiser-Meyer-Olkin Measure of Sampling Adequacy.		0.729
Bartlett's Test of Sphericity	Approx. Chi-Square	1185.038
	df	190
	Sig.	0.000

图4-31 分析结果

(1) 公因子提取。公因子的提取以特征值为标准,一般要求公因子对应的特征值大于1,再结合累计贡献率,提取出6个公因子,旋转,负荷量大于0.6,说明量表效度较高(见表4-27)。

表 4-27　因子分析结果($N=181$)

公因子	提 取 因 子	因子负载	特征值	方差贡献率	累计贡献率
因子1	能调动气氛	0.798	4.503	22.516	22.516
	增进感情	0.755			
	只在聚会时喝啤酒	0.663			
	另一种解压方式	0.599			
	别人点什么我就喝什么	0.589			
因子2	喜欢喝啤酒	0.798	2.242	11.209	33.725
	成为习惯	0.727			
	心情不好时喜欢喝啤酒	0.703			
	啤酒带来清凉冰爽	0.689			
因子3	喜欢尝试不同口味的啤酒	0.776	2.086	10.430	44.155
	新口味能吸引我	0.769			
	新包装能吸引我	0.744			
因子4	流行什么就喝什么	0.831	1.672	8.360	52.515
	喜欢尝试新鲜事物	0.705			
	会因为包装好看而购买	0.599			
因子5	要喝知名品牌的啤酒,质量有保证	0.768	1.360	6.798	59.313
	喜欢有文化内涵的啤酒	0.746			
	购买固定品牌啤酒	0.631			
因子6	货比三家,选择经济实惠的	0.805	1.114	5.570	64.883
	关注打折促销	0.777			

(2) 因子命名。根据表4-27所示的结果,因子1的所有问题均体现了消费者寄托在啤酒上的社交需求,因此将因子1命名为社交利益;因子2命名为个人偏好;因子3命名为多样化诉求;因子4命名为紧跟潮流;因子5命名为崇尚品牌;因子6命名为价格导向。

(3) 利益维度与利益因子比较,如表4-28所示。与表4-26相比,因子分析拟合的6个利益因子结构相差不大。表4-28中因子分析将利益维度中的产品属性拆分成多样化诉求(口味、包装)、价格导向、崇尚品牌;利益维度中的功能利益、社交利益经过因子分析合成为社交利益,而情感利益、心理利益分别与个人偏好、紧跟潮流包含的利益变量大部分一致,因子命名各有针对性。量表设计的结构与因子分析得到的结构大体一致,表示已研究的量表结构模型很好。

第四章　市场细分与目标市场选择

表 4-28　利益维度与利益因子的比较

量表设计的结构		因子分析得到的结构	
利益维度	利益变量	利益因子	负载高的利益变量
产品属性	口味、包装、酒精度、价格、包装	多样化诉求	不同口味、新口味、新包装
		价格导向	货比三家、打折促销
		崇尚品牌	喝名牌、喜欢有文化内涵产品、购买固定品牌
功能利益	增进感情、调动气氛、解压、带来清凉冰爽	社交利益	调动气氛、增进感情、聚会、解压、点什么就喝什么
社交利益	聚会、应酬		
情感利益	益个人喜好、习惯	个人偏好	喜欢喝啤酒、习惯、心情不好时喜欢喝、带来清凉冰爽
心理利益	追求潮流、喜欢尝试新鲜事物	紧跟潮流	流行么就喝什么、喜欢尝试新鲜事物、因包装好看而购买

注："酒精度、应酬"经过初始因子分析后由于因子负载小于 0.5 被删除，不作为利益变量计入。

2) 聚类分析

(1) 确定聚类数目。

基于因子分析得出的 6 个因子进行聚类分析，从需求层面了解各细分市场的特征：分析—分类—K-均值聚类（见图 4-32）。

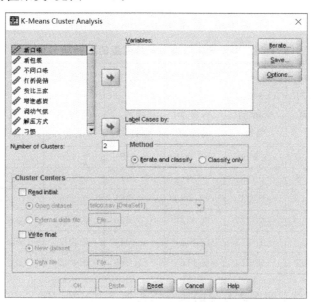

图 4-32　从需求层面进行聚类分析

选择因子进入 Vamiables，在 Iterate 中选择迭代次数，如图 4-33 所示。
在 Save 中将分析的结果样本与组之间距离以变量的形式保存，如图 4-34 所示。

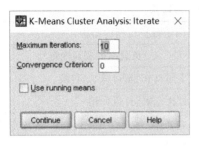

图 4-33 选择选代次数

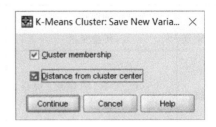

图 4-34 以变量的形式保存

关闭 Options 后,选择"Initial cluster centers",如图 4-35 所示,然后单击"OK"按钮,得到的结果如表 4-29 所示。

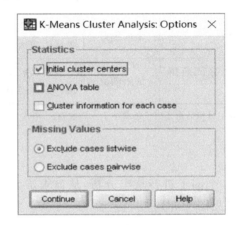

图 4-35 选择"Initial cluster centers"

表 4-29 聚类分析结果与利益变量的 F 检验分析表

利益因子	类别一 ($n=17$) 品牌型 消费	类别二 ($n=28$) 交际型 消费	类别三 ($n=35$) 不喜欢 喝啤酒	类别四 ($n=17$) 啤酒 爱好者	类别五 ($n=45$) 经济型 消费	类别六 ($n=39$) 自我型 消费	F 值
社交利益	−0.100	0.909	−0.036	0.048	0.440	−1.105	27.824***
个人偏好	−0.878	−0.335	−0.914	1.297	0.461	0.347	33.717***
多样化诉求	1.014	−0.030	−1.080	−0.361	0.316	0.341	22.064***
紧跟潮流	0.141	−0.327	0.032	−0.469	0.541	−0.275	5.179***
崇尚品牌	0.557	−1.273	0.485	0.204	0.391	−0.304	22.291***
价格导向	−1.277	−0.014	0.116	−1.298	0.642	−0.287	27.120***

表 4-29 中量子类别间距离差异的概率结构等于 $0.001(P<0.001)$。6 个利益变量均达到显著差异。结果还显示,各个变量对聚类结果的重要程度排序为:个人偏好>社交利益>价格导向>崇尚品牌>多样化诉求>紧跟潮流。

(2)结果解读及营销建议。

基于数据分析结果,得到基于利益变量的啤酒市场细分模型,如图 4-36 所示,并对 6 大细分市场进行描述(见图 4-37)及目标市场分析(见图 4-38)。

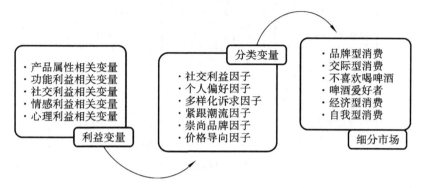

图 4-36　基于利益变量的啤酒市场细分模型

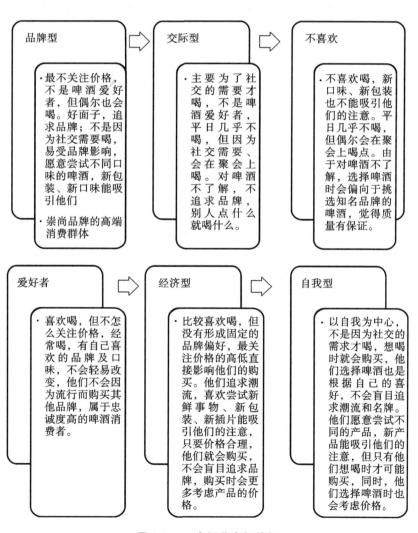

图 4-37　6 大细分市场特征

品牌型	交际型	爱好者
·是潜在的高端消费者，对价格不敏感，只关注品牌。知名品牌的啤酒企业可以针对这部分人群进行品牌宣传，让他们产生强烈的认同感和归属感，这有助于培养潜在的忠诚客户。同时可以通过推出新包装、新口味来吸引顾客。	·消费群体在聚会上喝啤酒，对啤酒不是很了解，有什么喝什么，所以，企业可以提高夜店、酒吧的铺货率，占领终端。	·对啤酒比较了解，有喜欢的品牌和口味，忠诚度较高。企业要想维持住这一群体，应不断提高产品质量，加强宣传力度，让消费者了解本企业产品与竞争者产品的不同之处与优势，以此提升他们的满意度和忠诚度。

图 4-38　目标市场分析

在兼顾品牌历史定位和自身资源的基础上，保持高端定位，E 公司致力于培养品牌认同，应当锁定品牌型、交际型、爱好者三个子市场。对目标市场进行针对性营销，培养潜在的消费者。

(1) 消费者市场细分的主要依据是什么？
(2) 企业在判别目标市场战略时应考虑哪些因素？

以学校学生在食堂就餐选择上做问卷调查并进行市场细分。要求为：
①设计问卷，以学生对校园食堂就餐态度、行为两大维度为变量进行问卷设计；
②以本校大学生为调研对象，可以线上和线下方式进行调研，样本量在 100 人左右，并收集数据；
③用 SPSS 软件进行因子分析、聚类分析和判别分析；
④描述并选择细分市场；
⑤给出相关营销建议。

第五章 市场定位

教学目标

(1) 育人目标:在进行市场需求预测的基本训练之后,开始进行营销决策的实际操作。

(2) 课程目标:①学会市场定位定量分析方法;②结合案例进行市场定位分析;③根据定位分析结果,选择产品或企业定位策略。

教学重点

在第四章内容学习基础上,结合引导案例的描述,进一步使学生了解并掌握市场定位程序,并能据此提出相关市场定位策略。主要内容为:①了解并掌握市场定位程序;②掌握基本定位定量方法;③根据定位分析结果,确定定位策略。

维林克菲奶醋饮料市场定位分析[①]

一、运用感觉图谱为维林克菲奶醋定位

江苏恒顺的维林克菲奶醋将市场细分为传统保守型细分市场、全方位挑剔型细分市场和漠不关心型细分市场,最后认定将全方位挑剔型和传统保守型细分市场作为公司的目标细分市场并通过市场细分。考虑到在众多的由老牌的、新兴的饮料公司推出的知名饮料、系列饮料的夹击下,增加产品本身的竞争实力是当务之急,选择恰当的市场定位是接下来要进行的。本案例选择感觉图谱进行定位分析。

首先对传统保守型细分市场(CL1)进行定位阐述,按产品品牌和产品属性整理并计算受试者的平均打分情况,得到的结果如表5-1所示。

表5-1 传统保守型饮料细分市场不同产品品牌各种属性的平均打分情况

属性	可乐	红牛	妙士	农夫	奶酪	汇源	椰汁	露露
品牌声望	7.9	5.7	4.4	5.8	3.7	4.5	6.8	6.9

---

① 依然以上一章维林克菲奶醋饮料市场分析案例进行说明。

续表

属性	可乐	红牛	妙士	农夫	奶酪	汇源	椰汁	露露
解渴作用	5.5	4.4	4.1	4.8	4.4	4.4	5.5	5.3
提神醒脑	5.3	6.0	3.9	3.7	4.2	4.0	3.4	3.4
美容作用	1.9	2.2	4.3	4.3	4.3	4.7	4.8	5.0
营养保健	1.8	3.5	5.2	5.5	5.8	5.4	5.8	5.8
性价比	5.2	3.9	4.2	5.1	4.5	4.4	5.5	5.4
包装设计	6.4	5.4	4.7	5.6	5.4	4.9	5.2	5.3
口感	5.6	4.4	5.8	5.8	6.3	4.9	6.5	6.4
天然性	2.0	2.5	5.1	5.8	5.4	5.3	6.1	6.2

其感知图谱如图 5-1 所示,图 5-1 中各饮料品牌之间的距离反映出这些产品在消费者心目中的竞争差距。两个品牌在感觉图谱中离得越近,它们对消费者造成的感觉越相近,也就是说两者竞争越激烈,与其他品牌相比,这二者互为更加直接的竞争者。椰树椰汁和露露杏仁露就是这种相互竞争的关系;而妙士一品乳与可口可乐的距离比较远,它们之间没有形成直接的竞争关系。再有,从图 5-1 中可以看出,椰树椰汁和露露杏仁露之间的距离与妙士一品乳和汇源苹果醋之间的距离差不多,说明这两对饮料品牌之间的竞争程度大体相同。

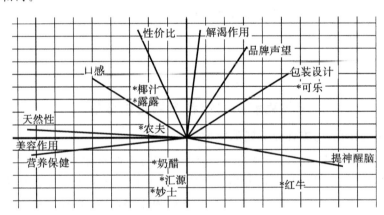

图 5-1 维林克菲奶醋在传统保守型饮料细分市场的感觉图谱

图 5-1 中从原点引出了九条直线来描述感觉图谱的属性关系,按图中右上→左上→左下→右下的顺序,它们分别为包装设计、品牌声望、解渴作用、性价比、口感、天然性、美容作用、营养保健和提神醒脑。

(1) 某一属性的直线长度越长,说明不同顾客对该属性的变差越大,该属性包含的信息量越大,能表现出顾客之间的小差异,则该属性越重要,对品牌之间的区分度越好。例如,表示"天然性"这一属性的直线比较长,而"口感"属性的直线较短,说明在这个细分市场内"天然性"属性比"口感"属性对饮料品牌的区分度更好。

(2) 任意两条直线的夹角越小,表明消费者认为这两个属性之间的相关性越高。例如,图 5-1 中"天然性"和"美容作用",消费者认为越是具有天然性的,即越是由植物中提取制成的饮料,就越具有美容作用。

(3) 各个饮料品牌在各属性直线上的投影线的长短,反映出消费者对各个品牌在各属性上的感觉强弱。例如,图 5-1 中,沿着"包装设计"属性往东北方向看去,可口可乐从原点向该属性做投影,得到的投影距离最长,说明消费者认为可口可乐在包装设计上最为突出;而顺着"包装设计"属性的反方向,即西南方向看去,则这个方向上的产品品牌在该属性上越来越不为消费者欢迎。如图 5-1 中的妙士一品乳、维林克菲奶醋在包装设计上表现较差,没有得到消费者的认可。

总体定位表现说明,传统保守型饮料细分市场的消费者普遍认为这个饮料品牌在产品的性价比、解渴作用、品牌声望、包装设计和提神醒脑作用上表现不好,而对该产品在天然性、美容作用和营养保健作用上进行了肯定,尽管肯定的程度还比较弱。同时维林克菲奶醋在这个细分市场上应将妙士一品乳和汇源苹果醋作为主要的直接竞争对手。

同样方法,画出全方位挑剔型(CL2)和漠不关心型(CL3)饮料细分市场的消费者感觉图谱,如图 5-2、图 5-3 所示。

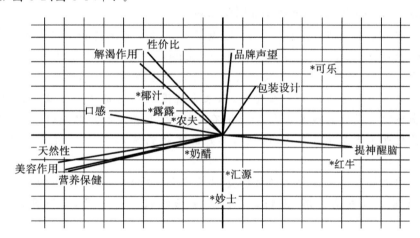

图 5-2 维林克菲奶醋在全方位挑剔型饮料细分市场的感觉图谱

从图 5-2 中可以看出,全方位挑剔型饮料细分市场中,"营养保健"、"美容作用"、"天然性"和"提神醒脑"等属性对饮料品牌的区分度较其他属性好;消费者认为"性价比"与"解渴作用"的相关性较强,尽管二者属于不同的属性特征;同时消费者感觉到"天然性"、"美容作用"和"营养保健"等三个属性之间的具有很强的关联性。在这个细分市场上,维林克菲奶醋的"包装设计"、"品牌声望"和"提神醒脑"属性表现不佳,主要竞争对手是农夫果园混合果汁。

从图 5-3 可以看出,漠不关心型饮料细分市场中,"包装设计"属性对饮料品牌的区分度较其他属性差;消费者认为"性价比"与"品牌声望"、"解渴作用"和"口感"属性的相关性较强。维林克菲奶醋在"包装设计"、"性价比"、"品牌声望"、"解渴作用"、"口感"及"提神醒脑"属性的表现都不被消费者所欢迎,其主要竞争对手是汇源苹果醋。

从以上分析可以得出,维林克菲奶醋在大部分属性上都表现得不尽如人意,是否必

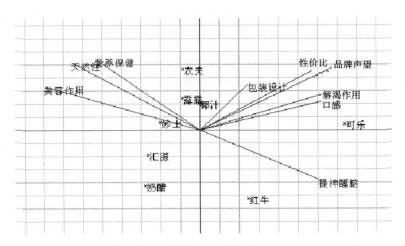

图 5-3　维林克菲奶醋在漠不关心型饮料细分市场的感觉图谱

须对所有的属性都进行改进呢？有必要增加对消费者偏好的分析。

二、运用联合空间图谱为维林克菲奶醋定位

在感觉图谱中融入消费者偏好图谱,也就是将消费者的感觉和偏好都绘制在一张图谱中,这样就构成了联合空间图谱(joint-space maps)。而之所以运用"联合空间"的方法在感觉图中加入偏好数据,是为了获得有意义的差异化的维度。感觉图谱并没有体现出哪种属性是更多消费者所偏好和喜爱的,如果企业没有搞清楚这一点就进行投资的话,很可能会出现把大量的金钱浪费在人们并不关注、并不喜欢的产品属性上,即使做出了产品的差异化也属于无效差异化的范畴,其产品定位仍然不准确,不能吸引目标细分市场的顾客。

本案例中偏好数据来自受试者对调查问卷第20题的反馈,按不同细分市场将整理好的偏好数据输入感觉图谱,得到三个细分市场的联合空间图谱,如图5-4至图5-6所示。

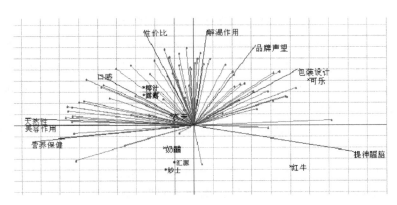

图 5-4　维林克菲奶醋在传统保守型饮料细分市场的联合空间图谱

在这三个细分市场中,由于二维图谱分别可以代表92%、81.7%和80.7%的方差,因此可以用来解释联合空间图谱。而通常采用"表达了一个较低百分比(如小于50%)的

第五章　市场定位

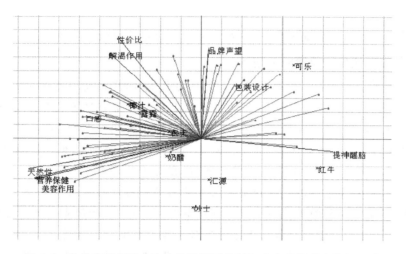

图 5-5　维林克菲奶醋在全方位挑剔型饮料细分市场的联合空间图谱

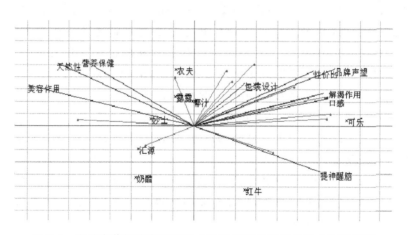

图 5-6　维林克菲奶醋在漠不关心型饮料细分市场的联合空间图谱

方差"的图谱来解释偏好结构是不合适的。

传统保守型饮料细分市场中，从原点引出的红色线段为消费者偏好度向量段，其长度与消费者的偏好程度成正比，即长度越长，偏好程度越高。例如，图 5-4 中可口可乐的定位在偏好度向量段长度未达到的位置，即消费者对可口可乐的偏好程度并没有达到可口可乐公司预期目标，尚待公司努力宣传。再有，消费者偏好度向量段在右上和左上方象限的密度较大，表明较多受试对象倾向于这两个象限的品牌，即可口可乐、农夫果园混合果汁、椰树椰汁和露露杏仁露。密集的线段覆盖了除"提神醒脑"外的 8 个属性，即从图 5-4 中可以直观地表现出消费者偏好"包装设计"、"品牌声望"、"解渴作用"、"性价比"、"口感"、"天然性"、"美容作用"和"营养保健"属性，企业今后的努力方向就可以初步确定在这 8 个属性上。

全方位挑剔型饮料细分市场中，受试者除了倾向于椰树椰汁、露露杏仁露、农夫果园混合果汁和可口可乐外，对维林克菲奶醋也有一定的喜爱程度。消费者偏好"包装设计"、"品牌声望"、"解渴作用"、"性价比"、"口感"、"天然性"、"美容作用"和"营养保健"

属性。

漠不关心型饮料细分市场中,受试对象对饮料的品牌倾向性不明显。

三、维林克菲奶醋定位策略的建议

总结维林克菲奶醋在三个细分市场上定位的表现后,我们发现其共同点是,在"性价比"、"解渴作用"、"品牌声望"和"口感"4个属性上的努力都会显著提升维林克菲奶醋的潜在市场占有率,因此可以制定策略在"性价比"、"解渴作用"、"品牌声望"和"口感"等4个方面表现出与竞争对手的差异;其不同点是,在传统保守型细分市场上,维林克菲奶醋的直接竞争对手是妙士一品乳和汇源苹果醋,而在全方位挑剔型与漠不关心型细分市场上,维林克菲奶醋的主要竞争对手分别是农夫果园混合果汁与汇源苹果醋。在做产品定位分析之前,恒顺公司将维林克菲奶醋的提神醒脑、解酒醒酒的特点作为宣传重点,而分析表明只有在漠不关心型细分市场上进行这种宣传推广有一定的作用,在另外两个细分市场上都不会产生很强的效果。众所周知,"妙士"和"汇源"都是从餐饮发展起来的,尤其是妙士乳业,目前仍保持专一的产品(妙士一品乳)、专一的渠道(餐饮终端)。而包含"农夫果园混合果汁"在内的大部分果汁饮料也是主要以家庭性消费及餐桌消费为主。针对直接竞争对手的这个特点,恒顺公司将维林克菲奶醋饮料的销售渠道集中在酒店、醋吧等娱乐休闲场所。而进军这些餐饮终端还可以得到很多好处,那就是可以通过这些市场与消费者进行零距离的接触,及时了解他们的想法与感受。由于餐饮终端的消费人群的消费特征比较明显,企业可以考虑为他们"量身度造"适合的产品品种;另外这些餐饮渠道对其他销售渠道还会产生一定的拉动力,可以为本企业其他相关产品进入相关的渠道打下基础并提供条件。

尽管消费者在"性价比"、"解渴作用"、"品牌声望"和"口感"上表现出极大的关注,但对于不同细分市场的不同竞争对手,维林克菲奶醋的侧重点应该放在不同的属性上。

(1) 传统保守型细分市场。

①对于"妙士一品乳"这个产品品牌的竞争对手,维林克菲奶醋应把"品牌声望"和"口感"作为工作的重点。利用"百年醋王"的公司品牌形象,加深醋既可"餐"又可"饮"的观念,强调公司产品的质量和服务,从而加强奶醋的产品品牌形象;同时突出维林克菲奶醋的口味鲜美、滑爽、细腻等特点,建立与众不同的品牌形象。

②"汇源苹果醋"也是汇源公司推出的一档新型饮品。同为醋饮料,维林克菲奶醋在竞争中遇到了强敌。但果醋有一个比较大的缺陷就是口味有些酸涩,水果的酸与醋的酸味不易融合,于是维林克菲奶醋除了体现自己得天独厚的优于果醋的"口感性"外,还可以在"解渴性"上下功夫。奶醋入口香甜,口味微酸,既不刺激喉咙,使饮用者可以大口饮用,又能起到生津去渴的作用。

(2) 全方位挑剔型细分市场。

"农夫果园,喝前摇一摇"的经典广告语奠定了农夫果园在我国饮料市场中的地位。与前一个细分市场中应对"汇源苹果醋"的定位策略相仿,维林克菲奶醋应该在"口感"和"解渴作用"上做文章。但有所区别的是,传统保守型饮料细分市场的主要消费者为年岁稍大的男性顾客,他们总体来说属于消费习惯不大容易改变的群体。而全方位挑剔型购

第五章 市场定位

买者中女性人数稍多,年龄层偏小,营销中应考虑到这个特点,要有灵活机动的策略来应对,产品品种也要多样化并且不断推陈出新。

(3) 漠不关心型细分市场。

本次市场调研中这个细分市场的人数最少,只占了全部调查者人数的 8.8%,但这并不意味着实际市场上这类消费者不重要。在产品的重新定位分析过程中,我们发现这类人群的潜在市场占有率比其他两组都提升得快得多,从不到 5% 的市场份额升到 20% 左右,说明在这个细分市场内只要稍做努力就会取得比较大的收获。对于同是新生饮料的"汇源苹果醋"这个劲敌,一方面在主要的属性即"解渴作用"和"口感"上竞争,这一点与在传统保守型细分市场相似;另一方面应关注产品的"包装设计"作用,如可以在包装上发展 PET、利乐装、瓶装等多种形式,进行有益的尝试,做出自己的特色来。

案例思考:
(1) 本案例使用的感觉图谱和偏好图谱分析前需要哪些条件?
(2) 案例中为什么在感觉图谱应用结果后还要采用偏好图谱分析?

第一节 差异化与市场定位

所谓市场定位,就是根据消费者对某种产品的属性特征的重视程度及趋势,针对竞争对手的产品在市场上的位置,塑造出本企业产品与众不同的优势及其在消费者心中的独特地位,并将它们传达给目标消费者的动态过程。

很多产品或品牌在消费者心目中都有一个明确的定位,它们在顾客认为重要的一、两个维度上同市场上其他产品存在差异。只有那些经过深思熟虑、在设计商品时让产品具有某些特征并与目标顾客就此特征进行沟通的企业才能在顾客心中形成一定的市场地位,显然,企业的市场定位战略决定着企业的长期成功。

差异化(differentiation)就是要让产品与其主要竞争对手之间在一个或几个重要维度上创造有形或无形的差异。差异化是市场定位的基本,差异化定位体现在:产品差异化、服务差异化、人员差异化和形象差异化。

一、市场定位程序

(一) 分析相关的竞争对手产品与品牌

收集与自身产品或品牌相关的竞争对手的产品与品牌,从期望了解的视角进行分析。如图5-7所示,朗行上市前列出了2013年8月在低中低档(low-med mid)细分市场中所有轿车品牌及其增速。

(二) 分析决定产品市场地位的各种主要属性

在这一步骤中,要将产品特性(attribute)分为产品利益(benefit)和产品特点

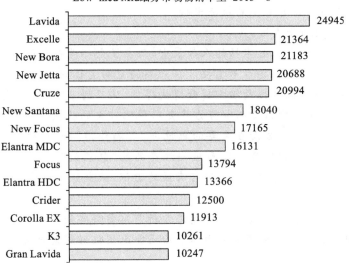

图 5-7 2013 年 8 月 Low-med Mid 细分市场中畅销轿车品牌及其增速

(feature)。所谓产品利益是指产品可以为消费者提供的好处,它是从消费者角度来考虑的;而产品特点是从技术和实物角度说明产品可以提供某种产品利益的理由,如消费者对轿车的利益评价主要有外观、省油、内部空间、安全、品牌、价格、配置等。为了找出消费者认为重要的产品特性,营销人员首先要明确列出自己的品牌能提供给消费者哪些利益点,以及每一个利益点为哪些产品特点所支持。然后询问目标市场的消费者,他们认为产品所提供的这些利益点其重要程度如何。具体操作中,采取对消费者购买时考虑的每一个因素对应产品的每一个利益点,统计被访者答题得分的百分比,并按百分比由大到小的顺序将各个因素排序,这样就可以判断产品所提供的利益点哪些是重要的,调查卡片如表 5-2 所示。

表 5-2 因素评价调查卡片

因素	因 素 评 分									
	( )	( )	( )	( )	( )	( )	( )	( )	( )	( )
A	1	2	3	4	5	6	7	8	9	10
B	1	2	3	4	5	6	7	8	9	10
C	1	2	3	4	5	6	7	8	9	10
D	1	2	3	4	5	6	7	8	9	10
E	1	2	3	4	5	6	7	8	9	10

另外一种了解产品所提供的利益点的重要程度是采用如下的询问方法,即询问消费者"当你购买＊＊产品(品牌)时,你所考虑的最重要的三个因素是什么?其中哪个因素最重要呢?哪个第二重要呢……"调查时将结果标注在如表 5-3 所示的卡片上,卡片上消费者所关注的每一个因素与产品所提供的利益点相对应。

第五章 市场定位

表 5-3 影响因素评价调查卡片

因　　素	前三因素 ( )	最重要因素 ( )	第二重要因素 ( )	第三重要因素 ( )
A	1	1	1	1
B	2	2	2	2
C	3	3	3	3
D	4	4	4	4
E	5	5	5	5

对于上述问题要统计每一因素回答最重要、第二重要、第三重要的百分比,并按最重要的百分比,由大到小将因素排序图如图 5-8 所示。

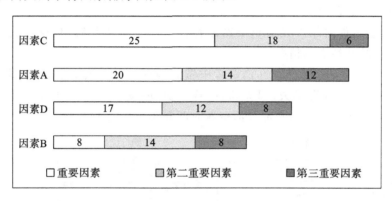

图 5-8　因素排序图

（三）针对每个重要的产品特性,比较消费者对本品牌和竞争品牌的满意程度

市场营销人员通常会犯一个错误,认为只要在重要的产品特性上消费者满意了就解决了产品定位问题。根据马斯洛动机理论,最重要的需求不一定是购买动机,只有那些尚未满足的需求才形成购买动机。因此,购买本品牌的动机一定是消费者认为最重要的且现有的竞争品牌尚无法满足消费者的产品特性。因此,在进行产品定位时,针对每个重要的产品特性,比较消费者对本品牌和竞争品牌的满意程度这一步骤是必不可少的。

该步骤可以通过表 5-4 所示的调查卡片进行调查来完成。对每一个消费者购买时所考虑的因素,统计各品牌被访者答题得分的百分比。

表 5-4 各品牌因素评价调查卡片

因　　素	重要程度	品　牌　名　称				
		A	B	C	D	E
		评分	评分	评分	评分	评分
A	( )	( )	( )	( )	( )	( )
B	( )	( )	( )	( )	( )	( )
C	( )	( )	( )	( )	( )	( )

续表

因素	重要程度	品牌名称				
		A 评分	B 评分	C 评分	D 评分	E 评分
D	( )	( )	( )	( )	( )	( )
E	( )	( )	( )	( )	( )	( )

对于最重要的产品特性,比较的结果有以下三种可能。

第一种可能是你的品牌在最重要特性上强于竞争品牌,这说明你的品牌在这个特性上已具有差异性,产品定位成功。

第二种可能是你的品牌在最重要特性上和竞争品牌表现相同,这时就要比较第二重要产品特性的满意百分比。

第三种可能是你的品牌在最重要产品特性上弱于竞争品牌,你得再比较一下在第二、第三重要产品特性上的情况。

图 5-9 所示的是朗行上市前在消费者中做的调查结果。该结果显示,关注朗行的消费者对比最多的车型有高尔夫、福克斯、朗逸和英朗;朗行的优势主要体现在空间和外观,其劣势主要在价格偏高以及部分消费者对两厢车市场的不乐观。

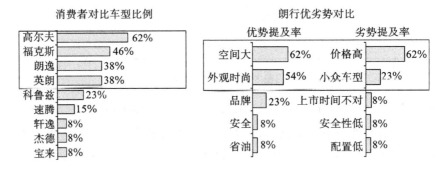

图 5-9 消费者关注车型及朗行优劣势对比

二、感觉图谱定位法

营销实践中,为了更直观地了解本企业或产品(品牌)的市场定位,可以用定位图进行描述。决策者可以从定位图中了解目标消费者更重视同类产品(品牌)的哪些维度,以及消费者在比较了竞争对手的类似产品后有着怎样的看法(选择),即:消费者(现实和潜在)如何评价自己企业的产品(品牌)? 消费者认为哪些产品(品牌)是自己的竞争对手? 哪些产品(品牌)属性和企业属性导致了这些差异?

感觉图谱(Perceptual Map)是定位图中的一种,感觉图谱因绘制过程所使用的方法与研究的基点不同,可分为知觉图、偏好图和共同空间图等三种。

知觉图将各种竞争产品表示在一张平面图中,其特点是:①每对替代品间的距离表示这对产品间的"可感知相似度",即在顾客心目中这两种产品之间的相似与不同;②图中的向量在平面图中既表示大小也表示方向,向量通常用来在知觉图中对属性进行几何表示;③图中的坐标轴是一组特殊向量,用以表示顾客最可能在哪些基本维度上区分不同的产品。

感觉图谱主要反映产品属性与竞争者品牌两个维度的关系。从属性角度看,感觉图谱能把市场的竞争状况和顾客对品牌的认知以图形的形式显示出来;从品牌角度看,感觉图谱中相互竞争的品牌被描述在各大象限中,如图 5-10 所示,图中第一象限反映出品牌车在操控性、内饰等方面表现出众,第四象限则更多关注舒适性和人性化设计。品牌间距离越近,竞争关系越密切。

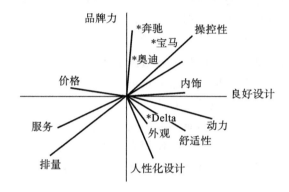

图 5-10　豪华车市场顾客感觉图谱

感觉图谱可以帮助管理者找出应该改变的产品属性,营销经理可以先假设实际特性的变化会对消费者知觉产生什么影响,由此可试探性地预测出其他几种可能的市场定位会带来怎样的销售额和市场份额。这里要注意的是,知觉图的主要用途是提供诊断性的信息,而不是对销售额做出具体的预测,本章引导案例对此做了比较详尽的阐述。

感觉图谱定位法的适用领域,除了一般定位决策的应用,在营销中还可以用于以下领域。

(1) 新产品决策:识别和发现新产品或服务的市场机会,以便设计出独特的产品。

(2) 竞争结构分析:在同质化产品市场,竞争非常激烈,企业很少有机会发现一个清晰的差异化市场定位。感觉图谱能够为企业提供有关顾客认知与偏好等方面的重要信息,帮助企业有效地识别各种竞争对手产品的相关属性。

(3) 品牌延伸:随着市场的演进,顾客对某些品牌的认知也会发生改变,企业可以通过不同时期的感觉图谱来观察顾客品牌感知的实际变动情况,找出顾客感知中变动趋势的影响因子,并以此调整品牌定位和实施品牌延伸。

第二节　知觉图的绘制

知觉图可以是多维的,而最常用的是二维的。营销实践中通常采用的是基于属性的

知觉图和基于相似性的知觉图。

一、基于属性的市场定位

因子分析法：通过利用因子分析、判别分析，对属性进行研究分析，再结合产品绘制出知觉图。该方法主要有以下四个步骤。

(1) 确定一组产品及评价产品的属性，科特勒在1991年总结了常用的一些基本属性。

特性：产品基本功能之外的补充特点（如汽车的立体声音响）。

性能：产品的最主要特点能够达到的水平。

耐用性：衡量产品预期寿命。

可靠性：衡量产品在某一时间内故障或报废的可能性。

服务能力：衡量维修故障或报废产品的难度。

风格：指顾客对产品外观和触觉的看法。

产品形象：指一些能传达产品情感方面的属性，这些属性能影响顾客的情感和理智，一般包括与产品或公司相关的声望、产品使用者的生活方式等。

递送：指产品或服务递送给顾客的过程的各个方面，包括递送过程的速度、准确和精心程度。

安装：指在预定位置上对产品实际使用前必须完成的各种活动。

培训和咨询：指公司培训顾客使用和维护的产品，并尽可能在使用中发挥产品的最大价值。

维修和维护：公司所提供的产品保障，并当产品达不到预期性能时进行维修服务的便利性和质量。

其他服务：包括保修、贷款及能增加顾客购买产品或使用产品的价值的其他服务。

服务形象：指会影响整体服务认知的属性，包括服务人员的称职、友好和礼貌及顾客能否得到个性化的关照。

可感知质量：指产品能满足顾客对产品/服务应有的质量期望的程度，它与上面提到的特性、性能、可靠性、耐用性等其他属性密切相关。

(2) 获知知觉数据。

绘制知觉图的数据通常来自对预定目标市场的顾客样本进行的问卷调查。应先将数据组织成一个矩阵，表示顾客在每个属性上对每种替代品的感觉。顾客可以一次在一个属性上给所有产品打分或排名次，也可以一次对一个产品的所有属性打分或排名次。例如，航空公司在许多知觉属性方面都不一样，如方便性、准确性、舒适性及整体服务等。表5-5所示的数据矩阵反映了一位乘客对所选属性的评价数据，等级为1~9。

表5-5 乘客对航空公司知觉属性评价

项 目	A航空公司	B航空公司	C航空公司	D航空公司	E航空公司
方便	5	8	3	3	8

第五章 市场定位

续表

项　　目	A航空公司	B航空公司	C航空公司	D航空公司	E航空公司
准时	6	5	5	4	8
整体服务	8	7	5	4	6
舒适	6	6	4	4	3

（3）选择知觉图绘图方法。
（4）解释因子分析得的输出结果。

【练习】 用因子分析法对几种中文输入法进行比较，评价属性为输入速度、准确性、易学性、易操作性、界面友好性等，并绘制知觉图。

（1）输入所调查输入法的信息，将每一种输入法进行打分，如图5-11所示。

图 5-11　对输入法进行打分

（2）然后依次单击Analyze、Data reduction、Factor，进入分析界面，如图5-12所示。

图 5-12　分析界面图

（3）将输入法属性放置在Variable中，单击"Descriptives"按钮指定输出结果，选择

"Initial solution",表示输出因子分析初始解。在 Correlation Matrix 中选择"Coefficient",表示相关系数矩阵;勾选"KMO and Bartlrtt's test of sphericity",表示进行巴特球度检验和 KMO 检验。如果 KMO 值小于 0.7,则不适合做因子分析,如图 5-13 所示。

(4) 单击"Extraction"按钮,选择默认信息,如图 5-14 所示。

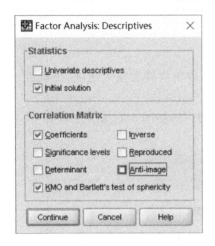

图 5-13　Descriptives 界面　　　　　图 5-14　Extraction 界面

(5) 单击"Rotation"按钮,选择如图 5-15 所示的选项。

(6) 单击"Factor scores"按钮,选择如图 5-16 所示的选项。

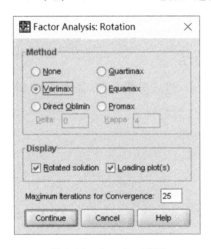

图 5-15　Rotation 界面　　　　　图 5-16　Factor Scores 界面

(7) 单击"Options"按钮,选择如图 5-17 所示的选项。

(8) 单击"运算"按钮,得到 SPSS 输出结果(见图 5-18)。

通过以上数据可提取两个因子并命名为"易学性"和"易操作性"。

(9) 将"易学性"与"易操作性"数据导入 Excel,如图 5-19 所示。

(10) 绘制知觉图,如图 5-20 所示。

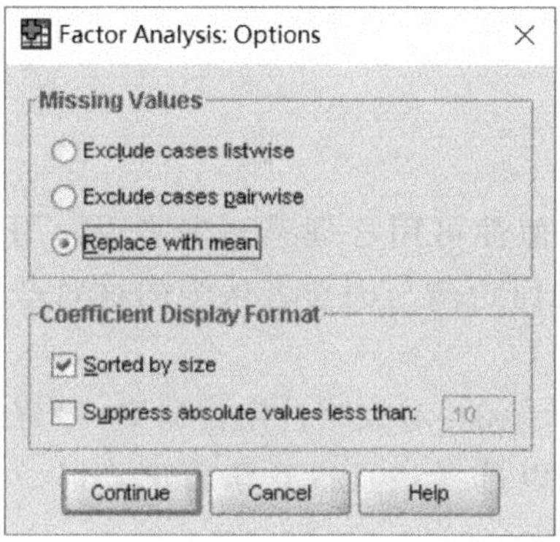

图 5-17 Options 界面

Rotated Component Matrix[a]

	Component	
	1	2
界面友好性	-0.982	0.122
易学性	0.860	0.250
易操作性	-0.303	0.841
输入速度	0.604	0.695
准确性	0.317	0.654

Extraction Method: Principal Component Analysis.
Rotation Method: Varimax with Kaiser Normalization.

a. Rotation converged in 3 iterations.

图 5-18 分析结果

	中文输入法种类	输入速度	准确性	易学性	易操作性	界面友好性	易学型	易操作型
1	百度输入法	7.00	8.00	7.00	5.00	5.00	0.82671	0.12658
2	搜狗输入法	8.00	7.00	5.00	8.00	8.00	-0.87074	1.43762
3	讯飞输入法	6.00	6.00	6.00	4.00	5.00	0.52467	-1.11610
4	华为输入法	6.00	5.00	8.00	7.00	6.00	0.12998	-0.21410
5	vivo输入法	7.00	8.00	8.00	7.00	6.00	0.42939	0.96899
6	谷歌输入法	8.00	6.00	9.00	6.00	4.00	1.42330	0.02610
7	QQ输入法	5.00	6.00	5.00	8.00	8.00	-1.33672	0.36800
8	五笔输入法	4.00	5.00	4.00	4.00	8.00	-1.12659	-1.59708

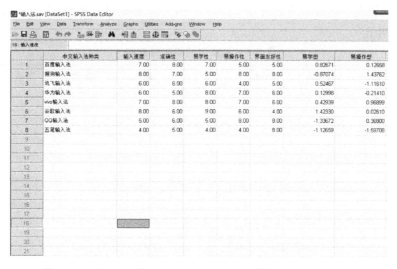

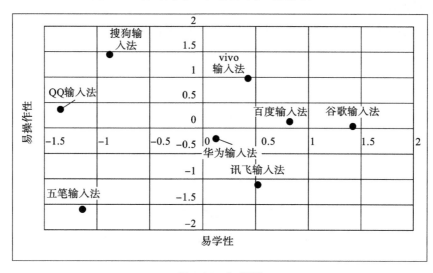

图 5-19 将“易学性”与“易操作性”数据导入 Excel

图 5-20 知觉图

二、基于相似性偏好定位法

基于相似性的方法的基础是产品之间可感知的相似性可用心理感知来表现。用这种绘图方法绘出的空间图，图中任意两个产品之间的几何距离与消费者认为的这对产品间的相似性密切对应。其步骤如下所述。

(1) 找出所要研究的产品。这些产品通常是彼此竞争的，对战略性定位研究，最好选择较宽范围内的竞争性产品；对战术性定位研究，则可以选择最直接竞争者的产品。无论是哪种，都必须选择消费者熟悉的产品。

(2) 建立一个相似性矩阵，表明各对产品之间的相似性。

【练习】 如表 5-6 所示的矩阵中，用 1～7 的尺度来衡量相似性，7 表示“极为相似”，1 表示“极不相似”。

表 5-6　剃须刀的相似性矩阵

品牌	飞利浦	博朗	飞科	松下	超人	奔腾	朗威	科美
飞利浦	7							
博朗	4	7						
飞科	6	3	7					
松下	5	6	4	7				
超人	2	2	1	3	7			
奔腾	3	1	2	3	4	7		
朗威	4	2	3	4	3	4	7	
科美	4	3	4	3	4	5	4	7

绘制知觉图

(1) 输入数据，启动 SPSS，输入相似性矩阵，如图 5-21 所示。

		博朗	飞科	松下	超人	奔腾	朗威	科美	var
1	7.0								
2	4.0	7.0							
3	6.0	3.0	7.0						
4	5.0	6.0	4.0	7.0					
5	2.0	2.0	1.0	3.0	7.0				
6	3.0	1.0	2.0	3.0	4.0	7.0			
7	4.0	2.0	3.0	4.0	3.0	4.0	7.0		
8	4.0	3.0	4.0	3.0	4.0	5.0	4.0	7.0	
9									
10									
11									
12									
13									

图 5-21　相似性矩阵

(2) 依次点击 Analyze、Scale、Multidimensional Scaling(PROXSCAL)，进入如图 5-22所示界面。

(3) 选择“The date are proximities”，再单击“Define”按钮，进入 Multidimensional

Scaling 界面，选择 8 个品牌变量进入 Proximities in Matrices（见图 5-23）。再单击“Model”按钮，弹出如图 5-24 所示的界面，在 Proximities 中选择“Similarities”，单击 Continue 按钮，返回图 5-23 所示的界面。其他选项以系统默认为准，单击 OK 按钮，其结果如图5-25所示。

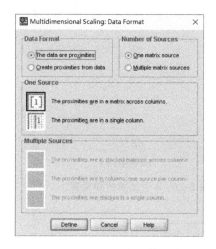

图 5-22　Date Formate 界面

图 5-23　Proximities in Matrices 界面

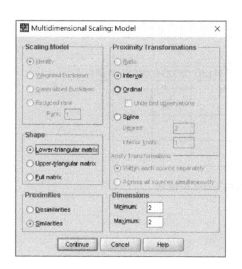

图 5-24　Model 界面

Stress and Fit Measures

Normalized Raw Stress	0.01561
Stress-I	0.12493[a]
Stress-II	0.35365[a]
S-Stress	0.03582[b]
Dispersion Accounted For (D.A.F.)	0.98439
Tucker's Coefficient of Congruence	0.99217

PROXSCAL minimizes Normalized Raw Stress.

a. Optimal scaling factor = 1.016.

b. Optimal scaling factor = 0.990.

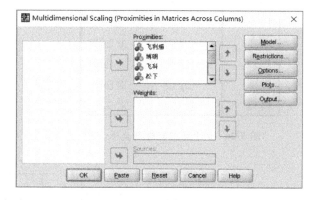

图 5-25　Stress and Fit Measures

（4）结果解析。图 5-25 中显示，应力系数 Stress 等于 0.01561，其值小于 0.025，故模型吻合度非常好。相应的 D. A. F 的值为 0.98439，因此模型拟合度效果令人满意。

图 5-26 所示给出了知觉图 8 个品牌的最终坐标，根据坐标值，绘制出基于相似性偏好的知觉图（见图 5-27）。

图 5-27 所示的知觉图表明，科美、奔腾、朗威相似度较高；飞科与飞利浦相似度较高；博朗与松下相似度较高；超人处于“被孤立”状态。也可以将以上数据导入 Excel，绘制出如图 5-28 所示的知觉图。

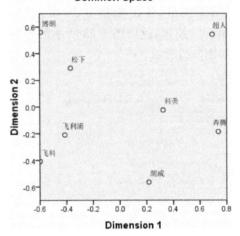

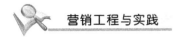

图 5-26 8 个品牌的最终坐标

图 5-27 8 个品牌的知觉图

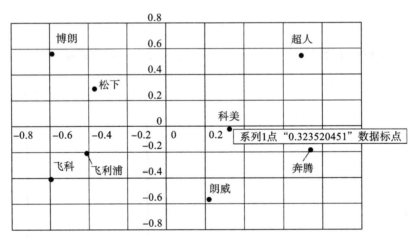

图 5-28 8 个品牌的知觉图在 Excel 中绘制

(1) 描述差异化和市场定位的关系。
(2) 基于因子分析和基于相似性偏好定位法的在运用上有什么不同？

用相似性偏好法对本校校内就餐食堂和其他就餐点进行评价属性和相似度调查，并绘制知觉图和相似度拟合，最后，根据结果给出相关营销策略建议（属性建议：价格、服务、口味、卫生、菜品、环境、饭菜数量等）。

第四篇

营销工程实践之市场营销策略制定

第六章　新产品决策

教学目标

(1) 育人目标：在确定目标市场营销战略的基本训练之后，开始进行营销决策的实际操作。

(2) 课程目标：①了解新产品开发的过程；②掌握联合分析法在新产品开发中的运用；③掌握巴斯模型的实际应用。

教学重点

通过引导案例的解释，使学生了解新产品开发过程。具体内容为：①新产品开发过程；②联合分析法；③巴斯模型。

小米智能手机营销策略分析①

一、小米智能手机营销策略现状

1. 研发阶段营销策略

传统产品开发流程中，市场部门负责收集意见并将之传递给产品经理，再由产品经理过滤后交给高管。其过程繁杂、效率不高导致在产品问世后还是会存在用户反映的问题，且很难再做修改。现如今，社交媒体已经颠覆了市场调研的方式，其互动性给企业增加了更多了解消费者的机会。在小米公司，研发人员可以直接通过小米论坛了解消费者的需求，并且消费者可以直接接触产品的研发中心。小米副总裁黎万强认为"研发本身就是一种营销"。小米对于产品的定位是基于一个完美哲学的分析产生的，"我是谁"、"我从哪来（我为什么存在）"、"我到哪去（谁来买我以及为什么卖我）"，当分析了这些问题后结合自己的产品，开始对应的研发阶段营销策略的制定。此外其自主研发的MIUI系统、米聊等应用培养了自己社区内的潜在用户，在产品研发时就让用户参与进来，来提升目标用户的忠实度，把产品研发也变成一种营销。

---

① 关典.基于"互联网＋"小米智能手机营销策略研究[D].北京:北京化工大学,2018.

1）发烧友MIUI系统提升客户满意度

小米手机的理念一直是为发烧而生,且客户定位为伴随互联网成长的发烧友。在创业初期,公司确定了用户决定市场需求的理念,坚信只有让客户满意才能真正实现公司价值的初衷,开发了第一个MIUI系统。发布六年来,每周都有更新,已经累积发布了249个版本,其开发团队人员数已增加到了750人,用户数量突破了3亿。

2）米聊应用精心培养潜在用户

小米团队的另一力作就是开发了米聊,米聊是通过分析用户的使用习惯和市场上的应用APP后,针对短信、彩信、电话沟通的各种问题开发出来的,并且做到了跨手机操作。米聊实现了跟附近的朋友进行实时语音对讲、信息沟通和图片发送。米聊一经问世,半年内用户数量达到300万。

3）论坛及社区营销提升客户的忠诚度

论坛、社区的营销是小米公司的重要策略,这对提高用户忠诚度起着不可估量的作用。用户在论坛和社区里对于系统或者使用上存在问题的吐槽或者赞扬都能成为公司改进产品的有力依据,这让用户们直观地感受到了自己受到的重视程度,对于提升客户的忠诚度的提高起到了显著效果。此外企业利用论坛,将产品的产品信息及服务信息的图片、视频等内容发布出去,让客户最快地了解企业的服务和产品。

2. 发布阶段营销策略

互联网时代,微博等社交媒体已经成为人们生活中不可缺少的组成部分,应运而生的微博营销也是因为其信息内容传播速度快、辐射面广等特点成为一种流行的营销载体。小米从创办初期就深谙微博营销之道,为自己的品牌进行宣传,获得了粉丝的极大关注,用最低的成本为产品扩大了影响力。小米采用、借鉴了苹果的发布形式,使得在产品推广阶段就产生良好的营销效果。

3. 推广阶段营销策略

1）事件营销

小米手机正式问世之前,就已经引起了人们的极大关注,首先引起人们注意的是它的创作团队,据说是业界的顶级团队,所以人们自然认为顶级的团队势必能创造出顶级的产品。小米手机在正式机未发布之前,却创新提出了发布工程机,是国内工程机先发的第一例。工程机一经发布,便引起了米粉们的关注,其软件系统可升级,而硬件上与正式机主要是外观上存在一些细微差异,但并不涉及内部构造,而且价格上还有优惠。小米手机对工程机的售卖进行限量,却营造了极好的销售氛围。工程机借助互联网的力量,半遮半掩,反而让人们更是出于好奇增加了单击量和浏览量,这样在正式机销售之前就吸引了大量潜在顾客。

2）饥饿营销

小米手机一直以来都采取这样的策略,在对外发布信息时,总是习惯性地减少信息的披露,其虚实结合的方式反而让人们总是带有一种好奇的心理,把它带到了一种舆论的制高点,一直维持着一种高热度。另外,小米手机在推广销售时的预定门槛是很高的,让大部分消费者产生一种很难买到的心理,人们的心理总是逆反的,越买不到的东西越觉得难得、珍贵,并相信其质量越好。

3) 线上营销策略

小米有自己的直营实体店——小米之家,但主要是通过网络营销。这种线上营销方式可以减少中间商对利润的削减而且没有场地费这个占比很大的支出,与传统模式相比它没有代理商、批发商管理的困扰、烦恼,在管理方面又减轻了很大一部分负担。另外,在配送货时,小米选择了顺丰快递,保证了高效率,如果产品出现问题也能快速寄回,让厂家直接更换修理产品。小米的这种营销方式,还有一个重要的优势就是资金可以快速回流。

4) 口碑营销

在小米的口碑营销策略中,高性价比一直是它的主打口号,国内很多手机在宣传时都强调的是价格低廉,其实很多时候这种低价格都会让人们无形中质疑它的质量,相反小米首先强调的就是性能、质量。再者小米手机在同类比较好的几家品牌中,价格还是相对较低的,这样很容易吸引了那些既看重性能又对价格十分敏感的顾客的目光。其次,个性也是小米品牌思想的一大亮点,个性一词是众多年轻人当下最追捧的,非常迎合年轻人的主流思想。小米手机在每一次创新中都极度追求个性,由于手机市场中年轻人群体庞大,笼络住了年轻群体的心自然其销量就有了保证。另外,小米手机在宣传中还非常强调一点——专业,小米手机的著名标语"为发烧而生"。小米手机维系了一批热爱、熟悉,并且挑剔的发烧友,就像一面镜子能够辐射出用户对于产品的需求,同时这些人也是口碑最好的传递者。而且小米手机在软硬件设计中都有自己的独特之处,再加上良好的口碑宣传,一定有不可估量的销售前景。

尽管小米手机已经取得了不错的成绩,但也存在不少问题,如售后服务体系不健全、期货手机销售存在问题、市场细分未完善等。

二、小米智能手机营销策略优化

基于小米智能手机存在的营销策略问题,对智能手机市场用户基本信息和购买行为、考虑指标、购买习惯等进行问卷调研,并将所得的数据运用SPSS分析法进行聚类分析,得到智能手机市场细分描述,并根据用户自身手机品牌使用打分和手机性能评分所得的分析结果,绘制出形象表达手机购买行为的认知图。在所设计的调查问卷中,问卷的选项部分是对用户描述变量的测量,包括用户年龄、职业等基本特征,在使用习惯上偏向于怎样的情况,如购买方式是在实体店购买还是在网上购买,网购的话能够宽容多大的到货率等方面进行了行为变量的测量。在掌握基本情况后,调查问卷运用评分卡的方式分7个等级测量消费者对于智能手机性能和自身使用手机品牌性能的了解。智能手机性能量表是让消费者对智能手机的品牌、外观、系统、屏幕、电池容量、售后服务等多个方面进行1~7的满意度打分;而智能手机品牌性能量表则是用户对于自己使用的手机的评价,对不同手机品牌性能的测量进行1~7的评分,分数越高,表示越满意。以上两个表的因子分析结果用于绘制手机品牌—性能—细分市场的四象限图。

调查问卷共发放电子问卷和纸质问卷200份,总体回收纸质问卷24份,电子问卷162份,有效率为89.24%。通过SPSS分析,智能手机品牌性能得分如表6-1所示。

表 6-1　智能手机品牌性能得分表

手机型号	品牌	系统	内存	外观	像素	价格	屏幕尺寸	运行速度	电池容量	售后服务
iphone	6.34	6.12	5.52	6.06	5.96	5.02	6.06	5.98	4.36	5.78
华为	5.77	5.18	5.00	5.41	5.14	5.14	5.36	5.05	5.18	5.23
荣耀	5.75	5.50	4.75	5.58	5.17	4.83	5.08	5.08	5.25	5.17
小米	4.80	5.37	4.43	4.90	4.87	5.57	4.93	4.80	4.73	3.90
OPPO	5.59	5.00	5.00	5.41	5.94	4.71	5.94	4.94	5.06	4.53
VIVO	4.73	4.67	5.40	5.53	5.33	4.33	5.20	4.87	4.67	4.53
三星	6.09	4.09	4.45	5.36	4.45	3.82	4.82	4.18	3.45	5.64
魅族	4.75	4.50	4.25	5.00	3.25	4.75	4.50	3.25	4.00	4.50
联想	3.33	4.33	3.33	4.33	3.67	4.67	3.67	2.67	4.33	3.33
中兴	3.50	3.00	3.00	3.50	4.50	6.00	3.50	3.00	4.50	2.50

可见，小米手机的用户对其所有性能的评价中，整体属于中等偏下的水平，而价格是其最具有优势的性能，得分均值为 5.57，说明小米手机近些年一直在高配置、低价格的营销手段上占据一定的市场优势，且保持住了最初的定位，小米在价格上的优势较为突出。国产手机中兴的价格更低，但是其性价比却远远不如小米手机。小米手机的系统得分均值大于 5，说明小米自主研发的 MIUI 系统一直以来都得到了用户较高的认可，系统方面有较为突出的优势。小米手机的品牌、外观、屏幕尺寸和运行速度也都获得了接近 5 的分数，说明这几个方面小米手机处于中上等水平，并跟上了智能手机市场创新的节奏。但是顾客对于小米手机售后方面的得分较低，也反映出了市场对于小米手机售后的担忧。苹果手机在品牌上优势依然强烈，而华为手机在价格和电池容量方面超越了苹果手机，其他方面也得到了较高的认可度。

通过聚类分析，各细分市场的群重心如表 6-2 所示，能看到细分市场 1 的消费者的特点，如各项手机性能、品牌、外观、运行速度和手机分辨率都是其关注的重点，这类消费群希望自己买的手机各方面都比较满意，同时又能拥有一个较高的性价比，是外观和品牌的完美主义者。细分市场 2 的消费者的特点：对手机的价格不在意，主要考虑手机的品牌、外观、像素，以及运行速度和电池容量，因此这类人群是追求手机的功能、品牌价值、实用性的而不计成本的人士。细分市场 3 的消费者是除了价格、运行速度、电池容量外，对手机的各项性能都不是很关注，我们将这类人归结为只注重手机是否便宜而不在乎性能的基础适用人群。细分市场 4 的消费者关注手机的品牌、外观、屏幕尺寸，不太在意其像素和电池容量，这类人群可归结为将手机视为时尚元素、追求时髦但不在意实际性能的时尚人士。细分市场 5 的消费者是对手机的品牌、外观都不在意，而较为关注手机的价格、内存和电池容量，这类人群归结为实用主义者，其特点为不太关注外观和品牌但是注重性价比。

表 6-2 智能手机细分市场重心表

群组	品牌	系统	内存	外观	像素	价格	屏幕尺寸	运行速度	电池容量	售后服务
1	6.11	6.29	6.40	6.03	6.04	5.83	6.04	6.39	6.51	5.99
2	5.60	5.50	6.30	6.30	6.50	3.20	6.30	6.60	6.70	6.50
3	3.70	3.30	4.00	4.20	4.40	4.80	3.90	4.90	4.80	4.70
4	5.74	5.83	5.48	5.17	4.91	5.43	5.22	5.17	4.70	4.87
5	3.50	4.92	6.50	4.08	5.30	5.50	5.54	6.58	6.71	5.92

根据智能手机细分市场重心数据,结合调查问卷结果,得到 5 个细分市场,各个细分市场的表现如表 6-3 所示。

表 6-3 智能手机细分市场表

项 目	细分市场 1	细分市场 2	细分市场 3	细分市场 4	细分市场 5
年龄	21~35 岁	11.2% 为 21~25 岁,60% 为 35~50 岁	50 岁以上	21~35 岁	35~50 岁
性别	两性比例相近,男性稍多	前者女性为主,后者男性为主	两性比例相近	女性为主	女性人数偏多
学历	大专以及上,约 40% 为学生	本科及以上	高中为主,少数本科	本科及以上	高中和大专为主
职业	企、事业单位员工	女性多为女学生;男性多为商务人士和自由职业人员	其他职业和农民	其他职业或商务人士	一般员工
收入	2000~4000 元	6000 元以上为主	6000 元为主,少数 6000 元以上	5000 元以上	2000~4000 元
婚否	93.1% 未婚	59.1% 已婚	93% 已婚	83% 已婚	90% 已婚
更换手机速度	快	适中	较慢	较快	2~3 年
更换原因	功能无法满足需要,或是追求潮流	追求高的品质和较为大气的用户体验	为质量问题	追求品牌和时尚功能	功能不足和质量问题
购买渠道	网络渠道+实体店	实体店购买手机	实体店购买手机或是家人在网上购买	实体店购买手机或是预定最新款机型	网上购买或者去实体店

续表

项　目	细分市场1	细分市场2	细分市场3	细分市场4	细分市场5
网上预约可承受等待期	等待7～15天的占23.4%,等待一个月的占5.3%	不愿意等待预定	不一定	一般愿意等待预定,前提是高端机型	愿意等待7天以内
上网主要操作	直播软件、微信、知乎和微博	上网频率较高,新闻浏览、阅读软件、微信、微博和博客、音乐视频、少数还包括网游	上网频率主要为一周2～3次,使用微信	上网频率较高,且主要是直播、美图、微博、微信等社交软件	微信、QQ、音乐视频等
社会媒体营销态度	10.01%的人喜欢,30.6%的人较反感,38%的人接受	不要太多	取决于产品用途,不经常关注营销活动,比较喜欢直接显示广告的营销方式	对网络营销较为感兴趣,且比较容易接受植入广告和建立公共粉丝网页	取决于产品用途,偶尔会参加网络营销活动

通过因子分析结果,运用旋转组件图得到了智能手机各项性能的空间图如图6-1所示。认知相同的是操作系统、品牌、外观、像素、内存、运行内存、电池容量、屏幕分辨率越高,手机的使用表现能力越好,当人们对手机的价格与电池容量满意度越高,手机的成本就越低。

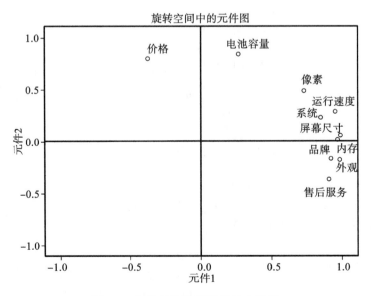

图6-1　智能手机性能属性的空间图

采用 SPSS 软件对各个手机品牌进行直观的认知图的绘制如图 6-2 所示。由图可知,小米使用性能一般,但是成本较低;华为、OPPO、荣耀使用性能较好,但是成本要稍高于小米;iPhone 使用性能好但其使用成本高;三星近几年销售量下滑,失去了曾经的霸主地位,购买者会认为现在的三星物不所值;联想、魅族等使用成本低,同时性能上也要大打折扣。

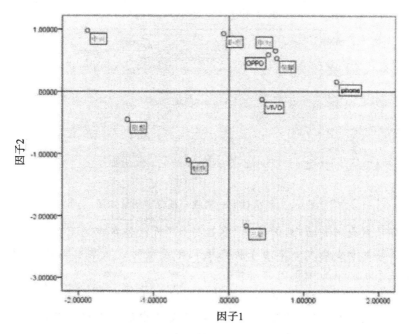

图 6-2 各品牌手机认知图

旋转后的性能属性空间图和手机品牌认知图合二为一,便得到了汇聚品牌、性能和市场细分于一体的直观的认知图。由图 6-3 所示,小米智能手机目前的产品属于第一市场。在这个市场中,消费群体是既追求价格合理又希望产品性能较高的完美主义者,多以年轻人为主,更换手机的速度较快,其原因是功能无法满足需要,或是追求潮流。购买手机主要通过网络渠道,也会间接选择到实体店去查看最新的手机款式,进行比较,网上预约获得时间愿意等待期在 7~15 天的占 23.4%,等待一个月的占 5.3%。该细分市场的用户与小米"发烧友"的市场目标符合度加高,这群用户活跃在互联网的世界中,并且喜欢新奇的电子产品,有自己的想法和意见,对于性价比高的产品比较偏好。从认知图中我们可以看出,小米的主要竞争对手是华为、荣耀和 OPPO。

三、策略制定

根据手机性能——品牌市场细分认知图了解到小米智能手机产品的定位在细分市场 1 中,这个市场偏向于年轻客户人群,其特点与小米"发烧友"的目标人群设定是吻合的,他们追求强大的功能,同时又会考虑成本、品牌、外观、系统以及电池容量等因素。在智能手机方面,小米的主要竞争者是华为和 OPPO,作为一家以网络营销起家的公司,以用户参与产品研发、高调举办产品发布会、预定式的饥饿营销、社会社交媒体大力宣传等

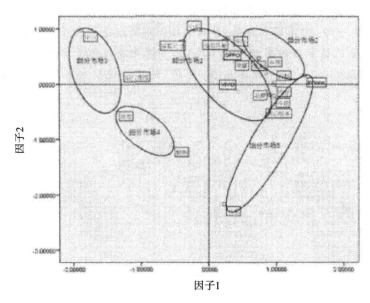

图 6-3 手机性能—属性—细分市场认知图

营销方式获得了巨大的成功,同时以其"高性价比"的优势在市场上稳稳地站住了脚跟,拥有了一大批粉丝和发烧友。华为手机在近几年获得的成功举世瞩目,国内 2017 年出货量超越苹果手机。华为手机因其标准化、双品牌、注重品牌创新和利润导向的价格策略以及以网络为主、传统营销方式为辅的渠道策略抢占了市场先机。凭借多年来在二、三线市场铺设的实体店,以渠道为王的战略以及覆盖中低档人群的品牌地位,在智能手机火热的换机潮时代,OPPO 手机在最后打了一场胜利之战,赢得了属于自己的品牌定位和市场份额,并在国际市场中进入了前五名。对于小米智能手机来说,面对着华为强大产品线和 OPPO 自身的渠道优势,以及 VIVO 等强化手机个性功能面向年轻消费者的市场定位,小米需要克服自身过度饥饿营销带来的诟病、线下营销渠道力量不足导致的产品售后的问题,以及定价过低导致的产品溢价不明显逐渐丧失的抢占高端市场的机会,还要在营销策略上进行优化。基于以上思考,小米智能手机营销策略应该抓牢细分市场 1 和细分市场 5,同时发力争取细分市场 2,具体策略如下。

1. 品牌和价格策略

从认知图中可知细分市场 1 是完美主义者的定位,对手机各项性能的关注度都比较高,且主要的人群也偏年轻化,追求强大功能的同时,又会考虑成本、品牌、外观、系统以及电池容量等因素。细分市场 5 的人群主要是中年人,对手机的性价比要求较高,且不是很在乎时尚感,而是踏踏实实的实用主义者,但这部分人所占的市场份额较大。细分市场 2(11.2%)中,女性大多为 21~25 岁,且主要是学生;男性在 35~50 岁之间占大多数,且主要是商务人士,这部分人追求高品质。品质和大气是地位的象征,能够与消费人群的职业相匹配,符合自身的地位,同时 21~25 岁的年轻群体比较注重自身使用电子产品的愉悦感和时尚度。细分市场 5 和细分市场 1 的差别在于,细分市场 5 对于手机的性能要求要比细分市场 1 的低,但是对于价格的重视程度要高于细分市场 1,同时更换手机的频率也比细分市场1的低。细分市场2则是高端手机市场,它的人群不在意手机价格。细分市场5更注重手机的性价比,但是在比较程度上对性能的要求还是要低于细分市场1的,因为细分市场5在年龄层次上偏中年,在消费上更加的理性,对价格的重视程度也就更高。细分市场2更关注产品的高品质,对价格的重视程度最低。针对这三个市场,小米应该继续保持其高性价比的策略,同时提高自己的品牌知名度。小米手机要以"品"和"牌"为基点,先优化好"品",才能用"品"去树立更强大的"牌",所以继续坚持发烧友参与产品研发的思路,加大产品的创新性,优化MIUI系统,保持住产品优势。通过手机性能图表可以看出,小米手机在外观、内存和像素上都需要进一步优化,以提高自身的核心竞争力,强化品牌优势,加大力度扩大品牌的影响力。通过微博等网络媒体手段积极宣传品牌个性,提高消费者的品牌黏性,能够让细分市场2中的客户觉得小米手机与他们的商务地位或者职业层次相匹配,从而拓宽高端市场。

价格方面,针对细分市场1和细分市场4,小米手机应该适当地打造高端市场,并适度提高高端手机的价格,从而能够产生品牌溢价,创造足够的利润空间,提高企业抵抗风险的能力。在技术方面加大创新,通过打破硬件壁垒、优化软件系统、强大内部,实现量产来降低制造手机的成本,打造出不以损失公司利益为代价的具有较高性价比的手机。尽管小米手机一直以来利润较低,但帮助小米手机快速地开拓了市场,扩大了市场份额。小米手机在逐鹿海外的过程中也以同样亲民的价格开拓了市场,但是其利润获取不足。后期,小米必须对加强产品创新、开拓高端市场、扩大利润空间、增强品牌溢价做出努力。

2. 渠道策略

细分市场1的用户对于网络的使用较为频繁,购买智能手机的渠道也多为网上操作;细分市场2的用户比较喜欢去实体店直接购买新款的手机;而细分市场5的用户会比较网上和实体店的价格,在产生购买行为时,比较喜爱直接营销方式的手机。小米手机突破传统消费模式,大胆地舍弃了线下实体店营销的方式,将实体店的营销成本转移到了手机自身的性能配置上,大大降低了手机的总成本。这种方式帮助小米手机迅速扩大市场,但同时,没有实体店的销售方式相当于小米手机放弃了一部分市场人群,也为近两年小米手机出货量遭遇滑铁卢埋下了伏笔。所以在社会渠道方面,小米可以适当地选择建立实体店,一方面,小米可以扩大小米之家的覆盖范围,保证每个城市都有其便捷的维修服务点,提高客户满意度,这样不仅方便用户进行实际体验,也方便用户在各方面与小米手机售后进行联系;另一方面,小米开始了小米小店的铺设,小米小店意在打造便捷高效低成本的服务群,小米小店的经营者没有身份限制,却都是"发烧友",小店的点对点效应也可以提高小米的影响力。对于小米实体店,建议小米培养一批高素质的营销人员,建立统一的装修风格,为用户带来更加高端的体验感。

3. 网络推广策略

细分市场1的用户购买手机主要通过网络渠道,同时也会间接选择到实体店去查看最新的手机款式,进行比较,网上预约可承受等待期在7~15天的占23.4%,等待期在一个月的占5.3%。他们喜欢浏览社交网站,且对网络营销有自己的想法和态度。细分市场2的用户上网多为工作需求、浏览新闻等,他们追求高效率和高品质的生活,不希望在购买手机这件事情上浪费太多的时间。小米应该采用有节制的饥饿营销策略,避免用户因等待时间过长而造成对产品丧失信心,也要避免因产品宣传与实际不符而产生的失望心理,从而导致品牌黏性不足。同时,小米可以通过微博营销和事件营销打入细分市场2,制造事件获得更多成功商务人士的关注,运用粉丝效应带动品牌的成长和产品的销售。在产品销售上,多加入故事销售、情怀和创意元素,开发接地气的手机应用,提升网络营销效果。对于细分市场4的用户群,可以加大电视媒体广告的投入,启用优质的代言人,覆盖此细分市场的年龄人群,更加直观地增强他们对品牌的印象。

案例思考:

(1) 分析小米智能手机不同阶段营销策略的特点;

(2) 解析 SPSS 分析软件的在营销策略应用中的流程。

A 公司新产品开发过程优化[①]

一、A 公司情况概述

A 公司是一家股份制高新技术企业,自 2008 年成立以来,一直致力于为石化化工、冶金、工业水处理等行业提供节能降耗及环保解决方案,是一家集研发、设计、制造、安装、销售为一体的技术型生产企业。A 公司的前身是一家做代理的外贸型企业,主要代理欧美知名的化工设备,在市场销售方面积累了大量的经验和资源,同时也储备了大量的技术人才和设备应用经验。2008 年,A 公司便开始走上了自主研发及生产的道路。A 公司主要研发设计相分离设备、废水处理系统等。经过几年的努力,A 公司在多个细分行业已经处于领先地位,研发团队也在不断壮大,博士生、硕士生占研发人员 40% 以上,研发试验室拥有二十多套工业化试验装置。

二、A 公司新产品的开发现状

A 公司的新产品在开发前后经历了大约三个阶段。

第一阶段为简单模仿阶段。由于公司的前身是国外知名化工设备代理经销商,在代理国外产品的过程中积累了许多工程技术经验,加之在设备售后服务过程中,对国外设备的结构、性能等技术要点也有了一定的了解。所以在公司成立初期,公司基本是以模仿国外产品为主,在模仿过程中加上自己的一些结构的优化设计。这个阶段产品的特点是,外观及产品功能基本与进口产品一致,但无论是设计成本还是制造成本较进口产品都低很多,所以比较受国内客户的青睐,为公司的发展奠定了很好的基础。

第二阶段为不计成本的新产品试验开发阶段。随着产品的销量增加,客户的数量不断增多,客户的需求也在不断发生变化,只模仿进口产品显然已不能满足客户不断变化的需求。这时当销售人员将客户的需求反馈给公司的技术人员后,技术人员通过文献调研,对所要研发的产品有了一定的了解后,便开始新产品的研发。生产加工出原型机后,

---

① 邵宋邵.基于 Stage-Gate 方法的 A 公司新产品开发流程改进研究[D].上海:华东理工大学,2017.

在自己的实验室或客户现场进行试验验证。根据试验的情况做出相应的工艺及结构调整,通过不断地调整优化,直到满意为止。这个阶段产品的特点是,研发的产品没有太多的相关性和互补性,产品的研发成本特别高,研发成功率也比较低,投入市场的成功率也比较低。

第三阶段为技术部集中研发。经过几年的发展,公司的业务量不断增加,产品线不断扩展,公司的技术能力不断提高,业务也由原来的处理单一物料、解决单一问题、提供单一设备,转向解决较复杂的问题、提供全套解决方案。项目复杂程度及规模不断扩大,公司对新产品研发的需求也在快速增加。研发人员基本是被动的根据市场的需求开展研发工作,没有经过系统科学的论证,没有成本、质量、进度的具体目标及规划。这个阶段产品的特点是,研发的产品性能达不到要求、成本较高、研发周期较长,虽然有简单的产品开发流程,但基本局限在技术部内部,缺少部门间的合作。

三、A公司现有新产品开发流程

公司新产品开发的现有流程大概如下:销售人员获取某一企业的需求,并将该新产品的开发需求提交给市场部;市场部将需求信息按照公司统一格式汇总提交给研发部;研发部根据市场部提供的技术要求及需求时间等信息制定相应的新产品开发计划,开始进行新产品的开发;研发部经理指定相应的技术人员负责产品设计工作;新产品设计方案经过研发部经理审核后将图纸等设计文件提交生产部;生产部接到研发部的技术图纸等资料后安排生产试制;产品加工、安装完毕由质检部或实验室测试合格后,市场销售人员便开始在市场上推广该新产品,如图6-4所示。

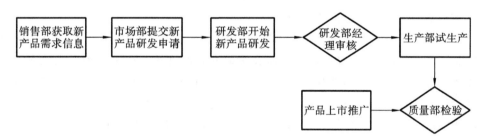

图 6-4 A公司原有新产品开发流程

四、A公司现有新产品开发流程存在的问题及分析

A公司原先实际运行的新产品开发流程存在很多问题,近年来的统计数据表明,公司前后研发了近40个系列化产品,但真正为公司创造比较丰厚利润的产品只有8个,其他产品不是产品本身质量有问题就是市场推广不顺利,没有达到预期的目标。从A公司原有新产品流程可见,原有流程主要存在缺乏市场调研、产品的概念产生缺乏筛选和评估、新产品开发过程中采购及财务人员没有起到应有的作用以及产品开发过程缺乏科学的技术评审等问题。

经过对A公司现有新产品开发现状及存在问题的详细分析与研究,发现在现有的产品研发过程中并没有规范的市场调研、技术调研、可行性分析等重要的分析评估内容和过程;新产品开发中的很多工作是由某一部门独立完成,部门之间缺乏充分的沟通和合作;新产品在开发过程中很多的决策过于简单,很多时候是由某个单一部门或个人来决定,决策的质量主要是靠个人的能力和经验甚至是靠运气来决定的,缺乏规范科学的阶段评审。想要解决这些问题,需要对现有的流程优化改造。

五、A 公司新产品开发管理过程优化

通过对各种新产品开发流程的调研,A 公司对原有的新产品开发过程进行了优化。优化后的新流程(见图 6-5)分为 5 个阶段(发现阶段、确立商业项目、开发、测试和验证、产品投放市场)和 5 个关口(构思筛选、进行开发、进行测试、准备上市、产品上市后的评审),每个阶段都包括一系列的相关活动,阶段任务完成后就进入相应的关口进行评审。确保好的产品得到充分的资源分配,不好的产品项目及时淘汰或调整。

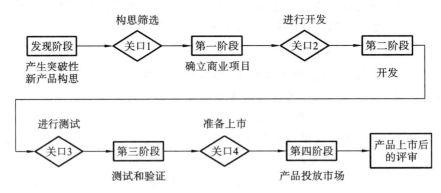

图 6-5　优化后的新产品开发过程

1. 发现阶段:新产品的构思

新产品的开发是从新产品构思开始的。构思不仅要具有技术可行性,其市场需求要和预期市场需求相匹配,而且构思还要与公司的新产品开发战略相匹配。有效的新产品构思的前提是你要有新产品开发战略。这对构思的识别非常重要,因为新产品战略规定了范围,有了这种规定使得寻求成功的产品构思更直接、有效,避免在构思过程中分散精力,浪费时间和资源。构思的形成方式一般有两种,一种是自下而上的,另一种是自上而下的。自下而上的构思一般是偶然的构思。自上而下的构思是经市场研究发现在某个领域有多种普遍存在的问题急需解决,这些问题最终形成一种产品开发路线。

关口 1:构思筛选。

仔细审查和挑选构思,找出那些值得投入时间和资源进行更深入研究的构思,这就是构思筛选的任务和目的。构思筛选是动态的,要有明确的选择标准,不能依赖于单一的静态的观点和标准,也不能由某一个人决定。一般的构思筛选的流程分为投票、挑选、组合等。

2. 第一阶段:确立商业项目

确立商业项目是新产品正式设计前最重要的一个阶段,其花费也是准备阶段最大的,当然也是最关键的一个阶段,同时也是最容易被忽略的一个阶段。

1) 客户需求愿望分析

分析客户需求愿望需要了解的信息。

(1) 客户的需求是否需要新产品或方案才能满足。
(2) 挖掘出客户没有得到满足的或没有明确说出来的需求。
(3) 了解客户在该新产品中的偏好。
(4) 了解赢得客户认可的准则和标准。
(5) 了解客户对当前产品满意及不满意的地方。
(6) 了解客户如何使用产品,以及在使用过程中遇到的问题和麻烦。
(7) 了解客户在使用当前产品时的成本费用。

2)竞争分析

实施竞争分析时主要关注以下问题。

(1) 市场上有哪些竞争者,你的产品将会取代谁的产品?
(2) 竞争对手的产品的主要优势和缺点是什么?
(3) 竞争对手的其他优势和弱势(如销售渠道、销售人员素质水平、售后服务、技术支持、广告和促销)。
(4) 竞争对手的竞争策略是什么(例如,低价策略、特殊的销售渠道、技巧高超的销售队伍还是大量的促销活动)?
(5) 竞争对手的市场份额是多少?
(6) 竞争对手的产量及产能如何?成本如何?利润如何?

3)市场评估

市场评估的主要内容如下。

(1) 市场的规模、增长性及发展趋势。
(2) 细分市场:细分市场的规模、增长性及发展趋势。
(3) 购买者行为:谁去买、何时买、在哪里买、如何买等。
(4) 竞争状况。
(5) 客户愿望列表:产品要求。

对客户需求分析、竞争分析、市场分析的结果进行整理,通过专业的分析,将信息转化为对新产品的要求。

4)技术评估

技术评估需明确以下问题。

(1) 满足产品要求的技术解决方案是什么?
(2) 这种解决方案是一项发明还是一项相当成熟的技术?
(3) 技术风险和困难是什么?
(4) 生产样品有哪些关键步骤?需要多少时间和资金?对人员有什么要求?
(5) 会不会有法律、专利、管理和安全问题?
(6) 产品可在你自己的工厂加工、制造、组装吗?需要添加新的设施、设备、生产人员吗?产量是多少,成本是多少?还是你需要找一个合格的外包供应商?

关口 2:进行开发。

进行开发是开发阶段前最后一个关口,是在全面开发前最后一个可以取消项目的控制点。一旦通过关口 2,就意味着产品的定义已经完成,巨大的花费即将开始。关口 2 仍

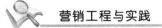

将使用关口 1 的评审准则对项目进行检查,另外,该关口的重要参考因素是财务分析结果。

3. 第二阶段:开发

经过前期的各项准备工作,产品的概念已经被清楚地定义出来了:目标市场明确、产品定位清晰、产品要求明确。开发阶段就是要通过各专业的努力将项目方案做成产品原型,将产品原型通过实验室进行各项性能测试,最后将产品原型交由客户进行现场实际的工况验证。

开发阶段的主要工作包括以下方面。

(1) 确定项目目标。

(2) 制定新产品开发项目计划。

(3) 工作分解结构。

(4) 设计责任矩阵。

(5) 工艺设计、结构设计等具体工作。

关口 3:进行测试。

关口 3 是评审和检查开发阶段的工作是否保质保量的按期完成,确保开发出来的产品和关口 2 中初始产品定义的产品相一致,包括最新的产品财务分析报告是否存在问题。另外,第三阶段的检测和验证计划将被批准和实施。

4. 第三阶段:检测和验证

产品的原形或样机在开发阶段被开发出来后,就进入了产品的检测和验证阶段。这里的检测和验证主要指整个产品的总体验证,包括实验室测试、客户现场测试、长周期测试、市场测试。由于化工行业的工况比较特殊,很难在实验室模拟,大部分化工产品都需要经过实验室测试及客户现场检测和验证。只有经受客户现场苛刻工况验证后,才能说明该产品是可靠的。产品通过客户现场测试后,只能说明产品的技术性能是符合开发要求的,但技术性能过关不代表产品就一定受市场青睐。因此,新产品需要进行市场测试,获取市场对新产品的反馈信息,可分为:实验室测试、客户现场测试和长期测试或试用。

经过实验室测试、客户现场测试、长期测试或试用,新产品取得了令人满意的结果,也进行了一些细微的修改。下一步要进行市场测试了。市场测试是产品正式上市前对新产品的一种销售方案测试。目的主要有两点:一是确定该新产品预期的销售前景。如果市场测试中新产品的销售表现与预期的相差过大的话,该新产品有可能会被淘汰,或者需要调整销售策略。二是测试该新产品的销售战略是否合适。主要要点包括:选择市场测试的行业或区域、市场测试活动实施、市场测试结果评价。

关口 4:准备上市。

准备上市是最后一个可取消该项目的决策点。该关口重点检测和验证前一阶段的质量和成果。该关口的评价准则主要是预期的财务收益。通过该关口后,市场启动计划和生产计划会得到审查和批准,从而开始第四阶段。

5. 第四阶段:新产品投放市场

对于任何一个新产品,无论其研发过程多么简单或复杂,最终产品都要接受市场的考验。只有市场接受了该产品,发生了持续的交换行为,企业获得了持续的利润,新产品

第六章 新产品决策

开发才是真正的成功。该阶段的工作内容和活动主要包括:市场营销计划、新产品批量生产、新产品投放市场后的售后服务。

产品上市后的评审。

在新产品上市 6~9 个月后,新产品开发项目应该停止了,并且解散项目团队,将新产品变成常规产品。这个时候需要对该新产品项目做一个总体的评审。将该项目的实际情况与项目计划做对比,总结项目的优点和不足之处,为下一个项目或后来的项目能够更好地做准备。这种回顾总结后,项目才算是正式结束。

案例思考:

(1)解析公司原有新产品开发程序存在的问题。

(2)比较分析公司优化前与优化后的新产品开发程序。

第一节　新产品开发过程

产品是营销组合中的因素之一。为了成功地开发和管理产品,营销人员必须在开发新产品和管理现有产品组合时制定一些重要的决策,在这里主要介绍新产品开发,它包括五个阶段,如图 6-6 所示。

第一阶段:识别机会阶段。人们提出各种创意,并明确阐述与所提出创意相关的市场机会。如果公司认定某一创意能吸引顾客,就会进入下一阶段。

第二阶段:(产品)设计阶段。公司通过赋予基本创意以形式、属性和意义,将创意转化成为特质实体或概念实体。在设计过程中,营销者要加深对这种产品细分市场的理解,探索在这些细分市场中定位该产品的其他方式,与研发人员合作确定产品应具有哪些属性才能在成本和产品性能间达到平衡,开发和评价产品原型、制定初步的营销计划,并为选定的产品设计方案进行销售预测。

第三阶段:(产品)测试阶段。营销人员要评估产品引入市场后能否被接受、能否实现营销计划中的公司利润目标和市场份额目标。测试情况还提供了信息,如对产品或营销计划进行什么改动能提高它的成功性。如果各种测试(如口味试验、广告文案测试、刺激购买测试等)都表明产品是成功的,公司就会将该产品引入市场中。

第四阶段:引入阶段。在产品引入市场时需要做很多决策,如生产和营销计划是否协调,对产品设计进行微调以适合大规模生产以及管理分销渠道等。此外,引入新产品还要对市场业绩进行持续监测以改进新产品的引入战略(如价格和广告文案等)。

第五阶段:产品生命周期管理阶段。如果企业成功地将新产品引入了市场,企业就必须开始管理产品生命周期,以尽力维持产品的增长与盈利能力。成功的产品会招来竞争对手,因此,企业还需要制定防御战略。成功的产品还会将企业的资源从其他产品上吸引过来,因此,企业必须对整个产品线运用产品业务组合管理战略,以确保整个产品组合的短期盈利能力和长期盈利能力。

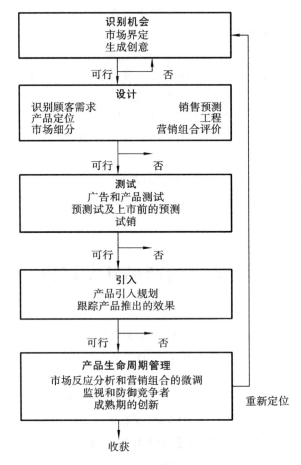

图 6-6 新产品开发过程的各阶段及决策图示

(资料来源：Urban & Hauser,1993,P38)

新产品开发和管理有较高的成本和风险,研究表明,运用规范的方法进行新产品开发会提高成功的概率。采用新产品开发中各阶段相关的全部活动的企业有 73% 取得了成功,而只从事部分活动的企业的成功率只有 29%。因此,采用科学的方法提高新产品管理过程的效率是企业营销者必须要关注的问题之一。营销工程可以为它提供理性的方法。

第二节　新产品开发模型

营销工程中,新产品决策模型主要包括用于识别市场机会的模型、新产品设计的模型和用于新产品预测与测试的模型。

一、识别市场机会的模型

用于识别市场机会的模型包括创意产生和评估创意。

1. 创意产生

新产品开发的创造性既要求运用发散性思维（横向思维），也要求运用集中性思维。人们用自由联想、协力创新法等发散思维方法可以产生大量创意，然后再通过集中思维对这些创意进行分类和挑选，确定哪些创意最有成功的希望。人与软件之间的相互作用和影响可以促进创造力，以下几个商业软件程序可以用来支持这种创造性阶段。

Mindlink 是一种实现协力创新过程的软件，支持结构化解决问题的思想和激发创造性思维的技术。用户先陈述问题（如提高手机电池的使用寿命），软件用"愿望触发器"（如希望手机能像仙人掌储存水分那样存储能量）和"创意触发器"（指实现这些愿望的想法，如遍布整个手机的电池）来鼓励发散性思维。该软件还用称为"备选方案触发器"的机制帮助用户评价各种创意，从中选出最能解决问题的创意。

其他用于创意生成的软件还有 IdeaFisher、Inspiration 等。IdeaFisher 软件鼓励发散性思维，并通过自由联想找出不同事物之间的隐性联系。它使用了两个关联的数据库：一个数据库里存储了交叉引用连起来的 65 000 个单词和词组；另一个数据库里是分门别类组织的 700 个问题。用户输入一个单词或词组时，软件就会搜索到与之相关的词或词组。例如，输入新产品这个词，软件就会搜索到像营销、想象力和研究试验等相关短语，而且这些词又会引出其他相关词语（如富有想象力的人或地点等）。这个过程可以反复进行。

Inspiration 软件提供了一个方便创意过程的视觉环境。用户可以从一个核心概念出发，借助图表、地图、符号和轮廓等视觉辅助物从核心概念联想开始，建立核心概念和其他相关概念之间的联系。

生成创意的软件包一般来说只能为评价创意提供最小的支持。还有其他决策模型也可用来评价创意对公司的潜在价值及引入市场的成功概率。

2. 评价创意

评价创意的方法主要采用层次分析法。层次分析法（AHP）是一种在一个业务组合中进行评价和分配资源的方法。尤其适用于在公司能为问题建立一个层次结构，却很难对各种方案的经济后果做出定量评估的情况。新产品开发时，它可根据使用者提供的标准和子标准确定几个新产品项目的优先级。管理者首先把评估新产品所依据的标准和子标准构造成一个层次结构，然后在此结构的每一层上对各种备选方案做出成对评价。软件可将该层次结构各层上的评价加以综合，得出一个分数，表明新产品创意的总体相对吸引力。层次分析法尤其适用于进行视觉敏感性分析，能帮助营销者了解某一标准的变化会在多大程度上改变每个备选方案的相对吸引力。

二、新产品设计的模型

用于新产品设计的方法主要有 BUNDOPT 模型和联合分析。BUNDOPT 模型适用于确定新产品的属性组合。比如设计汽车时,企业可将许多备选属性组合起来(如刹车控制、行李架、倒车雷达等),备选属性有 25 个,但大部分消费者不会愿意为超过 5 个甚至 10 个属性支付高价。考虑到每位消费者想要的产品属性可能各不相同,制造商必须决定产品应提供哪些属性才能保证汽车能吸引最多的消费者。BUNDOPT 模型利用来自潜在顾客的数据可以解决这个问题。此外,它还可用于确定哪些细分市场更偏爱哪些产品属性以及哪种属性组合适合哪个目标市场。

相比较而言,联合分析在新产品设计中运用得更为广泛,可用来对一组属性组合进行权衡和取舍,判定其是否合理,并确定一个能在市场上取得良好业绩的各个层次属性的有效组合。它适用于确定哪些属性应当加入新产品中,使产品能在已有竞争者的市场中取得更好业绩,也适用于确定哪些细分市场最可能认为某一产品属性组合最富有吸引力。本章以联合分析为主讨论营销工程中的新产品设计的模型。

三、新产品预测与测试的模型

新产品在上市之前要对销售情况和成功概率进行预测。一方面帮助企业将市场上可能遭受的风险降到最小;另一方面尽可能利用这种新产品的市场机会。

营销工程中,根据产品成功依赖于顾客对新产品的首次购买还是重复购买来对新产品预测进行分类。对可能要求消费者改变当前行为的非连续创新,重点是预测顾客的首次购买行为,而预测消费者的重复购买行为对频繁购买的产品更重要。消费者往往具备一些使用经验,可以用这些经验来评价新产品。企业要先在真正的市场上或模拟市场中测试新产品,从而预测销售情况。

大多数预测都要依赖于具体的市场营销计划。好的预测模型能提供诊断信息,帮助企业识别对新产品销售影响最大的可控变量(如价格、产品定位或广告等),指出如何改进原定的计划才有最好效果。本章第四节将重点讨论巴斯模型。

第三节 联合分析与新产品开发

一、联合分析概述

联合分析(Conjoint Analysis)是一种多元统计分析方法,也称为结合分析。它是

1964年由数理心理学家R. Luce和统计学家J. Tukey首先提出的。Luck和Tukey在当时研究过数学心理学,原始文件由大量的数学推导和对数理逻辑顺序的研究所产生。1971年由P. Green引入市场营销领域,成为描述消费者在多个属性的产品或服务中做出决策的一种重要方法。在过去的数十年里,联合分析的模型估计技术得到了快速发展,在学术研究和商业研究中的应用也越来越广泛。

在新产品研发阶段,需要解决以下几个问题。

(1) 了解产品各个功能属性中,每个功能属性的地位及其在消费者心目中的重要程度。

(2) 当各个属性出现矛盾时,消费者如何进行权衡和取舍。

(3) 根据消费者偏好的属性,开发设计出最受消费者欢迎的产品组合。

这几个问题在传统的市场营销研究方法只能根据经验做定性分析,很难给出准确的答案,但联合分析可以帮助我们了解消费者的内在价值体系,还可以帮助我们了解消费者为什么选取的是这种产品而非其他产品。

二、联合分析原理

联合分析是在已知消费者对某一产品整体评估结果的情况下,经过分解去估计其偏好结构的一种统计方法。其基本原理是,通过提供给消费者不同的属性组合产品,并请消费者根据自己的偏好,按其意愿给产品属性组合打分或排序,然后运用数量统计方法,对每一个属性水平赋值,使评价结果与消费者打分尽量保持一致,以此研究消费者的选择行为,从而寻找消费者可接受的某种产品的最佳属性组合。同时,可利用研究结果模拟市场,估计市场占用率和市场占用率变化。

在联合分析中,产品/服务被称为轮廓(Profiles),每一种轮廓是由描述该产品/服务重要特性的属性(Attributes)以及与每一个属性相对应的不同水平组合而成。其中,因变量是消费者对某一轮廓的整体偏好评价;自变量是组成轮廓的不同属性(因子)水平。为了达到研究目的,首先要估计不同属性水平的效用,再计算出属性的相对重要性和轮廓效用,以便定量测量消费者偏好,然后基于消费者的偏好采用最大效用模型、伯兰德雷—泰瑞—卢斯模型和Logit模型预测市场占用率。

三、联合分析步骤

联合分析一般包括三个阶段:第一阶段,设计研究方案;第二阶段,从目标市场的顾客样本那里获取数据;第三阶段,用这些数据建立模拟方案探索各种决策带来的影响(见表6-4)。

表 6-4 设计和执行联合分析的步骤

第一阶段	设计研究
第 1 步	确定研究对象的相关属性
第 2 步	确定每种属性的水平
第 3 步	确定要评价的产品属性组合
第二阶段	收集数据
第 1 步	设计数据收集方法
第 2 步	选择局部价值函数的计算方法
第三阶段	建立模型
第 1 步	按局部价值函数划分顾客
第 2 步	设计市场模拟方案
第 3 步	确定选择规则

1. 设计联合分析研究方案

1) 确定研究对象(产品)的相关属性

运用联合分析进行产品设计,首先要确定产品的相关属性。所确定的属性应该是影响消费者偏好的突出属性,且对市场较为重要。在实践中,营销者可以通过与管理和工业专家讨论、分析二手数据、作定性研究或试调查等方法识别和确定属性,其具体方法有:找出目标顾客中的某些重点顾客群体展开调查,如产业营销中可选择设计工程师;询问新产品开发小组正在考虑哪些产品特征和利益。实践证明,经验、管理直觉和定性研究是确定产品主要属性中必不可少的。一个典型的联合分析所包含的属性一般不超过 6 个(包含 6~7 个显著因素),属性过多会加重消费者的负担,降低模型预测的精确性;属性太少又会遗漏一些关键信息,从而严重降低模型的预测能力。

2) 确定每种属性的水平

属性与属性水平的个数将决定分析过程中要进行估计的参数个数,也将影响被调查者所要评价的组合个数(产品属性组合个数)。在选择属性水平的过程中,应牢记以下几个相互冲突的标准。

(1) 为提高研究(联合分析)的现实意义,所选的属性水平应与目前市场上现有产品观察到的属性水平范围相近,既要考虑最高的普遍水平,又要考虑最低的普遍水平。确定属性水平时,既要考虑市场的现实情况,又要考虑研究目的。如果采用的属性水平超出了市场的实际范围,会降低评价工作的可信程度,但会增加参数估计的精确程度。营销研究者必须在属性水平的选择中找到平衡点。

(2) 研究属性及其水平个数的多少。为减轻被调查者的负担,同时使参数估计保证一定的精度,需要限制属性水平的个数。一般而言,在研究中每项属性常有 2~5 个水平。

(3) 为避免对属性的权重出现偏重,应当确保每个属性具有同样多的属性水平。Wittink 等人在 1982 年的研究中曾指出,有些属性可能仅仅由于有较多的属性水平供顾客进行评价而显得更重要。因此,研究者应让各属性具有的属性水平相等,可以采用重新定义属性、合并属性或分解属性等方法。

3) 产品模拟——确定要评价的产品属性组合

联合分析研究中,全面考虑产品的所有属性与属性水平,并采用正交设计的方法将这些属性与属性水平进行组合,生成一系列虚拟产品。

联合分析的产品模拟主要有两种方法:配对法和全轮廓法。配对法又称为两项法,受访者每次都对每个属性对进行评价,直至所有的属性对全部评价完为止。全轮廓法,又叫多项法、多因子评价法。由全部属性的某个水平构成一个组合叫作一个轮廓。

在实际运用中,并不需要对所有组合产品进行评价,且在属性水平较多时实施难度也较大。因此,在配对法中,常用循环设计来减少组合数;在全轮廓法中,则采用正交设计等方法,以减少组合数,还能反映主效应。正交设计的前提是不包括属性间的交互效应,一般收集两组数据:用于计算属性水平的效用函数和用于检测估计可靠性与有效性的数据集。

营销工程中运用的是全轮廓法。在具体研究中,运用部分因子设计方案以减少顾客评价的产品数目。选择属性水平的正交组合来减少顾客必须评价的产品属性组合数目。

在某些情况下,正交设计方案会出现不现实的产品,即当顾客认为这项研究中所用的某些属性彼此相关,如汽车的马力(动力)和公里油耗一般呈负相关关系,但在正交设计方案中可能会得出某种假设产品,使高动力与高油耗里程集于一体。如果在正交组合中出现诸如这样的不现实产品,可以用以下几种方法进行补救:①将这些属性合并成一个新的属性,并为之确定一组新的属性水平范围;②可用产品属性的其他组合方式来替代不实际的产品(也许这些组合方式是随意生成的,但不会与保留下来的组合方式重复),虽然这种方法与正交性特点有矛盾之处,但如果在研究中只替换其中几个很少的产品属性组合(比如低于5%),是不会显著影响效用函数的估测;③可先用其他的正交组合,这种方法对专业性知识要求较高。

2. 收集数据

1) 设计数据收集方法

该方法是请目标市场中的部分消费者对虚拟产品进行评价,通过打分、排序等方法调查消费者对虚拟产品的喜好及购买的可能性,从而获取目标市场中某一顾客样本对象所选产品属性组合的评价数据。具体可以通过文字、图片或实物模型向顾客展示产品。其中,图片的优势是能使评价过程变得有意思,提高消费者的参与兴趣,而且对某些产品而言,图片要比文字描述更有优势。实物模型虽然是最为理想、最直观的方式,但其成本较高,因此在研究中并不经常采用。决定采用哪种展示方式后,可通过以下几种方法来收集顾客的评价数据。

(1) 对产品的属性组合进行成对比较评价。每次向受访者展示两种产品,要求受访者为这两种产品打分,比较一对产品很简单,但受访者往往被要求比较很多产品。例如,假设有16种产品属性组合,受访者就必须进行120次成对比较,该任务较重,影响评价的准确性。

(2) 为各种产品属性组合排序。即让受访者对所给产品进行排序,把最喜爱的列为第一名(按最喜爱到最不喜爱进行排序)。必要时,受访者可先将全部产品划分为几组价值相近的产品,然后在每一小组内部排序,最后再做整排序。

(3) 按一定尺度评价产品。运用这种方法是让受访者对每种产品进行评价(如按从0到100的尺度),数字越大,表明其偏好越强。受访者可以将一常数,比如100分,分配给所有产品。这种方法的前提是受访者有能力表示出他对某种产品的偏好比对其他产品的偏好强烈多少。此衡量指标的优势在于研究者可用包含哑变量的有序最小回归分析法(OLS)来计算局部价值函数。

2) 选择局部价值函数的计算方法

简化评价工作的方法有以下几种。

(1) 混合式联合模型。首先获得自解释的偏好数据,然后再将它与通过传统方法得到的缩减的数据集合。混合模型就是将两种方法结合起来:在自解释阶段,受访者按某种偏好尺度分别评价每个属性水平,然后再让其在各属性间分配一常数,如100,来反映每种属性的相对重要性。接着再将这些重要性的权数与每个发生水平的偏好得分相乘,即得到属性水平的初始局部价值。研究者可用每个受访者对一组较少产品属性组合做出的评价数据来增强这些自解释数据。最后要计算出每个顾客调整后的局部价值函数。

(2) 自适应式联合分析法。自适应联合分析法也是一种减轻受访者评价工作量的方法。首先用计算机程序以交互方式从受访者那里获得数据。受访者先按重要性为属性进行排序(一种简单的自解释),再用成对比较修正两个重要属性之间的对比结果。该程序选择要比较的各对产品属性组合,以保证顾客所反映的信息容量达到最大。

(3) 桥式设计法。这是一种用于处理众多产品属性的方法,用先进的设计方案,让顾客根据其中一部分产品属性和几个顾客共有的"桥式"属性来评价产品属性组合。该方法可将评价全部产品属性组合的负担分摊给若干个受访者。

3. 建立模型

1) 按局部价值函数划分顾客

即把有相似局部价值函数的顾客进行分组,从而完成市场细分。

2) 设计市场模拟方案

联合分析之所以广泛应用的一个原因就是,在研究中,一旦从有代表性的顾客样本处得到局部价值的估计值,就可以估计不同模拟市场条件下一种新产品获得成功的可能性。

3) 确定选择规则

为完成模拟设计,必须明确一种选择标准,以便将局部价值转换成顾客最可能选择的产品。常用的选择规则有以下三种。

(1) 效用最大化原则。

这一选择原则适用于参与度很高的购买活动,如汽车、电视机、设备以及其他不常购买的耐用品。按此原则,我们假设每位顾客都会从被选产品中选出效用最大的产品,将不同消费者选择每种产品的概率平均。在这里,我们是用选择该产品效用最高的顾客数量,除以研究中顾客的总人数,以此求出该产品预计会占的市场份额,公式为

$$m_j = \frac{\sum_{i=1}^{I} w_i P_{ij}}{\sum_{j=1}^{J}\sum_{i=1}^{I} w_i P_{ij}} \tag{6-1}$$

式中：I 为参与这项研究的顾客总数；J 为可供顾客挑选的产品数；m_j 为产品 j 的市场份额；w_i 为顾客 i 购买的相对数量，设所有顾客的平均购买量指数为 1；P_{ij} 为顾客 i 购买产品 j 的概率（或者说，顾客 i 在只能购买一次的情况下选择产品 j 的概率）。

（2）BTL 模型（效用份额原则）。

BTL 模型假设：某种产品对某顾客的效用越大，他选择这种产品的可能性就越大。这样，每种产品在顾客购买中所占的份额就与它在该顾客偏好中所占份额成比例。对产品集 J 中的产品 j 而言：

$$P_j = \frac{u_{ij}}{\sum_j u_{ij}} \tag{6-2}$$

式(6-2)中，u_{ij} 是顾客 i 对产品 j 的效用估计值。这样，计算出所有顾客的 P_{ij} 平均值，就能得出产品 j 所占的市场份额。这一原则适用于包装消费品等经常购买的参与度低的商品。

（3）Logit 模型（分对数选择原则）。

分对数模型中假设计算出的效用值是随机过程的平均实现值，因此，具有最大效用值的产品也将随机变化。于是，对产品集 J 中的产品 j 而言，该规则就给出了产品 j 取得最大效用值的次数所占比例为

$$P_{ij} = \frac{\mathrm{e}^{u_{ij}}}{\sum_j \mathrm{e}^{u_{ij}}} \tag{6-3}$$

这一规则与上面的效用份额规则类似，只是基本原理不同。效用份额规则假设效用函数基本上是准确的，但在将效用转化为具体的选择过程中，可能会受到随机因素的影响。

四、联合分析应用

1. 确定属性

通过讨论选出了消费者在考虑电脑包时最主要的三个属性来进行调研，分别是电脑包的价格、功能和颜色，同时给每个属性赋予了三个属性水平，如表 6-5 所示。

表 6-5 电脑属性水平

属　性	属　性　水　平		
价格/元	0～100	100～300	300 以上
功能	防水防震	轻便	容量大
颜色	冷色系	暖色系	多彩

利用 SPSS 软件中的 Orthogonal Design 正交设计，依次单击 Date、Orthogonal Design、Generate，打开 SPSS 正交设计框，将价格、功能和颜色 3 种属性输入框中，如图 6-7 所示。

然后，定义各属性的水平。单击价格属性，再单击"Define Values"按钮对其定义，分别对属性功能和颜色定义，选择 Date File 中的"Replace working date file"，如图 6-8 所示。

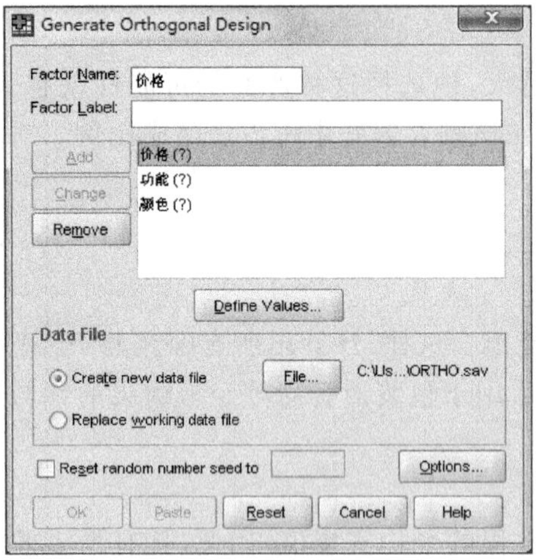

图 6-7　正交设计 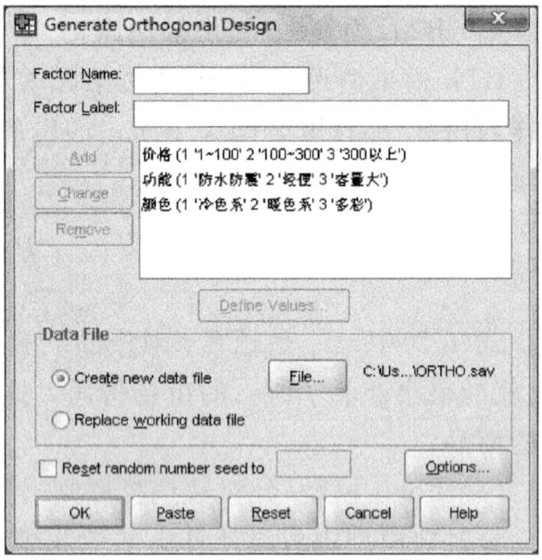　　　　　　　　图 6-8　定义属性水平

最后单击 OK 按钮，生成正交设计表，如图 6-9 所示。

	价格	功能	颜色	STATUS_	CARD_
1	3	3	1	0	1
2	1	2	3	0	2
3	3	1	3	0	3
4	1	3	2	0	4
5	2	3	3	0	5
6	3	2	2	0	6
7	2	2	1	0	7
8	2	1	2	0	8
9	1	1	1	0	9

图 6-9　正交设计表

通过正交设计，形成 9 种产品组合。将之保存为"电脑包产品正交设计.SAV"。

由此设计出调研问卷，本问卷主要样本为 20～35 岁的大学生和白领人群评分（见表 6-6）。

表 6-6　调研问卷

尊敬的顾客：

您好！非常感谢您参与我们的有关笔记本电脑包的调查问卷！请你对以下 9 组搭配进行评分。请按 1～9 打分，不能出现重复性的打分，谢谢！

第六章 新产品决策

续表

电话：		邮箱：		
产品组合	价格/元	功能	颜色	打分
1	>300	容量大	冷色系	
2	0～100	轻便	多彩	
3	>300	防水防震	多彩	
4	0～100	容量大	暖色系	
5	100～300	容量大	多彩	
6	>300	轻便	暖色系	
7	100～300	轻便	冷色系	
8	100～300	防水防震	暖色系	
9	0～100	防水防震	冷色系	

2. 收集数据

通过上述表 6-6 问卷的发放和回收处理,可以得到顾客对于设计出的 9 种组合的评分,再根据数据分析,有利于诸多相关变量指标的计算。

在得到消费者对每个产品的评价分数后,将其录入 SPSS,如图 6-10 所示,并保存为"电脑包产品组合数据.SAV"。

	IO.People	产品组合1	产品组合2	产品组合3	产品组合4	产品组合5	产品组合6	产品组合7	产品组合8	产品组合9
1	1	5	1	6	2	5	7	8	9	3
2	2	7	3	1	4	2	5	8	6	9
3	3	1	4	2	8	9	3	5	6	7
4	4	2	7	4	3	1	8	9	5	6
5	5	4	6	9	2	8	1	3	7	5
6	6	3	2	5	1	4	9	7	6	8
7	7	6	5	3	7	8	2	4	1	9
8	8	8	7	5	3	6	4	9	2	1
9	9	2	6	9	1	3	5	4	8	7
10	10	2	7	8	9	3	6	5	4	1
11	11	5	9	8	7	4	3	6	2	1
12	12	5	8	1	4	6	3	2	7	9
13	13	6	1	4	3	9	2	5	7	8
14	14	7	9	5	6	1	8	2	3	4
15	15	7	6	4	9	3	1	8	2	5
16	16	5	9	1	2	6	4	7	3	8
17	17	1	2	9	5	7	3	4	8	6
18	18	2	9	1	8	7	4	3	5	3
19	19	8	1	3	9	2	5	4	6	7
20	20	8	3	5	2	9	6	4	1	7
21	21	6	7	1	4	9	3	8	5	2
22	22	7	9	2	3	5	8	1	6	8
23	23	3	6	4	7	9	1	2	6	5

图 6-10 消费者对每个产品组合的分数

然后进行联合分析,由于 SPSS 没有命令式功能模块,可以通过程序语句模块进行,依次单击 File、New、Syntax,打开程序语言输入窗口,输入联合分析语句,如图 6-11 所示。

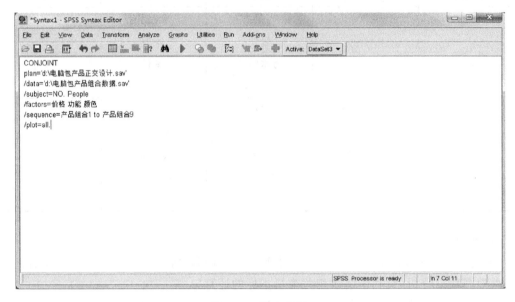

图 6-11 联合分析

表 6-7 所示的是各属性水平效应分析结果,受访者的喜好程度越高,则其效用值越高。表 6-8 反映了各属性的重要程度,可以看到:对电脑包而言,功能占据第一位,颜色第二,价格次之。

表 6-7 效应分析结果表

项 目		效 用 值	标 准 误 差
价格	0~100	−0.012	0.197
	100~300	−0.055	0.197
	300 以上	−0.067	0.197
功能	防水防震	−0.182	0.197
	轻便	0.115	0.197
	容量大	0.067	0.197
颜色	冷色系	0.022	0.197
	暖色系	0.178	0.197
	多彩	−0.200	0.197
(常数)		5.007	0.139

表 6-8 重要性值

价格	32.602
功能	34.394
颜色	33.004

注：平均重要性得分。

同时我们得到了每位消费者对 9 个组合的效用评分，利用该评分，我们采用了三种方法计算每个组合的市场占有率。

3. 建立模型

1）按局部价值函数划分顾客

即把有相似局部价值函数的顾客分组，从而完成市场细分。

2）设计市场模拟方案

联合分析之所以广泛应用的一个原因就是，在研究中，一旦从有代表性的顾客样本处得到局部价值的估计值，就可以估计不同模拟市场条件下一种新产品获得成功的可能性。

3）确定选择规则

为完成模拟设计，必须明确一种选择标准，以便将局部价值转换成顾客最可能选择的产品。常用的选择规则有以下三种。

（1）效用最大原则。

按此原则，我们假设每位顾客都会从被选产品中选择出效应最大的产品。参见式(6-1)，根据效用得分，选出每一位顾客效用得分最高的产品组合，作为该顾客的选择，然后统计每个产品组合能得到多少个顾客青睐，再除以总数得到市场占有率（见表6-9）。

表 6-9 产品组合市场占有率（方法一）

方法一	顾客120	顾客121	顾客122	顾客123	顾客124	顾客125	顾客126	不合格数	被选择个数	市场占有率
产品组合1	8.33	4.33	4.67	7.33	2.67	4.33	7.33		15	13.40%
产品组合2	6.33	3.33	3.67	4.33	3.67	3.33	4.33		10	8.90%
产品组合3	6.00	4.00	2.67	2.67	6.33	4.00	2.67		5	4.50%
产品组合4	4.00	8.00	7.67	6.67	7.33	8.00	6.67		17	15.20%
产品组合5	3.67	3.67	3.67	7.00	8.00	3.67	7.00		7	6.30%
产品组合6	2.67	6.67	6.67	6.00	2.00	6.67	6.00		15	13.40%
产品组合7	5.00	3.00	4.67	5.67	1.33	3.00	5.67		11	9.80%
产品组合8	0.33	7.33	6.67	3.33	8.67	7.33	3.33		14	12.50%
产品组合9	8.67	4.67	4.67	2.00	5.00	4.67	2.00		18	16.10%
合计								14	112	100.00%

126组数据中，有14组数据的最大效用得分出现了2个以上的产品组合，考虑到市

场总容量为1,剔除该14名顾客的数据再进行分析。

使用该方法,我们所得到的9个产品组合市场占有率如图6-12所示。

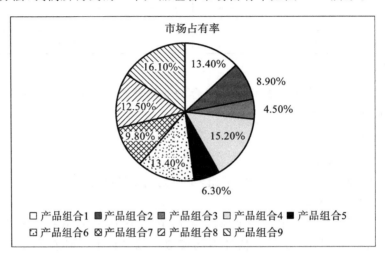

图6-12 产品组合市场占有率(方法一)

(2) 效用份额原则。

参见式(6-2),计算出每个产品组合效用得分,比较9个产品组合的效用得分,得到市场占有率(见表6-10)。

表6-10 产品组合市场占用率(方法二)

方法二	顾客120	顾客121	顾客122	顾客123	顾客124	顾客125	顾客126	效用和	市场占有率
产品组合1	8.33	4.33	4.67	7.33	2.67	4.33	7.33	650.55	11.50%
产品组合2	6.33	3.33	3.67	4.33	3.67	3.33	4.33	618.55	10.90%
产品组合3	6.00	4.00	2.67	2.67	6.33	4.00	2.67	591.22	10.40%
产品组合4	4.00	8.00	7.67	6.67	7.33	8.00	6.67	660.22	11.60%
产品组合5	3.67	3.67	3.67	7.00	8.00	3.67	7.00	607.28	10.70%
产品组合6	2.67	6.67	6.67	6.00	2.00	6.67	6.00	676.28	11.90%
产品组合7	5.00	3.00	4.67	5.67	1.33	3.00	5.67	641.22	11.30%
产品组合8	0.33	7.33	6.67	3.33	8.67	7.33	3.33	623.55	11.00%
产品组合9	8.67	4.67	4.67	2.00	5.00	4.67	2.00	609.28	10.70%
合计								5678.15	100.00%

使用该方法,我们所得到的9个产品组合市场占有率如图6-13所示。

(3) 分对数选择原则。

参见式(6-3),所得市场占用率如表6-11所示。对所有的顾客效用得分进行函数$Y=EXP(X)$运行,得到新的效用得分,然后按照方法二计算市场占有率。

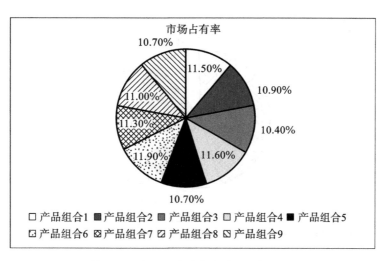

图 6-13　产品组合市场占有率(方法二)

表 6-11　产品组合市场占用率(方法三)

方法三	顾客 120	顾客 121	顾客 122	顾客 123	顾客 124	顾客 125	顾客 126	效用和	市场占有率
产品组合 1	4146.418	75.94429	106.6977	1525.382	14.43997	75.94429	1525.382	126232.9	10.26%
产品组合 2	561.1566	27.93834	39.25191	75.94429	39.25191	27.93834	75.94429	106494	8.66%
产品组合 3	403.4288	54.59815	14.43997	14.43997	561.1566	54.59815	14.43997	72731.88	5.91%
产品组合 4	54.59815	2980.958	2143.081	788.3956	1525.382	2980.958	788.3956	122372.9	9.95%
产品组合 5	39.25191	39.25191	39.25191	1096.633	2980.958	39.25191	1096.633	88791.23	7.22%
产品组合 6	14.43997	788.3956	788.3956	403.4288	7.389056	788.3956	403.4288	161562.5	13.14%
产品组合 7	113.4182	20.08554	106.6977	290.0345	3.781043	20.08554	290.0345	188340.5	15.31%
产品组合 8	1.390968	1525.382	788.3956	27.93834	5825.499	1525.382	27.93834	180484.8	14.68%
产品组合 9	5325.699	106.6977	106.6977	7.389056	148.4132	106.6977	7.389056	182861.3	14.87%
合计								1229872	100.00%

使用该方法,我们所得到 9 个产品组合市场占有率如图 6-14 所示。

"顾客选择规则"的选定主要基于三种规则前提下所预计市场份额与实际市场份额的吻合程度。

通过以上笔记本电脑包的案例分析,可以更加明确联合分析的运用步骤。同时关于过程中所涉及的多样化方法的选择可按照实际情况,选择最适合的方法进行应用。

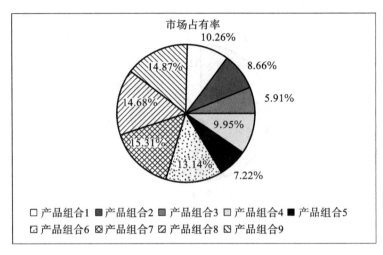

图 6-14 产品组合市场占有率(方法三)

第四节 新产品市场需求预测模型

一、巴斯模型概述

巴斯模型是巴斯扩散模型的简称,由美国管理心理学家弗兰克·巴斯(Frank M. Bass)提出。该模型主要是创新产品、技术在市场上的采用和扩散(发展)情况,并对其需求做出预测。

在市场营销中,巴斯模型的主要功能是对新开发的消费者耐用品的市场购买数量进行描述和预测。

营销中运用巴斯模型预测首次购买的情况已有很长的历史。巴斯模型最适合预测一种目前市场上未出现竞争者的创新产品的销售。在向新技术或重大产品创新投入大量资源前,管理者必须对其销售额进行预测。

巴斯模型为预测新技术或新耐用品的长期销售模式提供了良好的起点,但必须具备以下两个条件:①企业已引入了该产品或技术,并已观察到它几个时期的销售情况;②企业尚未引入该产品或技术,但该产品或技术在某些方面同已有一些销售历史的某种现有产品或技术很相似。巴斯模型的目的是预测出最终有多少顾客会采用这种新产品以及何时采用。其中,何时采用的问题至关重要,因为这个问题的答案将引导企业在该新产品的市场营销中正确地配置资源。

二、基本巴斯模型及应用

1. 巴斯模型的理论基础

巴斯模型基于新产品采用和扩散理论(新产品创新扩散理论)。创新扩散理论又称为多步创新流动理论、创新采用曲线,是美国学者埃弗雷特·罗杰斯(E. M. Rogers)经过3000多个创新案例而提出的。罗杰斯认为创新是"一种被个人或其他采纳单位视为新颖的观念、事件或事物"。创新扩散理论是对创新采用的各类人群进行研究归类的一种模型,它的理论指导思想是,在创新面前,一部分人会比另一部分人思想更开放、更愿意采纳创新。新产品市场扩散是指新产品从创造研制到进入市场推广、最终使用的过程,表现为广大消费者从知晓、兴趣、评估、试用到最终采用新产品的行为。

罗杰斯认为,在新产品的市场扩散过程中,由于社会地位、消费心理、消费观念、个人性格等多个因素的影响,导致不同顾客对新产品接受的快慢程度不同。

2. 巴斯模型的假设

Bass 模型以产品创新扩散理论为基础,最初是对耐用品的市场扩散进行研究。模型中最基本的假设可以概括为以下几点。

(1) 将消费者分为两类:创新消费者和模仿消费者。新产品的潜在采用者会受到大众媒体的影响,又称为外部影响,此类的采用者称为创新消费者;潜在采用者会受到口头传播的影响,又称为内部影响,此类的采用者称为模仿消费者。其中,创新消费者的购买行业不受之前消费者数量的影响,而模仿消费者的购买行为受之前消费者的影响。

(2) Bass 模型中有三个参数:创新消费者的购买行为对应着创新因子 p,模仿消费者的购买行为对应着模仿因子 q,以及整个生命周期产品的潜在销量 $\overline{N}$。

(3) 在之前没有采用过该创新产品的情况下,发生初次购买行为的可能性与之前的购买者的数量呈线性关系。

3. 巴斯模型的技术描述(或推导过程)

目标市场中的某个顾客在时点 t 之前会采用某一创新产品的概率由一个非递减连续函数 $F(t)$ 给出,其值会随着时间 t 的推移越来越大,并趋近1(目标市场上任一顾客最终采用这种创新产品)。函数 $F(t)$ 的层数是概率密度函数 $f(t)$,表示采用新产品的概率随时间 t 变化的速度。为估计未知的函数 $F(t)$,规定条件概率 $f(t)$ 表示某个顾客在创新产品引入市场后的时点 t 采用它的概率,条件是在该时点 t 之前顾客一直未采用此产品。

根据贝叶斯定律及上面对 $F(t)$ 和 $f(t)$ 的定义,可得

$$L(t) = \frac{f(t)}{1-F(t)} \tag{6-4}$$

1969年,巴斯建议将 $L(t)$ 定义为

$$L(t) = p + \frac{q}{N}N(t) \tag{6-5}$$

式中：$N(t)$ 为时点 t 之前已经采用了该创新产品的顾客数；$\overline{N}$ 为最终采用这种创新产品的目标市场上顾客的总数；p 为创新系数（或外部影响系数），即尚未使用该产品的人，受到大众媒体或其他外部因素的影响，开始使用该产品的可能性；q 为模仿系数（或内部影响系数），即尚未使用该产品的人，受到使用者的口碑影响，开始使用该产品的可能性。

该方程说明了目标市场上某个顾客刚好在时点 t 采用该创新产品的概率是两个概率之和。式(6-5)中，等号右边的 p 表示采用该创新产品的固定倾向，这种倾向与时点 t 之前已经有多少其他顾客采用该产品无关；等号右边的 $\frac{q}{N}N(t)$ 与时点 t 之前已经采用该创新产品的顾客人数成正比，它还表示创新消费者与模仿消费者之间相互影响的程度。

令两个方程相等，就可得到用来表示巴斯模型原理的初始数学公式（Bass model original formulation）为

$$\frac{f(t)}{1-F(t)} = p + \frac{q}{N}N(t) \tag{6-6}$$

我们注意到，$N(t) = \overline{N}F(t)$，表示在 $(0, t)$ 时间段内该创新产品采纳者的数目，即在时点 t 之前已经采用了该创新产品的顾客数；定义 $n(t)$ 为时点 t 采用该创新产品的顾客数，$n(t) = \overline{N}f(t)$。经代数运算：

$$\frac{f(t)}{1-F(t)} = p + \frac{q}{N}N(t) \Rightarrow f(t) = \left[p + \frac{q}{N}N(t)\right][1-F(t)],$$

$$n(t) = \overline{N}f(t) = \overline{N}\left[p + \frac{q}{N}N(t)\right][1-F(t)] = p\overline{N} - p\overline{N}F(t) + qN(t) - qN(t)F(t)$$

$$= p\overline{N} - pN(t) + qN(t) - qN(t)\frac{N(t)}{\overline{N}}$$

最终得到方程：

$$n(t) = p\overline{N} + (q-p)N(t) - \frac{q}{\overline{N}}[N(t)]^2 \tag{6-7}$$

该方程即为巴斯模型的数学公式，可用来预测创新产品在时点 t 的销售量。是由巴斯、克里斯南和杰恩（Bass, Krishnan & Jain）在理论、技术及假设的基础上，于1994年提出的预测销售量的一个基本模型。

根据上述方程，只要计算出 $\overline{N}$、p 及 q，便可绘出新产品的销售预计曲线。可根据 p、q 的大小去推测该产品的营销策略。如果 $q > p$，则模仿效应大于创新效应，即表示内部影响系数高（如口碑是该产品市场渗透的重要因素），且 $n(t)$ 对于时间 t 的图像呈倒置的 U 形。反之，如果 $q < p$，则创新效应大于模仿效应，即表示外部影响系数高（如广告是该产品市场渗透的重要因素），最高销售额将出现在引入期，以后的每一个阶段里销售额将持续下降。不仅如此，p 值越小，创新产品实现销售额增长所需时间就越长。如果 p 和 q 都较大，则销售额会迅速上升，到最大值后又将迅速下降。通过改变 p 及 q 的值，可以很好地捕捉到各种销售模式。

4. 巴斯模型中估计参数的方法

在巴斯模型中，估计参数的方法有两种：以历史销售数据为依据校准模型；以主观判断为依据校准模型。

第六章 新产品决策

1) 以历史销售数据为依据校准模型

在已知新产品有几期销售数据的情况下,可利用线性或非线性回归法,得到参数。

线性回归:用离散时间段替换连续时间 t 可使式(6-7)离散化,其中 t 表示当前时期;$t+1$ 表示下一个时期,依次类推,利用已知销售数据建立线性回归方程。据此可运用最小二乘法来估计线性方程中的参数(a、b、c)。

$$n(t) = a + bN(t-1) + cN^2(t-1) \tag{6-8}$$

式中:$n(t)$ 为在第 t 个时期内的销售额;$N(t)$ 为到第 t 个时期为止的累积销售额。

于是可计算巴斯模型的参数:

$$a = p\overline{N} \Rightarrow p = \frac{a}{\overline{N}}, b = q - p, c = \frac{-q}{\overline{N}} \Rightarrow q = -c\overline{N},$$

$$b = q - p = -c\overline{N} - \frac{a}{\overline{N}} \Rightarrow b\overline{N} = -c\overline{N}^2 - a \Rightarrow c\overline{N}^2 + b\overline{N} + a = 0 \Rightarrow \overline{N} = \frac{-b - \sqrt{b^2 - 4ac}}{2c}$$

要估计 a、b 和 c 三个未知参数,至少要有三期的销售数据。为了与模型的意义一致,令 $\overline{N} > 0, b \geqslant 0, c < 0$。

非线性回归:同样将方程 $f(t) = \left[p + \frac{q}{N}N(t)\right][1 - F(t)]$ 离散化,得到

$$f(t) = \left[p + \frac{q}{N}N(t-1)\right][1 - F(t-1)],$$

再在方程两边同时乘以 $\overline{N}$,可得到

$$\overline{N}f(t) = n(t) = \left[p + \frac{q}{N}N(t-1)\right][\overline{N} - N(t-1)] \tag{6-9}$$

若有至少 4 个 $N(t)$ 的观察值,就可以用非线性回归法来选择参数值($\overline{N}$、p、q),从而使方差和最小。该方法的一个重要优势在于,用户无须知道新产品何时投入市场,只需要知道该产品在预期内的累计销售额。

2) 以主观判断为依据校准模型——利用相似产品进行类比

如果没有新产品的历史销售数据,在新产品第一次进入市场之前,运用巴斯模型对未来销售进行预测,可以利用与所研究产品的市场上相似产品的相关数据来估计参数。实践证明这种方法非常有用,其优点在于,营销研究者不是直接猜测新产品的销售额,而是猜测要向一个相当成熟的模型输入什么数据。该模型会提供一种结构,在生成预测时将这些输入结合进去。

具体步骤:首先从市场上现在或过去的产品中找出与目前所研究产品相似的产品;其次用这些类似产品的历史销售数据建立回归方程,再将 p 和 q 的值与估计出的(或管理者判断提出的)所研究新产品的市场潜量 $\overline{N}$ 相结合,即可建立巴斯模型,从而预测新产品未来的销售曲线。

其中,在选择相似产品时必须谨慎,因为相似产品的选择是否合适在很大程度上影响了新产品预测的精准性。选择的产品与所研究新产品(研究对象)的相似点最好从具有类似的预期市场行为中选取。这种相似点比产品本身技术所具有的相似点要好,即最好选择在市场行为上的类似点,而非技术或制造工艺上的类似点。托马斯(Thomas)在

1985年提出,选择相似产品时应遵循五个依据:环境氛围(如社会经济环境和法律环境)、市场结构(如进入壁垒、竞争者数量与类型)、购买者行为(购买情形、产品属性)、本企业营销组合战略和新产品的特点(如新产品相对于现有产品的优势和产品复杂程度)。如果有必要,可以考虑若干个相似产品,再取这些相似产品 p 值和 q 值的(加权)平均值。

5. 巴斯模型的运用

巴斯模型为预测新技术或新耐用品在某一市场的长期销售模式提供了良好的起点,但在运用中,研究情境必须满足以下两个条件之一。

(1)企业已引入该产品或该技术,并已观察到其几个时期的销售情况。

(2)企业尚未引入该产品或该技术,但该产品或该技术在某些方面与市场上既有的产品或技术很相似。

巴斯模型的目的是预测出最终有多少顾客会采用这种新产品及何时采用。

其中,"何时"对于企业在战略规划中做出正确选择至关重要,将引导企业在新产品的营销中合理地配置资源。

6. 基本巴斯模型的扩展

巴斯模型有几个关键的假设条件。马哈简、马勒和巴斯(Mahajan,Muller & Bass)在1993年提出一些更复杂的模型可以放宽这些假设条件,但应用最广泛的仍是基本模型。巴斯模型最重要的假设条件及其可能的扩展如下。

1)市场潜量($\overline{N}$)保持恒定

在现实中,市场潜量有可能会因为营销内外部环境的某些因素而发生变化,如价格下降、技术性能的不确定性等,以及如经济、政策等因素引起的目标市场增长。因此,如果将模型中市场潜量定义为相关因素的函数,则对于市场潜量的假设条件可以放宽。

2)新产品的采用过程不受其营销策略的影响

实际上,对于现实市场来说,营销变量(尤其是价格、广告和促销)对新产品采用过程是有影响的。可以通过马斯模型加参数放宽这项假设(见广义巴斯模型)。

3)消费者决策是二元的

目前模型中,对消费者在任一时刻的假设是买或不买的二元行为。实际上消费者的决策过程往往是多阶段的,即消费者依次经过"知晓——兴趣——采用——口碑"等几个阶段。因此在今后的实践中,可以加入多阶段决策过程的模型,可适当放宽这项假设。

4)q(模仿系数)值在新产品的整个生命周期里固定不变

事实上,顾客之间的相互影响依赖于采用时间,在生命周期的早期和晚期相对强一些。如果模型中含有随时间变化的模仿参数,这个条件就可以放宽。

5)模仿常具有积极作用

即模型只考虑了创新采用者与非创新采用者之间的有利于创新的相互影响。事实上,模仿也会产生消极作用。有几种模型考虑了口碑的积极作用也考虑了其消极作用。如果口碑可能产生积极效果,明智之举是逐渐增加营销支出;如果口碑可能产生消极后果,则最好在产生这种消极后果之前迅速展开广告攻势以获得大量销售额。

6) 创新产品的销售不受其他创新是否被采用的影响

事实上,许多创新都要依赖于其相关产品被采用才能取得成功,如多媒体软件的购买取决于功能更加强大的个人电脑;互联网与电子商务这样的创新技术则相互补充,在预测销售时需将两者结合。有多种模型可用来预测受其他产品采用情况影响的创新产品的销售。

7) 该创新产品不存在重复购买或替代购买

有几种巴斯模型的扩展模型既能预测首次购买者的购买,也可以预测重复购买者的购买。

7. 巴斯模型的局限

尽管基本巴斯模型及扩展模型已得到广泛应用,但仍然存在着某些局限。

第一个也是最重要的一个局限在于,这些模型主要用来描述新产品是怎样成功地在市场上得到扩散的,而不是严格意义上的预测。因为我们只把那些取得了成功的创新产品当作类比要用的相似产品,由此运用巴斯模型预测到的新产品的销售都是非常乐观的。这种预测结果将使营销者已有的偏见更加根深蒂固,因为他们都愿意为创新产品做出乐观的预测。要克服这种偏见,就必须预测产品失败的可能性。但是几乎没有什么模型可用于失败的新产品的销售信息。

第二个局限在于,我们在观察一些实际销售情况后才能很好地利用这些数据设计巴斯模型。然而到这时,企业已经做出了关键性的投资决策。虽然用相似产品预测可以将新产品引入市场前帮助公司,但要挑选一种合适的相似产品至关重要,而且还必须谨慎地判断。

8. 广义巴斯模型

以上所讨论的基本巴斯模型未考虑市场的动态变化因素,都是假设新产品在采用过程中不受其营销策略的影响。但在实际情况下,企业可以通过采取营销活动推动消费者采用新产品的速度,包括价格、广告等。

广义巴斯模型就是在基本巴斯模型的基础上加入了营销变量(主要是广告与价格变化因素)。此外,广义巴斯模型还允许市场潜量以一定的速度增长或将其定义为价格因素的函数。

巴斯、克里斯南和杰恩(Bass, Krishnan & Jain)在1994年提出了方程 $f(t) = \left[p + \frac{q}{N} N(t) \right] [1-F]$ 的一种通用形式,这种形式结合了营销组合各变量对新产品采用可能性的影响。

$$f(t) = \left[p + \frac{q}{N} N(t) \right] [1-F] x(t) \qquad (6-10)$$

式(6-10)即为广义巴斯模型的基本公式。这里 $x(t)$ 是营销组合变量(如广告和价格)关于时点 t 的函数,其形式如下:

$$x(t) = 1 + \alpha \frac{[p(t)-p(t-1)]}{p(t-1)} + \beta \max\left\{0, \frac{[A(t)-A(t-1)]}{A(t-1)}\right\} \qquad (6-11)$$

式中:α 为价格下降1%时,市场接受速度增加的百分比(价格系数);$p(t)$ 为在时点 t 的价格；β 为广告增加 1% 时，市场接受速度增加的百分比（广告系数）；$A(t)$ 为在时点 t 的广告投入。

式 (6-10) 意味着，企业可以通过加强市场营销努力来提高新产品被采用的可能性，即营销努力能加快新产品在人群中的扩散。在模型的实施过程中，我们用基数为 1 的营销努力基本水平来衡量营销努力；如果时点 t 的广告是基本水平的两倍，$x(t)$ 就等于 2.0。

广义巴斯模型的参数估计（p、q 和 $\overline{N}$ 值的估计）可运用基本巴斯模型中所讲的任何一种方法，但广告系数和定价系数的最佳推测值需由营销者自己确定。

三、巴斯模型应用

1. 模型的建立

××公司的"免水小便斗"属于一种创新技术产品，且企业已观察到其几个时期的销售情况，故它已具备了运用巴斯模型进行未来市场销售预测的条件。为该产品建立如下巴斯模型方程：

$$n(t) = p\overline{N} + (q-p)N(t) - \frac{q}{\overline{N}}[N(t)]^2 \qquad (6-12)$$

式中：$n(t)$ 为××公司在未来第 t 年的销售量，也就是我们要预测的数值；$N(t)$ 为××公司在第 t 年之前的销售量的总和；$\overline{N}$ 为××公司"免水小便斗"在华东地区的未来市场总量；p 为创新系数；q 为模仿系数。

2. 模型参数的估计

P、Q 值的估计：该案例利用公司已有的历史销售数据来推算 P 和 Q 的值。表 6-12 所示的为"免水小便斗"在 2004—2009 年度华东区的销售数据。

表 6-12　FACLON"免水小便斗"在 2004—2009 年度华东区的销售统计

年度	商场超市展馆	学校政府部门	餐饮娱乐场所	运动场馆	机场	旅游景点	公司企业	公共厕所	总量
2004	34	25	48	67	45	59	67	40	385
2005	42	30	55	75	49	66	75	45	437
2006	53	33	64	91	60	71	93	56	521
2007	64	42	80	109	78	89	106	69	637
2008	81	57	96	125	96	129	132	87	803
2009	102	78	139	161	126	157	162	115	1040

$\overline{N}$ 值的估计：像小便斗这样的产品，其目标客户为组织消费者而非个体消费者，其需求总量只与某区域的人口总量有关系。因此，我们可以根据华东地区的总人口数来科学合理地估计出公司"免水小便斗"在华东地区的未来市场销售总量。据科学统计：男性平均 3.5 小时小便一次，一天 24 小时，正常的工作时间为 8 个小时是在外的。考虑到休息日，综合而言，我们假定一个男人平均有 6 小时可能需要用到公共小便斗，每次平均 2 分

钟,那么一个男性每天占用公共小便的时间为:(6/3.5)×2＝3.43(分钟)。也就是说,一个男人,每天大约需要3.42分钟使用公共小便斗。华东地区人口总数约为3.5亿,按男女各半来算,男性约1.75亿,去掉各占两成的老人和小孩子(不需要用到公厕的人),剩下约为1.05亿有效人数。一个公共男用小便斗每天的有效利用时间约为18小时,即1080分钟,那么华东地区共需要小便斗的数量为105000000×3.43/1080＝333472。因××公司产品为一种替代型产品,非升级型或开创型产品,整个市场不可能被公司全部占有。最终形成的市场格局应该是:传统冲水小便斗、其他环保小便斗、免水小便斗各占一部分市场份额。××公司的市场总量应该是免水小便斗这块。这块的市场总量估计只是整个市场的10%,为333472×0.1＝33347.2,向上取整为38000,即××公司免水小便斗在华东地区的未来销售问题估计值为38000。

3. 模型的运行

用 Excel 运算巴斯模型。

1) 根据历史数据估算出 p 和 q 的值

(1) 在 Excel 中输入数据,如图 6-15 所示。

图 6-15 输入数据

(2) 在 B3、B4 中任意输入 P、Q 的值(例如,B3＝0.03,B4＝0.3)。

(3) 在 C8、D8 和 E8 中分别输入 0。

(4) 在 C9 中输入公式"＝\$B\$3*\$B\$5+(\$B\$4−\$B\$3)*D8−\$B\$4*(D8^2)/\$B\$5"。

在 C10 中输入公式"＝\$B\$3*\$B\$5+(\$B\$4−\$B\$3)*D9−\$B\$4*(D9^2)/\$B\$5"。

在 D9 中输入公式"＝D8+B9"。

在 E9 中输入公式"＝E8+C9"。

(5) 选中 C9、C10 并下拉,再分别选中 D9、E9 并下拉,即可得出下面的预测数据和累计数据(即(2)中任意 P、Q 值得出的预测数据)。计算结果如图 6-16 所示。

(6) 在 F9 中输入公式"＝(C9−B9)^2",并下拉到 F14。

	A	B	C	D	E	F
1	Bass Model					
2						
3	P	0.03				
4	Q	0.3				
5	N	38000				
6	Sales Period	Adoptions/period (Past Data)	Adoptions/period (Model)	Cumulated Adoptions (Past Data)	Cumulated Adoptions (Model)	(C-B)^2
8	0	0	0	0	0	
9	1	385	1140	385	1140	
10	2	437	1242.779803	822	2382.779803	
11	3	521	1356.605653	1343	3739.385455	
12	4	637	1488.370666	1980	5227.756121	
13	5	803	1643.649474	2783	6871.405595	
14	6	1040	1830.264561	3823	8701.670155	
15	7					
16	8					
17	9					
18	10					

图 6-16 计算结果

(7) 在 F15 中求和(F9:F14)。

(8) 对 F15 进行离差平方和最小的规划求解，即可得出 P、Q 值，操作步骤如图 6-17 所示。

依次选择"工具"、"规划求解"，出现如图 6-17 所示的提示框，选定目标单元格，可变单元格，约束条件。

图 6-17 规划求解

依次单击求解、确定，结果如图 6-18 所示。

至此，得出 P、Q 的估计值分别为 0.008995398 和 0.264921516。

2) 已知 P、Q 的值，计算预测数据

(1) 在 Excel 中输入数据，如图 6-19 所示。

(2) 在 C9 中输入公式"= \$B\$3 * \$B\$5+(\$B\$4－\$B\$3) * D8－\$B\$4 *

第六章 新产品决策

	A	B	C	D	E	F
1	Bass Model					
2						
3	P	0.008995398				
4	Q	0.264921516				
5	N	38000				
6	Sales Period	Adoptions/period	Adoptions/period	Cumulated Adoptions	Cumulated Adoptions	(C-B)^2
7		(Past Data)	(Model)	(Past Data)	(Model)	
8	0	0	0	0	0	
9	1	385	341.825124	385	341.825124	1864.069918
10	2	437	439.3233112	822	781.1484352	5.397775058
11	3	521	547.4857817	1343	1328.634217	701.4966317
12	4	637	672.9595471	1980	2001.593764	1293.089029
13	5	803	821.2273031	2783	2822.821067	332.2345794
14	6	1040	1000.071702	3823	3822.892769	1594.268982
15	7					5790.556915
16	8					
17	9					

图 6-18　规划求解结果

	A	B	C	D	E	F
1	Bass Model					
2						
3	P	0.008995398				
4	Q	0.264921516				
5	N	38000				
6	Sales Period	Adoptions/period	Adoptions/period	Cumulated Adoptions	Increasing	Increasing
7		(Past Data)	(Model)	(Model)		Percent
8	0	0	0	0		
9	1	385				
10	2	437				
11	3	521				
12	4	637				
13	5	803				
14	6	1040				
15	7					
16	8					

图 6-19　输入数据

(D8^2)/＄B＄5"。

在 C10 中输入公式"＝＄B＄3＊＄B＄5＋(＄B＄4－＄B＄3)＊D9－＄B＄4＊(D9^2)/＄B＄5"。

在 D9 中输入公式"＝D8＋C9"。

在 E9 中输入公式"＝C9－C8"。

在 F10 中输入公式"(C10－C9)/C9"。

得到如图 6-20 所示的输出结果。

4. 研究结论

××公司免水小便斗的生命周期大约为 30 年。销售额从第 1 年开始到第 14 年一直保持持续增长,并在第 14 年达到 2684 台的最高点。但其增长比例是逐年降低的,从数量上看,从第 2 年到第 10 年,其每年的绝对增长数量是不断增加的,在第 10 年为 262 台;以第 10 年为分界点,在其生命周期的后半段,其每年的销售额的增长量开始逐年递减,并且其递减的速度逐年增加,越到后期,递减的速度越快。从每年的绝对减少数量上看,从第 15 年开始,逐年增加,直至第 20 年达到最高为 306 台;以第 20 年为分界点,到其整个生命周期结束,其每年递减的数量逐年下降。

	A	B	C	D	E	F
1	Bass Model					
2						
3	P	0.008995398				
4	Q	0.264921516				
5	N	38000				
6	Sales Period	Adoptions/period	Adoptions/period	Cumulated Adoptions	Increasing	Increasing
7		(Past Data)	(Model)	(Model)		Percent
8	0	0	0	0		
9	1	385	341.825124	341.825124	341.825124	
10	2	437	428.4925063	770.3176303	86.66738229	0.253543044
11	3	521	534.8326411	1305.150271	106.3401348	0.248172683
12	4	637	663.9715907	1969.121862	129.1389496	0.241456747
13	5	803	818.7427979	2787.86466	154.7712072	0.233099141
14	6	1040	1001.127762	3788.992422	182.3849642	0.222762221
15	7		1211.439454	5000.431876	210.3116916	0.210074777
16	8		1447.245661	6447.677537	235.8062075	0.194649602
17	9		1702.126264	8149.803801	254.8806026	0.176114263
18	10		1964.522716	10114.32652	262.3964522	0.154158042
19	11		2217.151621	12331.47814	252.6289046	0.128595563
20	12		2437.630772	14769.10891	220.4791518	0.099442523
21	13		2600.930473	17370.03938	163.2997002	0.066991155
22	14		2683.807109	20053.84649	82.8766369	0.031864226
23	15		2670.444568	22724.29106	−13.36254115	−0.00497895
24	16		2557.466733	25281.75779	−112.9778355	−0.042306752
25	17		2356.05662	27637.81441	−201.4101129	−0.078753757
26	18		2089.801091	29727.6155	−266.2555288	0.113008969
27	19		1788.861805	31516.47731	−300.939286	−0.144003794
28	20		1482.887094	32999.3644	−305.9747108	−0.171044353
29	21		1195.423885	34194.78829	−287.4632088	−0.19385374
30	22		941.3653448	35136.15363	−254.0585407	−0.212525903
31	23		727.2774182	35863.43105	−214.0879266	−0.227422783
32	24		553.4174427	36416.84849	−173.8599755	−0.239055924
33	25		416.1785277	36833.02702	−137.2389151	−0.247984441
34	26		310.1595056	37143.18653	−106.0190221	−0.254744094
35	27		229.5776324	37372.76416	−80.58187313	−0.259807846
36	28		169.0676979	37541.83186	−60.50993449	−0.263570688
37	29		124.036535	37665.86839	−45.03116294	−0.266349891
38	30		90.74595978	37756.61435	−33.29057521	−0.268393302
39	31		66.25447064	37822.86882	−24.49148914	−0.269890684
40	32		48.30048761	37871.16931	−17.95398303	−0.270985231
41	33		35.17319443	37906.34251	−13.12729318	−0.271783864
42	34		25.5932188	37931.93572	−9.579975633	−0.272365811
43	35		18.61165868	37950.54738	−6.981560117	−0.272789451
44	36		13.52885879	37964.07624	−5.082799895	−0.273097631

图 6-20 Excel 输出结果

5. 营销建议

导入期的营销战略：商品的导入期，一般是指新产品试制成功到进入市场试销的阶段。从巴斯模型的分析结果看，这个阶段应该在其产品生命周期的前7年，其中，第一年的销量在300台左右，并保持20%以上的逐年增长趋势。在商品导入期，一方面，由于消费者对商品十分陌生，企业必须通过各种促销手段把商品引入市场，力争提高商品的市场知名度；另一方面，导入期的生产成本和销售成本相对较高，企业在给新产品定价时可考虑这个因素，所以，在导入期，企业营销的重点主要集中在促销和价格方面。

在该案例中，××公司在导入期可选择撇脂战略：将产品的售价定得很高，不需采用任何促销手段。定高价的原因在于早期采用者对价格不敏感，目的在于能够及时收回前期研发成本，获取利润；不采用价格上的打折促销目的是，一方面要保持××公司产品为高科技产品的形象，另一方面也要树立其品牌形象。

成长期的营销策略：商品的成长期是指新产品投入市场取得成功以后，转入批量生产和扩大市场销售额的阶段。从巴斯模型的输出结果看，这个阶段在第8年到第10年，从每年1400台增长到每年近2000台。在商品进入成长期以后，越来越多的消费者开始接受并使用该产品，企业的销售额直线上升，利润增加。在这样的情况下，市场必然会吸引越来越多的竞争对手，威胁企业的市场地位。公司的竞争者既包含"免水小便斗"这个小市场的竞争者也包含整个小便斗这个大市场里的竞争者。对于这两种竞争者，××公司要相应采取不同的竞争策略。

这一阶段××公司适用的具体策略有以下几种。

（1）技术改造，使得产品变成更易于制造的批量化生产，同时加强和OEM的合作，以利于迅速增加其产量或者扩大其产能。

（2）改进小便斗的质量，增加小便斗的新特色，在款式、包装、规格、颜色、商标和定价等方面做出改进。

（3）积极开拓全球新的市场，创造新的用户，以利于扩大销售范围。

（4）努力疏通并增加新的流通渠道，扩大产品的销售面。

（5）改变企业的促销重点。例如，在广告宣传上，从介绍产品转为树立形象，以利于进一步提高企业产品在社会上的声誉。

成熟期的营销战略：商品的成熟期是指商品进入大批量生产，而在市场上处于竞争最激烈的阶段。从巴斯模型的输出数据来看，这个阶段在第11年开始到第20年，有近10年的时间。在这个阶段中，销售额先是逐年增长，在第14年到达最高点（2684台）后开始逐年衰减。通常这一阶段比前两个阶段持续的时间更长，大多数商品均处在该阶段，因此管理层处理的大多数问题是成熟产品的问题。

在成熟期中，不够畅销的弱势产品应该放弃，以节省费用来开发新产品；但是同时也要注意到原来的产品可能还有发展潜力，在原来的基础上做适当的改进。有的产品就是由于开发了新用途或新功能而重新进入新的生命周期。

针对××公司的产品，在这个阶段应该采用产品改良策略，进行产品的更新换代。品质改良即改进产品的功能性效果，如耐用性、可靠性、可回收性等。特性改良即增加产品新的特性，如规格大小、重量、材料质量、添加物以及附属品等。式样改良即增加产品款式、色彩等美感上的需求。

衰退期的营销战略：衰退期是指商品逐渐老化，转入商品更新换代的时期。从巴斯模型的输出数据来看：这个阶段从第 21 年开始，直到第 30 年左右结束。当商品进入衰退期时，企业既不能简单地一弃了之，也不应该恋恋不舍，继续维持原有的生产和销售规模。企业必须研究商品在市场上的真实地位，然后决定是否继续经营下去。

针对××公司产品，应采取缩减策略，即仍然留在原来的行业上继续经营，但是需要在规模上做出适当的收缩。比如可以把所有的营销力量集中到一个或者少数几个细分市场上，以加强这几个细分市场的营销力量，可以大幅度地降低市场营销的成本，以增加企业的利润。

(1) 描述新产品决策的五个阶段。
(2) 试分析联合分析方法的局限。

某公司欲进入洗发水市场，打算开发一款能让市场接受的洗发水，公司通过二手资料分析、专家访谈等方法把洗发水的属性确定为处包装、价格、品牌、功能 4 个方面。同时对外包装设计了 A、B、C 3 种外包装设计，价格分别为 9.9 元、12.9 元、15.9 元 3 种，品牌设计有甲、乙、丙 3 种，其功能区分为去屑、柔顺和保湿滋养 3 种。

(1) 请运用正交设计，将产品组合缩减为 9 种有代表性的产品组合。
(2) 在进行顾客访谈与问卷调查中，将 9 种产品组合交给顾客排序，对 9 种产品按偏好由 1 到 9 排序，结果如表 6-13 所示。

表 6-13 产品组合排序

序号	受访者	组合一	组合二	组合三	组合四	组合五	组合六	组合七	组合八	组合九
1	1	9	7	8	4	3	5	1	2	6
2	2	8	4	9	3	2	7	1	6	5
3	3	5	8	9	4	2	3	1	7	6
4	4	3	8	7	1	5	9	4	2	6
5	5	4	3	9	2	5	6	3	1	7
6	6	7	5	4	8	9	6	1	3	2
7	7	1	6	4	7	5	2	9	3	8

请结合上述条件运用联合分析方法分析消费者的产品属性偏好。

第七章 价格决策

教学目标

(1) 育人目标:在确定目标市场营销战略的基本训练之后,开始进行营销决策的实际操作。

(2) 课程目标:①了解价格策略的基本知识;②掌握基本营销定价方法;③掌握收益模型。

教学重点

通过引导案例的解释,使学生理解定价对于企业的意义,具体内容为:①营销策略中各种定价方法;②收益模型。

SV 商务酒店定价体系与收益管理①

一、定价策略与收益管理在 SV 商务酒店的运用

1. SV 商务酒店简介

SV 商务酒店位于广东省中山市,是由民营房地产企业投资兴建的四星级单体酒店,酒店拥有商务客房、公寓式客房及不同装饰风格的复式套房共 150 间,同时配备中西餐厅、体育俱乐部、KTV、足浴棋牌等设施;另外,酒店内设有广州白云机场及深圳机场的中山候机楼,位于中山 CBD 核心位置,周边银行、证券、金融服务等商务氛围浓厚,中西特色饮食一应俱全,地段优越,社会配套完善。

2. SV 商务酒店定价体系与收益管理概述

1) 差异化定价方法的运用

酒店客房在实践经营中的定价,主要有以下三种:统一定价、根据客房的不同类型定价、差异定价。定价比较如表 7-1 所示。

---

① 吕新军.SV 商务酒店客房定价与收益管理策略研究[D].成都:电子科技大学,2011.

表 7-1　定价比较

方法	统一定价(所有客房一种价格)	根据客房部的不同类型定价(不同客房类型采取不同房价)	差异定价(对不同的客人采取不同的房价)
优点	容易管理;容易向顾客解释	能获得更多收入;容易对顾客做解释工作	能够获得最大的潜在收入;可以使更多的顾客满意
缺点	不能根据每天的需求变化做相应调整	限制了客房的可用性;不适用于那些只有一种客房的酒店	需要复杂的预订系统和收益管理系统;实际运作有难度

差异定价就是经营者按照两种或两种以上不反映成本费用的比例差异的价格来销售产品或服务,即在同种商品利润率不一样时采取的定价行为,其实质就是价格歧视。它在酒店客房表现形式有三种:一级价格歧视是最理想的状态,是将每一客房都以可能的最高价格出售给顾客;二级价格歧视是根据顾客购买的产品数量的不同而制定不同价格;三级价格歧视在酒店收益管理中应用最为广泛,是将顾客划分为不同的群体,对不同群体实施不同的价格。根据酒店客房的性质和收益管理思想,酒店的差别定价比较接近三级价格歧视。

SV 商务酒店的定价是在二级价格歧视基础上的三级价格歧视,即差别定价,根据客户的不同需求特征和价格弹性向不同客户执行不同的价格,也就是将客户进行细分,划分为不同的细分市场,再对不同的细分市场执行不同的价格,进行细分营销,比如散客、协议客户、渠道商、团队客户等,如表 7-2 所示。

表 7-2　SV 商务酒店差别定价列举

散客价	协议客户	渠道商	团队客户
① 35% discount 左右优惠价; ② 2 号楼标价出售	① 协议 A 客户价; ② 协议 B 客户价; ③ 协议 C 客户价; ④ 政府客户价	① 网络订房价,如携程、艺龙等; ② 通讯订房价,如 114、12580 等; ③ 旅行社价,如国旅、中旅等	① 协议客户团队价; ② 旅行社团队价

2) 发展阶段

SV 商务酒店于 2004 年 1 月 8 日正式营业,从 2004 年起房价体系大致经历以下几个阶段。

(1) 开业初期至 2008 年,在这一阶段,酒店客房市场处于卖方市场,市场竞争较小,城区内商务酒店处于起步阶段。根据当时市场情况,制定了多级价格体系(见表 7-3)。这一阶段收益相对较好,如表 7-4 所示。

表 7-3　SV 商务酒店房价表(标准房-1)

房　类	门市价	结算价	董事价	经理 A/协议价	经理 B 价	销售主任	大堂副理	旅行社散客	旅行社团队	前台接待
标准单人房	528	150	250/280	270/300	300/330	320/350	330/360	250/280	180/210	370
标准双人房	550		260/290	290/320	320/350	340/370	350/380	270/300	210/240	385

注:表中"250/280"表示该类客户价格平日为 250 元,周末房价为 280 元;周末指周五、周六。

第七章 价格决策

表 7-4 SV 商务酒店收益表 1

年　　份	开房率(Occpancy Rate)	平均房价(ADR)	平均可供出租客房收入(RevPAR)
2005	73.78%	￥299.74	￥221.15
2006	86.24%	￥294.56	￥254.03
2007	86.90%	￥306.31	￥266.18
2008	73.89%	￥296.51	￥219.09
年平均	80.20%	￥299.28	￥240.11

（2）2009—2010年，在这一阶段，由于受市场利好的刺激，2006年、2007年开始投资兴建的酒店正式进入市场，竞争开始加大；另外，受 2008 年金融危机影响，政府、企业公务住宿和商务住宿费用减少，标准降低，并设置一定上限。鉴于这两大因素影响，SV 商务酒店将原有周末价取消，使平日与周末同价；同时，针对一部分较大消费公司客户，增加协议 A 团队价格，以满足客户需求，同时稳定客源；根据客户心理定价策略，调整新签客户价格以"8"结尾；为促进套房销售，增加所有协议公司团队价格；前台接待散客价由原来 7 折调整为 6.5 折，如表 7-5 所示。这一时期的收益如表 7-6 所示。

表 7-5 SV 商务酒店房价表(标准房-2)

房　　类	门市价	结算价	董事价	协议 A 价/团队价	经理 A/协议 B 价	协议 C 价	经理 B 价	销售主任/大堂副理	旅行社散客	旅行社团队	前台接待
标准单人房	528	150	250	270/188	270	278	300	320	258	188	340
标准双人房	550		260	290/218	290	298	320	340	278	228	360

表 7-6 SV 商务酒店收益表 2

年　　份	开房率(Occpancy Rate)	平均房价(ADR)	平均可供出租客房收入(RevPAR)
2009	71.23%	￥262.79	￥187.19
2010	66.20%	￥265.61	￥175.83
年平均	68.72%	￥264.20	￥181.51

（3）进入 2011 年，根据市场情况，为了前台收益操作的便利性，取消尾数"8"，将协议价格调为整数，同时鉴于网络订房的逐渐增多，将携程、艺龙等网络订房公司，114、12580 订房业务和旅行社统一定为渠道商价格，并重点维护开发，如表 7-7 所示。此时经济型酒店已大量进入市场，在这种情况下，针对酒店原有的多种房类、价格不同的情况，统一调整为单人房和双人房两种价格，达到直观的吸引客人的目的，同时也利于前台和销售人员的销售。这一时期截至 8 月的收益表如表 7-8 所示，比上一阶段有所提升，这也是自 2009 年以来收益第一次回升。

表 7-7　SV 商务酒店房价表(标准房-3)

房　类	门市价	结算价	董事价	协议 A 价/经理 A 价	协议 B 价/忠诚客	经理 B 价	销售主任/大堂副理	渠道商散客	渠道商团队	前台接待
标准单人房	528	150	240	270	280	300	320	240	210	340
标准双人房	550		260	290	300	320	340	260	230	360

表 7-8　SV 商务酒店收益表 3

日　期	开房率(Occpancy Rate)	平均房价(ADR)	平均可供出租客房收入(RevPAR)
2011 年 1 月至 8 月	71.58%	￥263.29	￥188.46

在这三个阶段,SV 商务酒店根据市场情况,研究市场需求,不断调整价格体系,以市场为中心定价,力争保持收益最大化,保持具有优势的市场占有率。

二、SV 商务酒店定价与收益管理存在的问题

SV 商务酒店的定价体系主要是针对不同细分市场制定了不同的价格,便于财务审核,但这种价格体系在一定时期内对到酒店或预定的客源缺少灵活变通的价格及预订控制。例如,对于一天或一周内同时段预订或直接抵店的商务客源或散客都是执行相对应的固定价格,这样可能导致在淡季时部分要求低价的客源流失,在旺季时不能提高平均房价,从而不能做到收益最大化。

(1) 价格体系问题。由于价格相对固定,平均房价上升空间有限。酒店客房的特点之一是客源市场可以细分,在客房价值实现当日前有较长时间进行价格控制,由于不同细分市场对客房需求的时间不同,比如,商务协议客户较多会在入住前两周左右就进行房间的预订,而近距离娱乐休闲客人较多会在入住前一周内预订客房。另外,由于不同细分市场的需求和支付能力不同,所以我们可以对不同的细分市场提供不同的产品和服务,在不同的时间以不同的价格来满足客户的需求,将产品价格动态化。

现今,SV 商务酒店的客房价格针对不同细分市场进行了细分,并与客户签订协议后,客户按此价格随时在客房允许的情况下进行预订。如果不采用动态的客房价格,则在旺季时,不能提高房价,从而增加不了总的营业收入;在淡季时,不能降低价格、增加客源,从而不能提升开房率。可见,客房的动态价格有利于争取更多客户,提高营收。

(2) 客源结构没有控制,细分市场出售没有固定比例,按时间顺序出售、先到先得,卖完即止。现今,SV 商务酒店订房工作由前台和市场营销部共同承担,没有专门的预订中心,也没有专职预订部管理人员和收益管理人员,所有前台和市场营销部员工都可以接受订房。他们通过酒店的信息管理系统来管理预订信息,通常情况下,会采用以下方法来处理上述预订信息。

①先来先得。只要酒店还有空房,谁先来预订,谁就优先预订到客房。

②即时报价,讨价还价。销售人员会根据房态向客人推荐房间,结合客人需求,有可能从高到低报价,也有可能从低到高根据房类报价,并与客人讨价还价,最后根据酒店授权的程度、自己的感受以及客人的接受程度成交。这种做法的弊病是成交价格受客人的

第七章 价格决策

谈判技巧和前台、销售员工的主观意志影响较大。此外,按照这种方法成交,销售价格通常是接近授权低价的折扣价。

③根据与客户关系来定价。如果客人与酒店的关系好或经常在酒店消费,就可能获得较大折扣。表面看来,酒店取得了较高的开房率和营业收入,但这里在预测市场需求的基础上考虑到客源结构的控制、超额预订、动态定价等因素,可以取得更高的营业收入。

促进酒店客房收益最大化的措施较多,针对 SV 商务酒店而言,除上述定价和客源结构控制上存在较为明显的问题,从而不能使收益最大化的因素外,SV 商务酒店在客房销售也可以在其他方面进行优化以达到收益最大化的目的,如需求预测模式、住宿天数控制以及收益管理参数查询表等方面。

案例思考:
(1)解析酒店业适用差异定价的原因。
(2)针对酒店定价问题提出建议。

第一节 价格策略的基本知识

在社会生活中,人们习惯认为价格是商品价值货币的表现。在营销活动中,价格并不只是标签上的一个数字,它有着多种形式,可发挥不同的作用。租金、学费、医疗费、定金和工资等有可能是你购买商品或服务时支付的一种价格。价格可以由多种部分组成,如购买一台电视机,最后的成交价可能是在标价的基础上经过折扣和经销商调整得到的。

从营销管理的角度来看,影响定价的因素是多方面的,包括定价目标,成本,市场和需求,消费者价格和价值感,需求价格弹性以及竞争者的成本、价格和产品等。

1)定价目标

企业的定价目标主要是维持生存、当期利润最大化、市场占有率最大化和产品质量最优化。企业在制定价格时必须在既定目标市场战略前提下,结合市场现状,考虑现阶段的定价目标。

2)成本

成本是公司制定价格的底线。公司定价不但要弥补生产和分销商品的过程中的所有成本,同时也要为公司的经营努力和所冒的风险赚取合理的投资回报。公司的成本有固定成本和可变成本。为了合理定价,企业管理层必须了解在不同产出时成本的变化趋势。

3)市场和需求

市场和需求是制定价格的天花板(上限)。在定价前,企业必须了解产品的价格和需求关系,包括不同市场结构即完全竞争市场、垄断竞争市场、寡头市场、完全垄断市场下的定价。因竞争结构不同,产品的定价战略存在差异。

4)消费者价格和价值感

消费者在做购买决策时对产品定价的感知合理度对最后的决定有显著影响。因此,定价决策也应是以顾客为导向的,深入研究顾客对产品价值的认知,在此基础上制定相应的价格。

5)需求价格弹性

市场需求受价格和收入变动的影响。因价格或收入等因素引起的需求相应的变动率称为需求价格弹性,反映了需求量对价格的敏感程度,以需求变动的百分比与价格变动的百分比,两者之比进行计算,即价格变动百分之一会使需求变动多少。

6)竞争者的成本、价格和产品

竞争者的成本和价格以及竞争者对公司价格变动的反应,是公司在进行定价时必须考虑的外部因素。

由企业定价的影响因素可知,产品成本设定了最低价格,消费者对产品的感知设定了最高价格。同时,企业还要考虑竞争者的价格和其他内、外部的因素,在最高价格和最低价格之间选择并制定一个合理的价格。

相应的,企业基本定价方法主要有三种:成本导向定价法、需求导向定价法和竞争导向定价法。

在营销管理中,一般只是从理论上对这三种方法进行介绍。从实践角度来看,除了成本导向定价法可借鉴财务会计较容易操纵外,其他几类方法的实践性都比较低。因此,营销工程学科中,在营销管理理论的基础上,运用数学和统计学的方法,增强了定价方法和策略的现实可操纵性。

第二节 营销工程在价格策略中的运用

一、成本导向定价法

许多企业主要根据成本来定价。成本导向定价法中最基本的是加价定价法和成本加成定价法。这两种方法的相似处在于价格是在成本上增加一定数据而确定的,前者增加一个固定值,后者增加一个固定的百分比。

根据需求法则(价格与需求是呈反比关系),如果企业的价格只在成本上增加一个固定值并不合乎逻辑。无论从长期还是短期来看,任何忽视当前需求弹性的定价方法都不太可能实现利润的最大化。随着需求弹性的变化,如季节性变化、周期性变化、产品生命周期变化,加成的比例(额度)也应相应变化。如果加价额始终是成本的固定百分比,在通常条件下,无法实现利润的最大化。但在特殊条件下,适当的固定加价额也能使利润

最大化:需求曲线上各点的平均(单位)成本恒定;成本长期恒定。在这两种特殊情况下,最优价格为

$$P = \left(\frac{\varepsilon}{1+\varepsilon}\right)\text{MC} \tag{7-1}$$

式中:ε为需求的价格弹性,设为负值;MC 为边际成本。

根据该公式,最优价格(成本加价额)随价格弹性(绝对值)提高而减小。如果价格为 $(1+\alpha)\text{MC}$,则 α 为加价额。在式(7-1)中,设 $\left(\frac{\varepsilon}{1+\varepsilon}\right) = (1+\alpha)$,则 $\alpha = \left(\frac{\varepsilon}{1+\varepsilon}\right) - 1$。如果价格弹性足够小,比如某些食品为 -2.0,则 $\alpha = 1$ 且最优加价额也很大。如果价格弹性长期相对恒定,则固定的加价额就可以取得最优价格。

二、需求导向定价法

成本定价法注重的是生产与分销产品的成本,而需求定价法则关注不同价格水平下的产品需求情况,其重点是顾客价值。需求定价法的核心思想是:根据需求的变化,调整市场价格;而生产成本可能不变。

目前,需求定价法在实践中的运用主要基于产品的使用价值,即产品价格应当与该产品带给特定顾客的价值有关。企业在定价时,要从客户的角度考虑,如采用企业推荐的新产品替换客户目前正在使用的老产品是否合算。

新产品的使用价值指使潜在购买者无论继续使用当前产品还是转向使用新产品都无区别的价格。其具体计算方法可由下例说明。

假设某化工厂用 200 个 O 形环来密封输送腐蚀性材料的管道阀门。每个 O 形环的价格为 5 美元,而且每两个月要更换一次。

一种新产品的抗腐蚀能力是这种 O 形环的两倍。这种新材料的使用价值(VIU)如下。

(1) 解 1:目前所用产品的年成本 = 200(个 O 形环)×6(每年换 6 次)×5 美元
   = 6000 美元 = 200(个)×3(每年换 3 次)×VIU,
   VIU = 10 美元

(2) 解 2:这种新材料的更换间隔为 4 个月,比目前所用产品的 2 个月的使用寿命要长,更换成本是 5000 美元,可得
   $200 \times 6 \times 5 + 5000 \times 6 = 200 \times 3 \times \text{VIU} + 5000 \times 3$,
   VIU = 35 美元

解 1 和解 2 的区别在于,解 2 中,将使用该材料的所有成本都考虑进去,再以此计算,在使用成本相等的情况下新产品的使用价值。

从上例可知:在以价值为基础进行定价时,必须把所有成本,包括有形成本和无形成本都考虑进去。除了例子中所得到的初始成本和作业成本外,还必须考虑购买者规划期的长短、资金成本、转换成本(包括重新培训、产品重新设计和初始使用时的低效率)、维护成本的差额、业绩差异、灵活性差异以及购买者采用新产品时要承担的风险等。

用此方法计算工业企业候选材料的价格(售价)时具体步骤如下。

(1) 计算使用目前所用材料的成本,即使用成本不仅包括每单位(可以是每加平方码头、每加仑、每公斤等),还包括加工费、精加工作业的成本、残料成本、存放该材料的库存费用及其他成本。

(2) 比较两种材料或两种配件——配选材料或配件和目前所使用材料或配件的使用年限,如果这两者之间的使用年限相差较大,则分别计算它们的年使用成本。

$$目前所使用材料的年使用成本 = \frac{QC + C_p + C_1 + \cdots}{L} \tag{7-2}$$

式中:Q 为每单位产成品中的目前所使用材料数量;C 为每单位产成品中的目前所用材料的购入价;C_p 为使用目前所用材料时,每单位产成品的加工成本;C_1 为使用目前所用材料时,每单位产成品的精加工成本;L 为使用目前所用材料时,产成品的使用寿命。

再用类似方程来计算制造材料或配件的年使用成本。但要注意,在候选材料的计算中,代入的不是候选产品的价格,而是未知数 V(候选产品的使用价值)。

(3) 假设两者的年使用成本相等,即可得 V 的解——在相同的使用价值下,新产品在理论上的价格。举例说明如下。

某企业目前使用印模铸造的合金生产工业用扣件,目前有种新的候选材料——金属板料,可用冲压成形工艺生产这种扣件。两类材料使用的相关数量和成本如表 7-9 所示。

表 7-9 用于生产工业用扣件的金属板料与铸模合金成本要素的使用价值计算

成本要素	铸模合金	金属材料
每一产成品的用量/磅	0.05	0.03
材料价格/(美元/磅)	0.25	0.20
铸造成本/(美元/件)	0.05	0.10
精加工成本/(美元/件)	0.02	0
存货成本/(%)*	5	5
残料成本/(%)*	10	20
产成品零件的使用寿命(年)	3	7

* 百分比是根据产成品中材料的价值计算的。

(1) 计算目前所用材料的年使用成本

$$目前所用材料的年使用成本 = \frac{QC + C_{铸造} + C_{精加工} + XQC + YQC}{L}$$

式中:X 为库存成本,用小数表示;Y 为残料成本,用小数表示。

代入表 7-9,得

$$目前所用材料的年使用成本 = 0.0281$$

(2) 建立一个类似方程,计算候选材料的年使用成本:

$$候选材料的年使用成本 = \frac{Q_1 V + C_{1铸造} + X_1 Q_1 V + Y_1 Q_1 C}{L_1}$$

代入表 7-9 中数据,上式等于 $0.00536V + 0.0143V$。

(3) 令两式相等,解 V。
$$V = 2.57$$

由上面计算可知,如果金属材料的成本是每磅(1 磅=453.59237 克)2.57 美元,则年使用成本等于铸模合金的成本。对于使用材料的企业来说,每磅金属材料"值"2.57 美元——使用价值为每磅 2.57 美元,比它的假设价格 0.20 美元要高得多。因此,从节约成本和提高生产效率的角度来看,生产者应当改用这种材料进行生产,而销售者也应当在每磅 0.20 美元的基础上适当提价。

运用需求定价法,企业必须先深入调查研究重要客户群,计算客户对这种产品使用价值的认知范围,再从战略的角度确定是赚取利润还是以一种对大多顾客都有吸引力的价格来渗透市场,最后决定定价水平。

三、竞争投标法

企业主要按照竞争者的价格而不是以成本或需求为依据来定价的方法,称为竞争导向定价法。它主要包括随行就市定价法和竞争投标法。

随行就市定价法是指企业按照行业的平均现行价格水平定价。在以下三种情况中,企业往往会采用此定价方法:①难以估算成本;②企业打算与同行和平共处;③如果另行定价,很难了解购买者和竞争者对本企业价格的反应。

在完全竞争市场和寡头垄断市场条件下,随行就市定价法都是同质产品在市场中常用的定价方法。

在营销工程中,我们主要讨论如何运用工程方法来提高竞争投标法的效率。

竞争投标法是市场中常见的定价方法:采购机构在公共媒体上刊登相关消息或发函说明拟购品种、规格、数量等的具体要求,邀请供应商在规定的期限内投标。采购机构(买方)在规定日期开标,一般会选择投标时所提条件性价比较高的供应商成交,并签订采购合同。

在这种市场条件下,企业与数量未知的供给者展开竞争,同时对其交易信息无法确定。因此,卖方对每个投标机会都必须考虑以下问题:①企业到底是否应该投标;②如果要投标,报标应该为多少。其中最主要的问题是价格。

如果供应商为一特定工程(标的物)进行投标,就必须找到高于成本但低于(未知)竞争者报价的价格。价格比成本高得越多,如果中标,利润就越大,但中标的概率就会越小。中标的期望利润是中标概率乘以合同预计利润的乘积。

$$E(Zp) = f(P)(P - C) \tag{7-3}$$

式中:$E(Zp)$ 为价格 P 中标的期望利润;$f(P)$ 为以报价 P 中标的概率;P 为投标价格;C 为履行合同的预计成本。

每个投标价格的中标概率都不一样,企业应该在中标和期望利润之间平衡,选择全程的价格。

此方法在实际运用中,其核心问题是如何估计不同投标价格赢得合同的概率。如果购买者只是关心价格这一因素,则该概率就是报价比其他所有竞争者都低的概率,而报价是最低价的概率又是该企业报价比每一个竞争者价格都低的联合概率。

四、差别定价

企业以成本、需求和竞争等因素决定产品的基础价格,并非一成不变。企业往往会在综合考虑和利用灵活多变的定价策略后,修正或调整产品价格。主要的价格调整策略包括地理定价、折扣定价、心理定价、差别定价和产品组合定价等。

1. 差别定价策略

所谓差别定价策略是指企业按两种或两种以上不反映成本费用的比例差异的价格销售产品或服务。

差别定价策略对企业营销的作用(企业采用差别定价策略的原因)是针对企业而言,而采用单一价格在管理上较简单,且成本较低。当顾客之间相似程度较高,且企业只能采用一种价格时,采用单一价格是企业的最佳选择。当顾客对产品的价值认知存在差异,且产品存在差异时,企业就可以通过差别定价策略来获得利润最大化。

可通过一个例子来说明差别定价策略是如何帮助企业提高利润的。

假设某一场音乐会在市场上有四个规模相等的细分市场,每个细分市场愿意支付的价格都不相同。市场 A、B、C 和 D 愿意支付的最高价格分别为 400 元、300 元、200 元和 100 元。所有消费者都只能买一张票,而且只有当消费者剩余(即保留价格减去售价的差额)为正时才会购买。每张票的平均成本为 50 元,企业希望制定最优的单一价格。

根据上述信息,企业定价低于 100 元显然是没有任何意义的,因为每个消费者愿意支付的价格都高于 100 元。这样,随着价格由 50 元提高到 100 元,其利润也会增加。那么企业将价格定在各个不同的保留价格时情况会怎样呢?

情况 1:企业定价在 100 元。在这样的价格水平下,所有细分市场的消费者都会购买,利润为 $4N(100-50)=200N$ 元。

情况 2:企业定价在 200 元,那细分市场 A、B、C 的消费者会购买,利润为 $3N(200-50)=450N$ 元。

情况 3:企业定价在 300 元,那细分市场 A、B 的消费者会购买,利润为 $2N(300-50)=500N$ 元。

情况 4:企业定价在 400 元。这时,只有细分市场 A 的消费者会购买,利润为 $N(400-50)=350N$ 元。

情况 5:假设该音乐会组织者可以针对四个细分市场分别制定四个价格,那么 A、B、C 和 D 的价格分别为 400 元、300 元、200 元和 100 元。音乐会组织方的利润为 $N(400-50)+N(300-50)+N(200-50)+N(100-50)=800N$ 元。

从以上分析可看出,在采取差别定价时,音乐会组织方显然获得了最大的利润。

2. 差别定价法的特点

差别定价法的特点如下所述。

第七章　价格决策

(1) 企业要获取每个消费者的全部剩余。

(2) 企业为每位愿意支付高于企业成本的价格的消费者提供产品。

(3) 企业不会为愿意支付的价格低于企业成本的消费者提供产品。

(4) 直接差别定价在提高消费者利益的同时又增加了企业利润,这是其他定价方法做不到的。

3. 差别定价法在实践中的困难

(1) 难以判断消费者的保留价格(心里底价)。企业很难通过调查或观察了解消费者愿意支付的价格。

(2) 针对某一特定细分市场收取某一特定价格较困难。在实践中,很多消费品是按标价销售的,每个人都可以按同样的价格购买。

(3) 容易造成套利交易。保留价格较低(支付价格较低)的消费者可能会大量购买产品,然后再以相对低价销售给支付价格较高的消费者。

(4) 在很多情况下,对不同细分市场实行不同价格在法律上是不允许的。

(5) 消费者可能会认为差别定价不公平,因此,企业要有很好的理由支持它的差别定价行为。

第三节　收益管理模型

收益管理模型主要应用于酒店、航空等需求易逝性的服务行业,是一种使酒店等行业在最佳的时机以最好的价格卖出最正确数量的(客房)服务给最合适顾客的方法,以创造最大的(客房)收益。收益管理在服务企业盈利能力管理过程中扮演着重要的角色,它通过科学地制定销售价格、折扣比率和超额定单数量,以及对不同折扣比率服务按照不同比例分配订单等来实现企业利润最大化的目标。

收益管理主要包括四个方面:需求预测、超额预订、供应能力分配和差异化定价。差异化定价有时也表现为价格折扣,它需要兼顾顾客效用价值与各细分市场的盈利能力,差异化定价常常包含超额预订与服务供应能力分配决策过程,有时作为影响变量,有时作为被影响变量。

一、超额预订管理

超额预订就是在预订数已经达到企业供应能力上限的情况下,再接受一定比率的预订订单,以避免因预订者不到或临时取消预订而可能出现的服务设施闲置,避免不必要的经济虚耗,从而增加收益。这里的虚耗是指本来有需求,却没卖出去的产品或服务。在服务行业,经常会出现预订客人因为气候、航班或车次更改等不可抗力或者人力原因取消预订,或者预订时间推迟的情况。实施超额预订管理,可以在一定程度上减少这种虚耗。

实施超额预订管理的关键在于确定合理的超额预订数,如果超额预订数量过少,在履约率低的情况下,可能造成服务设施的闲置,丧失获利的机会;过量超额预订,虽然能够减少由于客户取消预订造成闲置风险,但是会增加由于拒绝预订服务带来的违约补偿风险与成本。同时,不经过预订而在当天直接上门订购的顾客往往会比预订客户支付更高的价钱。因此,最佳的超额预订数应该是在闲置损失、违约补偿成本和现场订单溢价三者之间的一种均衡。

假设超额预订订单数量为 i,未实现的预订订单数量为 j,未经预订现场申请数为 k,则当 i、j、k 确定后,当天的损益 S_{ijk} 就可以计算出来。如果知道未经过预订的临时申请者的概率分布为 P_{ck},就可以确定当过量预订数量为 i、未实现的预订数量为 j 时的期望损益 E_{ij}。再进一步,如果知道未实现的预订数的概率分布为 P,就可计算出过量预订数量为 i 时的损益,比较不同 i 值时的损益 Y_i,就可确定最佳的超额预订数量。具体计算公式如下:

$$E_{ij} = \sum_{k=0}^{m} P_{ck} S_{ijk} \tag{7-4}$$

$$Y_i = \sum_{j=0}^{n} E_{ij} P_{nj} \tag{7-5}$$

式中:i 为超额预订数量;j 为未实现的预订数;k 为未经过预订的临时申请数;m 为未经过预订的临时请求数的最大值;n 为过量预订数量的最大值或者未实现的预订数的过量预订数量为 i 的最大值;P_{ck} 为未经过预订的现场申请数为 k 的概率;P_{nj} 为未实现的预订数为 j 的概率;S_{ijk} 为过量预订数量为 i,未实现的预订数为 j,未经过预订的临时申请数为 k 时的损益;E_{ij} 为过量预订数量为 i,未实现的预订数为 j 时的期望损益;Y_i 为过量预订数量为 i 时的期望损益。

需要说明的是,未实现的预订数 j 的最大值是超售的上限。未实现的预订数的概率分布和未经过预订的临时申请数的概率分布可以根据历史数据利用统计分析的方法得出。为简化计算,通常假设接受超额预订的顾客是一定能履约的。

二、服务分配

不同等级与价格水平的服务供应能力分配(如酒店客房分配、航空公司舱位分配),实现企业收益最大化、使用最灵活的工具。它主要解决每一个细分市场的供应水平与价格水平。比如,酒店可以从低到高的不同价格之间进行客房分配。低价客户数多了势必会减少高价客房的出租;但是高价客房数目过多,又可能会造成大量客房闲置。所以酒店在进行客房分配时要解决的根本问题就是:预留多少客房给出高价的客人。或者说是在客房总数一定的前提下,确定每个价格的客房预订上限,当某一价格等级的积累预订数目超过规定的上限时,就拒绝后来的预订请求。同样也适用于航空、餐饮等类似行业。为方便描述,接下来以典型的客房分配为例进行阐释。

假定酒店客房总数为 C,将客房价格等级划分为两种:一种为折扣价;一种为全价。

现进行客房分配,如图 7-1 所示。

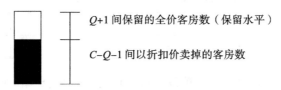

图 7-1 客房分配

我们所要做的就是确定保留水平,假设酒店 $C-Q-1$ 间客房已经以折扣价售出,现在有一顾客想以折扣价来预订一间客房,酒店是否应该用保留水平 Q 来代替当前的保留水平 $Q+1$,将客房出售给这位顾客呢?下面我们对此进行分析(见图 7-2)。

$$第Q+1间客房 \begin{cases} 将第Q+1间客房以折扣售出 \\ 保留第Q+1间客房 \begin{cases} 以后以全价售出 \\ 最后无法售出 \end{cases} \end{cases}$$

图 7-2 保留水平分析图

用经济学的边际分析工具,可以得到客房分配的最优供应水平算式。

$$P(D \geqslant Q)C_u \geqslant P(D < Q)C_0$$

$$[1 - P(D < Q)]C_u \geqslant P(D < Q)C_0$$

$$P(D < Q) \leqslant \frac{C_u}{C_u + C_0} \tag{7-6}$$

$$P(D < Q) \leqslant \frac{C_u}{C_u + C_0} = \frac{p - w}{p} \tag{7-7}$$

式中:P 为最优客房供应水平;C_u 为客房销售的单位收益(低估需求时的机会成本),$C_u = p - w$;C_0 为未出售客房的单位损失(高估需求时的机会成本),$C_0 = w$;D 为客房需求量;Q 为库存的客房量(即保留水平)。

三、实践操作

东方大酒店在每年国庆节这一天的客房都供不应求,但也存在临时取消预订造成的客房闲置现象。为减少损失,酒店采用了超额预订的策略。现在需要决策酒店的 50 间普通客房国庆节的超额预订数量。

由于国庆节客房需求旺盛,所以酒店统一预订价为 500 元,对没有预订而在当天现场申请入住的顾客的价格为 580 元,对由于超额预订造成无法安排入住的顾客,每间客房补偿 188 元。根据历史数据资料,节日当天未实现的预订客房 j 分布和现场申请入住客房的申请数量 k 分布分别如表 7-10、表 7-11 所示。

表 7-10 节日当天未实现的预订客房 j 分布

j	0	1	2	3	4	5	6	7	8	9	10	11
P_{nj}	0.03	0.05	0.21	0.16	0.15	0.11	0.09	0.07	0.05	0.04	0.03	0.01

表 7-11　当天现场申请入住数 k 分布

k	0	1	2	3	4	5	6
P_{ck}	0.01	0.12	0.36	0.21	0.16	0.09	0.05

当 $i=1,j=0$ 时,超额预订 1 个单位,且没有人提出退出申请,则需要赔偿 180 元,不论 k 等于多少,对于未预约而临时申请入住的顾客酒店都不需理会;当 $i=1,j=1$ 时,超额预订 1 个单位,且恰好有 1 个单位取消预订,则损失为 0;当 $i=1,j=2$ 时,超额预订 1 个单位,而有 2 个单位取消预订,若 $k=0$,则没有临时申请者,损失 1 个单位的预订 500 元,若 $k=1$,则现场申请填补了该空缺,并且以 580 元成交,所以公司会有 $580-500=80$ 元的溢价,若 $k\geqslant 2$ ……于是得出:

$$E_{ij} = \sum_{k=0}^{m} P_{ck} S_{ijk} = 74.2$$

E_{12} 的计算表如表 7-12 所示。

表 7-12　E_{12} 的计算表

k	0	1	2	3	4	5	6
P_{ck}	0.01	0.12	0.36	0.21	0.16	0.09	0.05
S_{ijk}	−500	80	80	80	80	80	80
E_{12}	\multicolumn{7}{c}{$E_{12}=74.2$}						

同理可以计算出其他情况下的 E 值,如表 7-13 所示,具体计算可以通过 Excel 来实现。

表 7-13　E_{ij} 的结果表

j \ i	0	1	2	3	4	5	6	7	8	9	10	11
0	0	74.200	78.800	0.125	0.451	0.870	0.134	0.184	0.234	0.284	0.334	0.384
1	0.188	0	74.200	78.800	0.125	0.451	0.870	0.134	0.184	0.234	0.284	0.334
2	0.376	0.188	0	74.200	78.800	0.125	0.451	0.870	0.134	0.184	0.234	0.284
3	0.564	0.376	0.188	0	74.200	78.800	0.125	0.451	0.870	0.134	0.184	0.234
4	0.752	0.564	0.376	0.188	0	74.200	78.800	0.125	0.451	0.870	0.134	0.184
5	0.940	0.752	0.564	0.376	0.188	0	74.200	78.800	0.125	0.451	0.870	0.134
6	0.113	0.940	0.752	0.564	0.376	0.188	0	74.200	78.800	0.125	0.451	0.870
7	0.132	0.113	0.940	0.752	0.564	0.376	0.188	0	74.200	78.800	0.125	0.451
8	0.150	0.132	0.113	0.940	0.752	0.564	0.376	0.188	0	74.200	78.800	0.125
9	0.169	0.150	0.132	0.113	0.940	0.752	0.564	0.376	0.188	0	74.200	78.800
10	0.188	0.169	0.150	0.132	0.113	0.940	0.752	0.564	0.376	0.188	0	74.200
11	0.207	0.188	0.169	0.150	0.132	0.113	0.940	0.752	0.564	0.376	0.188	0

根据表 7-13 的计算结果,计算的 Y_0 值,计算公式如下:

$$Y_0 = \sum_{j=0}^{n} E_{0j} P_{nj} = 0 \times 0.03 + 74.2 \times 0.05 + 78.8 \times 0.21 + (-125) \times 0.16$$
$$+ (-451) \times 0.15 + (-870) \times 0.11 + (-1341) \times 0.09$$
$$+ (-1841) \times 0.07 + (-2341) \times 0.05 + (-2841) \times 0.04$$
$$+ (-3341) \times 0.03 + (-3841) \times 0.01$$
$$= -782$$

同理可以计算出其他 Y_i 值,如表 7-14 所示。

表 7-14　Y_i 值计算

i	0	1	2	3	4	5	6	7	8	9	10	11
Y_i	−782	−522	−352	−274	−269	−324	−424	−558	−716	−890	−1073	−1260

可见,该酒店最佳超额预订数为 4,当 $i=4$ 时,Y_i 损失最少,为 −269。

(1) 描述常用的市场定价策略。
(2) 收益管理模型为什么适合应用于服务性行业?

运用成本加成定价法为企业定价时,通常分为三步来完成。
(1) 计算单位产品变动成本。
(2) 计算固定费用,然后按照标准产量,把固定费用分摊到单位产品上去,求出总成本。
(3) 在总成本基础上加上按预计单位利润率计算的加成价格,即

加成价格＝单位总成本×预计单位利润率

假设某企业生产某产品的单位变动成本为每件 20 元,标准产量为 500000 件,总固定成本为 2500000 元,企业预计单位利润率为 20%。试计算企业产品的基础价格。

第八章 分销渠道决策

教学目标

（1）育人目标：在确定目标市场营销战略的基本训练之后，开始进行营销决策的实际操作。

（2）课程目标：①了解分销渠道设计的影响因素；②理解营销渠道系统的总体设计；③掌握重力模型的实际应用。

教学重点

通过引导案例的解释，使学生理解营销渠道系统的总体设计过程。具体内容为：①营销渠道系统的总体设计；②重力模型。

轿车分销渠道设计[①]

汽车分销渠道是指产品从汽车制造商向最终消费者转移的途径，同时是汽车所有权发生转移的必经过程，也是沟通汽车制造商和消费者之间关系的桥梁和纽带。轿车的分销渠道成员包括轿车制造商、各级中间商以及最终用户等。分销渠道的分类按渠道长度的不同，可分为如下四种基本类型：

①制造商—用户；

②制造商—零售商—用户；

③制造商—批发商—零售商—用户；

④制造商—代理商—批发商—零售商—用户。

以上四种渠道类型，可以概括为一个直接渠道和三个间接渠道两种类型。直接渠道是最短的渠道，不存在中间环节；而间接渠道有不同级数的中间商，是企业比较广泛使用的渠道类型。另外，渠道类型还可以按宽度以及广度划分。

---

① 刘昌林.轿车分销渠道设计及分销物流网络优化研究[D].武汉：武汉理工大学，2010.

一、轿车分销渠道设计的目标及原则

1. 轿车分销渠道设计的任务及目标

分销渠道设计的任务是构建合理高效的渠道结构模式,在一定结构的基础上,合理地评估选择渠道成员建立供应链战略伙伴关系。轿车制造商所制造的轿车产品能否及时分销出去、能否为轿车用户提供最好的服务,分销成本是否可以得到有效的控制,轿车制造商是否能够占有市场先机,在很大程度上取决于分销渠道是否高效、优化和通畅。轿车分销渠道设计的目标是渠道的设计者对功能的预测,体现了轿车制造商的市场战略目标,轿车分销渠道设计的目标概括为以下几点。

1) 提高市场占有率

合理布局市场的覆盖度及密度,建立并维护一定数量的分销点,满足新用户及潜在用户的需求,增强用户对本企业轿车产品的认知程度,树立本品牌在轿车用户心目中的地位。

2) 实现用户便利购买

轿车用户可以方便购买产品和获得售后服务,满足轿车用户对空间便利的要求。保证轿车产品在最短的时间内,通过最高效的服务送到用户手中,满足目标用户对时间便利的要求。

3) 实现有效的控制和管理渠道

通过合理的设计分销渠道,保证分销渠道的高效率性,同时对分销渠道可以实现有效的控制和管理。

2. 轿车分销渠道设计的原则

轿车制造商在设计分销渠道时,要考虑分销系统整体的优势,争取在竞争中处于优势地位,一般要考虑以下几个原则。

1) 覆盖适度的原则

随着市场的不断细分及市场环境的变化,轿车制造商必须全面考察目标市场所发生的变化,要能够准确把握分销渠道的地理覆盖能力,然后结合实际情况对分销渠道结构进行相应的调整,提高对轿车用户的服务水平。

2) 高效畅通的原则

轿车制造商在进行渠道设计时,应符合经济高效和物畅其流的要求。畅通的分销渠道应以轿车用户的需求为导向,将轿车产品通过最短的线路,送达轿车用户方便购买的地点,并提供尽可能优惠的价格,即让用户在合适的地点和合适的时间通过用户能接受的合理价格买到用户满意度比较高的轿车产品。同时轿车制造商还要努力提高分销效率,降低分销成本,以尽可能低的分销成本,获得最大的经济效益。

3) 稳定可控的原则

轿车制造商一般要花费很大的人力、物力和财力去构建分销渠道。所以,分销渠道一经构建及确定,在一般情况下,轿车制造商不会随便更换渠道成员,更不会轻易转换轿车分销渠道模式,这样才能进一步提高轿车分销渠道的效率。

4) 协调平衡的原则

轿车制造商在设计、构建分销渠道时,不能忽略渠道成员的利益,只追求本身的企业效益最大化。由于渠道成员之间存在竞争、冲突和合作等关系,因此轿车制造商对于分销渠道要有一定的控制能力,并引导和促使分销渠道各个成员之间有效地合作,减少或避免恶性竞争,鼓励各个成员之间合理的良性竞争,化解渠道成员之间的冲突和矛盾,确保渠道总体目标的实现。影响分销渠道的所有因素是处于不断变化的状态,一些企业原有传统的分销渠道会出现不合理的问题,这时渠道的掌控者即轿车制造商要具有相应的调整功能,以更好地适应市场的新情况、新变化。

二、轿车分销渠道设计的影响因素

轿车制造商在进行分销渠道设计之前,首先要考虑的是有哪些影响因素。分销渠道设计的影响因素主要有以下方面。

1. 产品特性

轿车产品的结构、产量、销量、价值和技术服务等方面的特点各不相同,这对分销渠道的中间商类型的要求也不同。对于轿车分销渠道进行设计应围绕主导轿车产品的特点的基础上,同时要兼顾未来发展产品和辅助产品去组建,以利于轿车制造商主导产品的分销。

2. 企业特性

轿车生产企业在产品组合、生产规模、渠道经验、财务能力和企业声誉等方面存在差异,因此分销渠道也就存在差别。不同的轿车制造商对中间商有不同的吸引力,因而直接影响轿车制造商决定中间商的类型和数量,如一汽大众、上海通用、上海大众等比较有市场优势的制造商可以很容易获得各地有实力的轿车经销商的加盟。

3. 分销目标特性

轿车制造商的分销目标也影响着分销渠道的设计。通常情况下,轿车制造商更加重视传统的分销网络的管理和建设,这是保证本企业轿车产品具有稳定市场的有效途径。同时,对即将开发的目标市场,轿车制造商必须有条件地选择分销商。

4. 市场特性

轿车产品市场竞争特点、购买者类型以及分销的地理范围的不同,也直接影响着轿车分销渠道的设计。若轿车产品的需求市场分布较广,此时适合设计宽渠道;若市场需求比较集中,此时适合组建短渠道。同时,还要研究同类型轿车产品竞争对手的分销渠道特点,不断优化自身的渠道。

5. 轿车中间商特性

轿车分销网络的中间商的分销能力、经济实力、服务能力、资信等级以及展示条件等,对于轿车分销渠道的功能和作用有直接影响,因此这是轿车制造商设计分销物流网络体系过程中应该重点考察调研的对象。轿车制造商在分析了上述综合因素之后,才可以结合企业分销渠道设计的目标和原则构建有利于企业发展的分销渠道。

三、轿车分销物流网络内涵及设计过程分析

轿车分销物流网络是指轿车制造商构筑轿车分销有关的物流网络,是由轿车制造商根据企业自身物流服务的发展需要,确定分销物流网络物流节点位置数量和网络中各节点间的运输策略,并由轿车制造商进行运营和管理,如图8-1所示。

图 8-1　轿车分销物流网络的简图

可见,轿车分销物流网络主要由节点及节点间的运输构成,因而对于轿车分销网络的研究也主要包括分销物流网络节点和分销物流运输方式两部分。

1. 分销物流网络节点

轿车分销物流网络节点是连接分销物流网络中各线路的节点,是轿车分销物流网络中一个很重要的组成部分,是组织物流活动、提供物流服务和完成物流功能的主要场所。轿车分销网络节点按照主要功能的不同分为流通型节点和销售型节点,其中流通型节点是以组织物流快速流转为主要职能的物流节点,通常分布在交通便利的地方,在轿车分销物流网络系统中,分货中心、流通仓库、配送中心和加工中心等都属于此类型的节点。销售型节点是以轿车产品的售卖为主要职能的物流节点,该类型节点在轿车分销物流网络中一般位于和轿车用户比较接近的地点,如专卖店、汽车市场和汽车超市等。轿车的分销物流活动都是在节点和线路上进行的。线路上所进行的分销物流活动主要是运输,而其他物流活动如包装、配货、仓储、流通加工和装卸搬运等,都是在分销物流网络节点上进行,同时分销物流线路上的运输活动也是通过分销物流网络节点联系和组织的。所以,分销物流网络节点是轿车分销物流系统的核心,分销物流网络节点的数量、位置及功能配置直接决定轿车分销物流系统的效率。

2. 分销物流运输方式

目前轿车产品分销物流运输方式主要采用公路以及铁路的运输方式。铁路运输具有很大的运输能力,并且运输成本较低,较少受气象、季节等自然条件的影响,可以保证运行的持续性和连续性,比较准时、安全,主要用于轿车产品从轿车制造商向各大型配送中心或地区分销中心的运输。公路运输具有时间上的灵活性,一般可以实现随时运输,同时具有空间上的灵活性,通常可实现门到门运输,运输批量比较灵活,启运批量最小,并且可以根据不同的运输要求提供服务,以最大程度地满足运输需求。公路运输方式运输发生点多、面广的特点,使它成为轿车产品运输的中坚力量。当单次运输量较小时,一般采用公路运输,如轿车产品从配送中心向各分销点的运输大多采用公路运输。

四、轿车分销网络设计的内容和步骤

轿车分销网络是轿车产品从制造商向最终用户转移过程中经过的所有中间环节连接起来的通道。轿车分销网络设计主要包含以下几个方面的内容。

1. 节点区位

节点区位对轿车分销物流网络的运营有着重要影响,因为轿车分销网络节点一经确定并运营,废弃或迁移的代价是十分昂贵的。因此,轿车制造商必须对其分销物流网络的节点区位进行各方面的综合考虑。好的节点区位可以使轿车企业以较低成本保证分销物流网络的运营。

2. 节点容量配置

节点容量配置决策在轿车分销网络运营中同样重要,在一个节点配置过高的容量,会导致节点设施利用率低下,成本过高;相反,如果在一个节点配置过低的容量,又会导致对需求反应能力过低,分销网络的服务能力降低,并且由此带来直接的经济损失。

3. 节点功能

在制定决策时应首先清楚,轿车分销网络的各个决策因素都是相互影响的。分销物流网络中每一节点功能的决策事关重大,因为它们决定了整个分销网络在满足用户需求、提供给用户服务的效率。

4. 市场和供给配置

确定每一节点应服务于哪些市场,每一节点由哪些供给源供货。节点的供应源及市场配置对轿车分销物流网络运营有重大作用,因为它影响整条轿车分销系统为满足用户需求所引发的运输及库存等成本。

轿车分销物流网络优化设计的步骤如下。

(1) 根据轿车产品的特点,明确需要优化的目标。选取变量及参数,确定目标函数和约束条件,建立轿车分销网络的优化数学模型。

(2) 根据优化模型,判别它是单目标优化问题,还是多目标优化问题;是有约束优化问题,还是无约束优化问题。

(3) 根据模型特点,确定合适的优化模型求解算法。设计优化模型的求解方法,通过算法或者编制程序,求出目标函数最优解。

(4) 对模型求解的优化结果进行分析,评价优化方案的效率。

案例思考:

(1) 试析轿车分销渠道选择的影响因素。

(2) 试析轿车分销渠道的常用模式及其优势。

第一节　分销渠道战略

一、影响分销渠道设计的因素

影响分销渠道设计的主要因素有以下几个方面。

(1) 顾客特性。包括渠道顾客人数、地理分布、购买频率、平均购买数量以及对不同促销方式的敏感性等影响因素。

(2) 产品特性。包括产品的体积和重量、单位价值、新颖性、工艺与非工艺特点以及产品耐用性、经久性都是影响渠道设计的变量。

(3) 中间商特性。企业设计营销渠道时必须考虑执行不同任务的中间机构的优、缺点,在成本、可获得性以及提供的服务三方面对中间商进行评估。

(4) 竞争特性。企业的渠道设计受竞争者所使用渠道的影响。某些行业的生产者希望自家产品在竞争者相同或相近的经销处与竞争者的产品抗衡。但在一些情况下,企业要避免与竞争者使用相同的分销渠道。

(5) 企业特性。企业特性在渠道设计和选择中的重要性主要体现在:总体规模、资金实力、产品组合、渠道经验和营销政策。

(6) 环境特性。企业所处的环境也会影响渠道的设计和选择,如经济发展状况、社会文化变革、竞争结构、技术以及政府管理等。

二、分销渠道系统设计决策

在分销战略决策中,企业必须决定营销渠道系统的总体设计,具体步骤如图 8-2 所示。

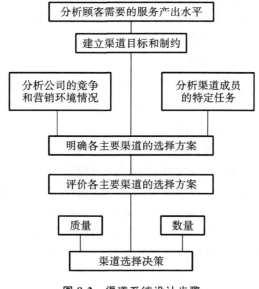

图 8-2　渠道系统设计步骤

1. 分析顾客需要的服务产出水平

营销渠道是企业向目标顾客传递价值网络中的一部分,每个渠道成员都将通过提供服务而为顾客增加价值。所以,设计营销渠道之初首先应该确定消费者需要从营销渠道得到什么(消费者对营销渠道所提供服务的期望)。营销渠道可提供以下五种服务产出。

(1) 批量大小:营销渠道允许顾客一次购买的单位数量。

(2) 等候时间:顾客等待收到货物的平均时间。顾客越来越喜欢交货更快的渠道。

(3) 空间便利:营销渠道为顾客提供产品的方便程度。

(4) 产品多样性:营销渠道提供的商品品种的宽度(多样化程度)。一般情况下,顾客期望渠道的产品品种多样化,这样会有更多的选择机会。

(5) 服务支持:营销渠道的附加服务,如信贷、安装、维修等。服务支持越强,营销渠道提供的服务内容就越多。

企业在设计营销渠道系统时,必须了解提高服务产出的水平意味着渠道成本的增加和对顾客收取较高的价格。不同消费者对营销渠道有着不同的服务需求。因此,要在目标市场战略的指导下,正确分析目标顾客需要的服务产出水平。

2. 确定渠道目标和制约

渠道目标,是企业预期达到的顾客服务水平,如何时、何地对目标顾客提供产品和实现服务。一般来说,企业会确定几个需要不同服务水平的细分市场,并决定需要服务于哪些市场以及用什么渠道服务于这些市场是最优的。在每一个细分市场中,企业都要力争做到在提供顾客所需的服务水平的同时使整个渠道成本最小化。

在确定渠道目标时,还要考虑企业的性质、产品、公司的竞争对手以及环境的影响,如企业的规模和经济实力决定了自己执行哪些营销职能而哪些营销职能必须让渡给中间商;销售易腐产品需要更加直接的营销方式来保证产品的品质,加快交易进程;经济大环境对渠道目标的设置也有很大的影响,经济不景气时,生产者总是要求利用较短的渠道将其产品推入市场,并且取消一些会提高产品最终价格的非根本性服务。而企业目标市场所属地区的法律法规也将影响渠道设计。

3. 明确各主要渠道的备选方案

企业在确定了渠道的目标与限制之后,接下来要明确各主要渠道的备选方案。渠道的备选方案涉及三个问题:中间商类型、中间商数目和每个渠道成员的责任。

4. 评估各种可能的渠道备选方案

在明确了几个渠道备选方案之后,企业就要对其进行评估以从中选择最能够满足其长期目标的方案。评估标准包括经济性标准、控制性标准和适应性标准。

(1) 经济性标准。企业将可能的销售、成本和利润率在选择方案之间进行比较。

(2) 控制性标准。企业引入中间商意味着在产品的营销上放弃一定的控制,而某些中间商则要求更大的力度。同等条件下,企业一般都会偏好于尽可能多的控制。

(3) 适应性标准。渠道的决策往往是长期的,但是企业更希望可以保持渠道的灵活性以适应环境的变化。

5. 渠道选择决策

在评价的基础上,对渠道方案做出选择。

三、分销渠道组织的发展

分销渠道不是由企业和中间商的简单集合,而是由个人和公司组成的复杂的行为系统,渠道的各个成员在其中互相影响以实现个人的、企业的和渠道的目标。

要使渠道作为一个整体运作良好,就必须仔细界定每个渠道成员的角色并管理渠道冲突。传统的分销渠道中,各渠道成员之间是相对独立的个体,都分别地寻求自身利益的最大化,而将整个渠道系统的利益置于不顾。

随着市场的不断发展,企业意识到渠道成员之间必须联合起来,共同开发市场,为顾客提供更多的价值,才有利于提高营销效率。

1. 垂直营销系统

垂直营销系统是近年来最重要的分销渠道发展趋势之一。与传统分销渠道相比,垂直营销系统是由生产商、批发商和零售商所组成的一个联合体。某个渠道成员,作为渠道领导者拥有其他成员,或者与其他成员有特许经营关系,或者拥有相当实力使其他成员愿意合作。在实践中,垂直营销系统主要有以下三种类型。

(1) 公司式垂直营销系统。公司式垂直营销系统(corporate VMS)是由同一个所有者名下的相关的生产部门和分销部门组合而成的。垂直一体化被公司所喜爱是因为它能对渠道实现高水平的控制。

(2) 管理式垂直营销系统。管理式垂直营销系统(administered VMS)的生产和分销是由一家规模大、实力强的企业出面组织的。

(3) 合同式垂直营销系统。合同式垂直营销系统(contractual VMS)是由各自独立的公司在不同的生产和分配水平上组成的,它们以合同为基础来统一它们的行动,以求获得比其独立行动时所能得到的更大的经济和销售效果。

2. 水平营销系统

水平营销系统(horizontal marketing system,HMS),指同一层由两个或两个以上的公司联合起来共同开发一个新的市场机会。渠道系统的成员一同工作并将财务资源、生产资源和营销资源结合起来,去实现单独无法完成的目标。

3. 混合渠道系统

随着消费者细分市场的增长、技术的发展,越来越多的企业开始采用两个或两个以上的分销渠道将产品销售到一个或者更多的细分市场中,这称为混合渠道分销。混合渠道系统为制造企业提供了三方面利益:扩大产品的市场覆盖面、降低渠道成本和更好地适应顾客要求。

第二节 渠道分析技术

渠道分析包括渠道结构分析、渠道运营状况诊断及绩效评价、渠道成员评价、零售终端分析等内容,其中的核心技术是围绕渠道诊断来展开。渠道诊断就是对渠道的结构合理性、渠道运行状态、渠道的财务绩效、顾客满意度、渠道成员等进行分析和评估,以期发现渠道结构和运营存在的问题,为渠道结构调整和渠道管理提供决策依据。渠道诊断的基本模型如图 8-3 所示。

图 8-3 显示了渠道分析的主要内容,其中渠道结构分析主要是对渠道模式和渠道网络覆盖情况的分析,渠道运行分析主要是对运行质量和运行绩效的评价。图 8-3 中各项分析和评价所需要的支持数据均可以通过市场调查的数据收集手段获得,如重点区域渠道普查和渠道抽样数据,也可以通过分区抽样、局部普查的方法,以及通过企业内部报告系统(如财务报表)获得数据。获得数据后便可以通过一定的数据处理方法,计算出相关

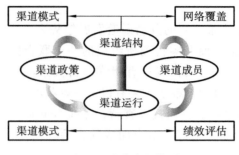

图 8-3　渠道诊断模型

的各项指标,借以对渠道结构和渠道运行进行分析和评价。

一、分销渠道结构分析

分销渠道结构是指存在于分销渠道中的各种物质实体的结构关系在地理空间上的延展,是厂商、中间商及消费者之间构成的空间范围,表现为点、线、面等基本要素构成的网络系统。分销渠道结构评价是渠道分析中最核心的内容,为了达到理想的分销目标,企业在渠道结构策略设计和评价时,首先要从以下方面进行考量。

(1) 分销在企业目标和策略中占有什么样的地位?
(2) 分销在市场营销体系中占有什么地位?
(3) 分销的目标和规划是什么?
(4) 企业如何设计营销渠道,以达到分销目标?
(5) 选择哪些渠道成员?
(6) 如何管理渠道成员,以实现分销目标?
(7) 如何管理渠道外部系统,以持续、有效、快捷地实施企业渠道规划?
(8) 如何评估渠道成员的表现?

分销渠道分析需要借助一系列指标的计算来进行,它涉及渠道模式的比较分析和渠道网络覆盖情况分析两个方面(见图 8-4)。

其中,渠道模式的比较分析主要通过财务评估、分销成本收益比较等方法来实现,以确定何种渠道模式的效果最好。渠道模式的评价和选择是一个动态管理的过程,评估时考虑的因素主要有下列几个方面。

1) 自身因素

企业自身因素涉及企业的规模、财务能力、管理经验、目标与战略等方面。规模越大的企业越容易掌控渠道,对渠道结构的选择范围就大,而公司的资本越雄厚,对中间商的依赖程度就越小,就更趋向于减少渠道环节。同时,许多小公司缺少执行分销任务所必需的管理技巧,因此其渠道的设计往往倚重中间商。此外,公司总体目标和战略(如实施对产品和服务进行高度控制的目标)可能会限制使用中间商。

2) 产品因素

产品的价值、数量、体积与重量、技术含量、对售后服务的要求以及商品所处的生命

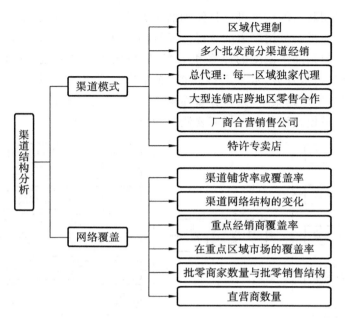

图 8-4 分销渠道结构分析指标

周期阶段等都是渠道管理者在设计渠道结构时必须考虑的因素。其中,单位价值低的产品常常选择较长的分销渠道,并采取密集分销。易腐性是影响渠道设计的另一个产品特征,它的产品通常采用短渠道,以降低坏损风险。易腐性还与产品的生命周期短相关,如一些非常时尚的服装,由于消费者的特定需求停驻时间非常短暂,所以这些产品应当采用短渠道。同时,拥有沉重、体积大、易碎等特征而不易运输的产品通常采用短渠道,而技术复杂程度和非标准化的产品通常需要精细的服务或训练有素的人员对产品进行解释,这些产品多采用直接营销渠道。

3) 竞争因素

通常,企业要尽量避免和竞争者使用同一营销渠道。如果竞争者使用和控制着渠道,企业就应当使用其他不同的渠道推销其产品。另外,由于受消费者的购买模式的影响,有些企业不得不使用竞争者所使用的渠道。

4) 市场因素

市场因素包括潜在顾客的状况、市场的地区性、销售量的大小、商品的季节性以及消费者购买习惯等。如果潜在顾客分布面广,市场范围大,就要利用长渠道、广告推销;若是国际市场聚集的地区,营销渠道的结构可以短些,一般地区则采用传统性营销路线即经批发商与零售商的销售。如果一次性销售量大,可以直接供货,则营销渠道就短;一次性销售量少,就要多次批售,则营销渠道会长些。具有季节性的商品应采取较长的分销路线,若要充分发挥批发商的作用,则营销渠道会更长。顾客对各类消费品购买习惯,如易接受的价格、购买场的偏好、对服务的要求等均直接影响分销路线。

5) 环境因素

影响渠道结构和行为的环境因素主要包括社会文化环境、经济环境等。社会文化环境包括一个国家或地区的社会风气、社会习俗、生活方式、民族特性、思想意识形态、道德规范等因素,与之相联系的概念可以具体到消费者的时尚爱好和其他与市场营销有关的一切社会行为,从而影响分销渠道的选择。经济环境是指一个国家或地区的经济制度和经济活动水平,它包括经济制度的效率和生产率,与之相联系的概念可以具体到经济周期、通货膨胀、科学技术发展、水平人口分布、资源分布等。经济环境对营销渠道的构成有重大影响,例如,生产越集中,人口分布面越广,营销渠道就越长。

具体而言,渠道模式评估和选择需要测量的指标如图8-5所示。

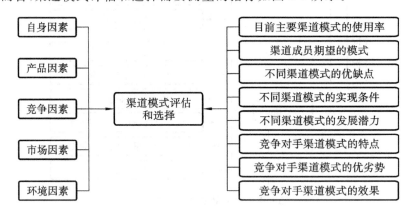

图8-5 渠道模式评估和选择测量指标

渠道网络的覆盖是渠道结构分析的另一个重要方面,渠道网络覆盖率评估的内容主要包括以下几个方面。

(1) 渠道成员的数量。渠道成员数量的多少,在一定程度上反映了该渠道的市场覆盖面。一般而言,渠道成员的数量越多,市场覆盖面就越大;反之,则越小。

(2) 渠道成员的市场分布状况。渠道成员的市场分布越广,其市场覆盖面就越大,商品的销售区域就越广。通常,较长渠道的渠道成员分布较广,其市场覆盖面也就较广。

(3) 商圈的大小。商圈的大小也是判断渠道畅通的一个重要内容。商圈是指每个商业网点吸引顾客的地理区域,它以商店为核心,向四周扩散,构成一定的辐射范围,形成商业圈。零售商业圈的规模和形状受各种因素的影响,如商店的类型、商店的规模、竞争者的位置、交通状况、消费者购买习惯等。对于某个品牌的分销渠道而言,其市场覆盖面是指在该渠道中商圈不重复的总和。

渠道网络覆盖率的评价指标是指市场覆盖面、市场覆盖率,其中,市场覆盖面指分销渠道的终端网络所分销产品的市场覆盖地区。其覆盖的区域越大,表明市场覆盖率越高,顾客就越容易购买到该商品,其公式为

市场覆盖面=各个分销网络终端商圈面积之和-重叠的商圈面积

市场覆盖率指该渠道在一定区域的市场覆盖面与该区域总面积的比。市场覆盖率越高,说明营销渠道的网络分布越广,密度越高,空白点越少,其计算公式为

市场覆盖率=某产品渠道的市场覆盖面÷该市场的全部面积

渠道网络覆盖率的测量指标如表8-1所示。

表 8-1 渠道网络覆盖率分析指标

测量指标	指标说明	指标使用意义
铺货率或覆盖率	铺货率或覆盖率=某区域市场销售本品牌的经销商数量÷本品类经销商数量=所调查的经销商中经销本品牌的经销商数量÷调查样本总量	反映渠道总体规模是否有必要增加渠道成员的数量?增加多少?
铺货率或覆盖率的变化	与上年相比,本品牌渠道或竞争对手在铺货率或覆盖率上的变化,用上年末经销本品牌的商家占调查样本总量的比例	通过区域比较,能发现竞争对手营销的变化趋势;通过规模比较,能发现竞争对手的渠道动向
重点经销商覆盖率;直营商数量	重点经销商和直营商数量覆盖率	反映渠道结构的合理性;评价渠道分销效率
重点区域的覆盖率	在重要区域的铺货情况	反映渠道结构的合理性
批零商家数量与批零销售结构	批发商和零售商的数量之比;批发营业额和零售营业额之比	反映渠道结构的合理性;评价渠道分销效率;反映竞争对手渠道动向

二、分销渠道政策评价

分销渠道的运行借助于一套完备的分析政策来支持,这些政策涉及进货开工和规则、销售支持、渠道成员的激励、渠道服务、推广和促销支持,以及其他一些特殊政策。分销渠道政策分析主要是对这些政策的完善程度、政策的激励程度、政策满足渠道运行效率的水平等的评估。

渠道政策的评估可以通过与竞争对手渠道政策的比较中找到差距和影响渠道运行效率的根本原因,也可以通过政策调整前、后期渠道的表现来进行比较。由于渠道政策影响着渠道成员的心理和行为,并能通过渠道成员的努力水平和合作冲突来体现,因此,可以借助满意度分析来进行。

三、分销渠道成员分析

分销渠道成员分析主要是对中间商的评价。对中间商的评价主要是对其能力、合作意愿、努力水平、诚信水平等的评价,具体体现在以下几个方面。

1) 中间商的市场范围

中间商的市场范围所包括的地区与企业产品的预计销售地区是否一致、中间商的销售对象是否是生产商所希望的潜在顾客,这是评价中间商的首要环节。

2) 中间商的产品政策

中间商承销的产品种类及其组合情况是中间商产品政策的具体体现。评价中间商时要看中间商的"产品线"(即供应来源)数量和各种经销产品的组合关系。一般情况下,企业应该尽可能避免选择经销竞争产品的中间商,即中间商经销的产品与本企业的产品是同类产品。

3) 中间商的地理区位优势

选择零售中间商最理想的区位应该是顾客流量较大的地点。而对于中间商的选择则要考虑它所处的位置是否利于产品的批量储存与运输。评价中间商时对其地理位置优势的分析也是必需的。

4) 中间商的产品知识

对产品销售有专门经验的中间商会很快地打开销路,因此,许多对销售某种产品有经验的中间商往往被规模巨大的名牌产品生产商所选中。

5) 合作意愿和水平

中间商与生产企业合作得好会积极主动地推销企业的产品,对双方都有益处。有些中间商希望生产企业也参与促销,扩大市场需求,并相信这样会获得更高的利润。生产企业应根据产品销售的需要确定中间商合作的具体方式,然后再选择最理想的合作中间商。

6) 中间商的财务状况及管理水平

中间商能否按时结算包括在必要时预付货款,这取决于其财力的大小。整个企业销售管理是否规范和高效,关系着中间商营销的成败,而这些都与生产企业的发展休戚相关。因此,这两个方面的条件也必须考虑。

7) 中间商的促销政策和技术

采用何种方式推销商品及运用选定的促销手段的能力直接影响销售规模。有些产品广告促销比较合适,而有些产品则适合通过销售人员推销;有的产品需要有效的储存,而有的产品则应快速运输。要考虑到中间商是否愿意承担一定的促销费用及有必要物质、技术基础和相应的人才,必须对中间商所能完成的某种产品销售的政策和技术的现实可能性做出全面评价。

8) 中间商的综合服务能力

经营服务项目及其所涉及的方面非常广泛,有些产品需要中间商向顾客提供售后服务,有些产品在销售中要提供技术指导或财务帮助(如赊购或分期付款),有些产品还需要专门的运输存储设备。这些需要对中间商的综合服务能力做出全面评估,并确保中间商所能提供的综合服务项目、服务能力与企业产品销售所需要的服务要求相一致。

评价中间商并不像表面上那样容易,即使是一种特定类型的批发商和零售商,它们各自在渠道中发挥的功能与作用也不尽相同,甚至差别很大,这给评价中间商带来一定的困难。在上述评价内容的基础上,表8-2提供了一套评价的标准和尺度。

表 8-2 分销渠道成员的评价指标

财务能力	培训计划
市场覆盖率和销售能力	营业场所设备、工具
商誉	订购和支付历史
管理能力	提供的服务
产品线	合作意愿
广告和销售促进	分享资源的意愿

表 8-2 中,中间商的财务能力、市场覆盖率和销售能力、商誉以及管理能力最为重要。

(1) 财务能力。中间商的财务能力既反映着中间商的整体实力,也反映着中间商执行某一特定渠道功能的能力。例如,一个财务能力差的中间商可能无法如制造商所期望的那样扩展其消费信贷、维持足额的存货、准时支付贷款,甚至可能用制造商的产品来弥补其损失,导致制造商钱货两空。

(2) 市场覆盖率和销售能力。按分销点数量和销售能力来测量的市场覆盖率是中间商评价的另一个重要指标,这一指标还包括中间商销售队伍的大小和能力,以及中间商的产品线和竞争能力等。

(3) 商誉。商誉是一种无形资产,是企业获得持续竞争能力的关键,它蕴涵了企业的基本素质和能力,测评中间商在行业中和顾客中的声誉是测量其全部能力素质的最佳方法。

(4) 管理能力。管理能力是中间商成功的关键,尽管管理能力非常难以判断,但组织结构、企业背景、人员培训、战略的充足性等都可以显示公司的管理能力,评价中间商就需要对其管理能力进行测评。

中间商可以用关键因素分析法来进行评价,按每一指标的分值和权数对各中间商进行打分,从中选择得分较高的中间商来作为自己的渠道伙伴,或者对现有的中间商进行取舍。

四、分销渠道运行分析

分销渠道运行分析是渠道分析中最为核心的部分,它包括渠道运行质量评估和渠道绩效评估两个相互联系的方面。其中,渠道运行质量包括渠道畅通性评估、渠道流通能力及其利用率评估、渠道的服务质量评估等内容,而渠道绩效评估主要是指渠道的财务绩效评估。分销渠道运行分析的评估模型如图 8-6 所示。

渠道运行质量可以从渠道能力、渠道效率和渠道稳定性与忠诚三方面考量。其中渠道能力主要包括渠道资源和资源的利用能力,涉及渠道销售人员的数量、经营场所、运输能力、信息收集和反馈能力、投入流动资金量以及融资能力等。渠道能力最重要的指标是覆盖网点的分销能力,它按照本品牌覆盖网点的销售量与本地商家总销售量的比值来确定。渠道效率由网络分销能力利用率、分销效率、直营商效率三个指标构成,其中网络

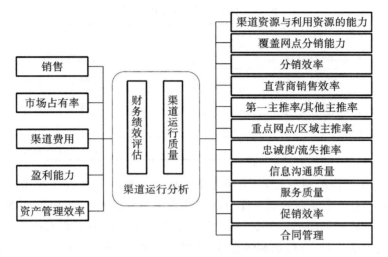

图 8-6 渠道运行质量体系

分销能力利用率按照本品牌批零总量与该品牌所覆盖网点的批零总量的比值来计算，分销效率按照厂家实际出货量与品牌的批零总量的比值来确定，而直营商分销效率用直营商销售总量与品牌的批零总量的比值来反映。渠道稳定性与忠诚由第一主推率、其他主推率、重点网点或区域主推率以及忠诚度或流失推率等指标构成。

分销渠道的财务绩效评估主要包括销售分析、市场占有率分析、渠道费用分析、盈利能力分析和资产管理效率分析等方面。

1) 销售分析

销售分析包括销售差异分析和微观销售分析。销售差异分析是指对销售额的变化进行原因分析，该分析是价格变动的结果，也是销售变化的结果，目的是为调整提供依据。微观销售分析是指将分析渠道细分为不同地区、不同产品等部分，然后进行销售水平的比较分析。

2) 市场占有率分析

市场占有率指标是指本企业的产品销售与整个市场的产品销售之间的比例。市场占有率指标既可以反映整个市场竞争的格局，又可以反映本企业相对于竞争对手的市场地位的变化，从而反映营销渠道的运行效率，为营销渠道的改进提供依据。市场占有率分析可以通过以下方法进行。

(1) 全部市场占有率。该指标是指企业的市场销售额占全行业销售额的百分比。企业可以用这种方法测量本企业在行业中的地位，只是在计算时必须注意两个前提：行业的范围和地区范围；计算时是按销售额还是按销售量来进行。

(2) 可达市场占用率。该指标是指企业的商品已到达的市场上的销售额占企业所服务市场总销售额的百分比。其中，可达市场是指企业计划进入的目标市场，该指标可以反映企业在该目标市场的渠道效率。

(3) 相对市场占有率。该指标是指企业的销售额与主要竞争者销售额之间的比率。该指标直接反映了企业与竞争对手之间渠道效率的高低以及市场地位的高低。

3) 渠道费用分析

渠道费用分析是指对渠道总费用水平和费用结构的分析。其中,渠道费用是企业在组织商品销售过程中产生的各种流通费用,包括仓储费、运输费、包装费、人工费、促销费等,可以用分销渠道费用额和分销渠道费用率来表示。分销渠道费用额是指一定时间内营销渠道内所发生的各种费用的金额,是判断营销渠道财务绩效的基础;分销渠道费用率是指一定时期内渠道的费用额和商品销售额之间的对比关系。

4) 盈利能力分析

分销渠道的盈利能力的评价可以通过以下指标进行。

(1) 销售利润率,这是直接反映渠道盈利能力的主要指标,反映了企业每百元销售额所实现的利润水平。如果实现的利润越高,说明渠道的效率越高,经济效益就越好;反之,则渠道的效率越低,经济效益就越差。

(2) 费用利润率,是指销售利润额与营销渠道费用额之间的比率,表示每花费百元费用所实现的利润的多少。一般而言,费用利润率上升,说明在同等费用的条件下,取得了较好的经济效益。

(3) 资产利润率,是指在一定时期内实现的利润额与全部的资产总额的平均占用额的对比关系,它表明每花费百元费用所获取的利润额。资金利润率指标是站在投资者的立场,来评价渠道资产的效益。

5) 资产管理效率分析

营销渠道的运转不仅是商品实体的流转过程,同时还是资金本身的流转过程,其中资金本身的流转速度直接反映了营销渠道的运行效率。对资金占用方面的评价,可以用资金周转率和存货周转率来考评。

(1) 资金周转率,也称为资金周转速度,是指在一定时期内现有资金在营销渠道中被循环使用的次数。使用的次数越多,表明资金的利用率就越高,其效益就越大;次数越少,其效率就越低。

(2) 存货周转率。商品库存的管理是资产管理的重要内容,对存货的管理实质上是对资金利用效率的管理。存货周转率是指产品的销售收入与存货平均余额之比,该指标反映了在一定时期内,库存商品的周转次数。周转次数越多,说明商品的存货量越低,资金利用率就越高,效益就越好。

第三节 商圈分析与零售店选址

连锁经营机构经常要面临的一个问题是城市进入的问题。中国目前有近 700 个城市,首先应该进入哪些城市呢?在确定了要进入的城市后,连锁经营机构就需要仔细研究每个城市可能的竞争对手状况,包括竞争对手的经营状况、竞争状况等,帮助投资人初步了解该城市的市场上可能存在的各种竞争因素。接着,连锁经营机构就要做选址研究,以做出正确的选址决策。

零售选址技术在国外已经发展了50多年,随着计算机技术的发展和零售相关数据采集的逐渐增多,零售选择技术日臻完善。因此,在选址时,结合定量分析和定性分析,将定量分析法作为传统经验法的补充和修订,并采取科学的选址程序,可以在选址方面做出更理性的选择,取得更好的效果。

一、重力模型

重力模型源于牛顿的万有引力定律,万有引力定律在非物理学科中的应用主要是表达两个个体之间的相对吸引力。将重力模型和人口状况的数据库结合起来评估店铺选址的方法是由Huff在1964年首先提出的。

重力模型的本质是分析顾客选择商店的关键因素,得出顾客选择商店的概率,从而为企业店址选择的地点和数量提供参考。

重力模型可以计算出居住在所选地理区域(比如一个人口统计区域、一个邮政编码区域或任一指定区域)的居民光顾该店的概率。公司就可以利用这些概率数据推算出该零售店能够获得的销售额和市场份额。

该模型主要根据两个因素估算各个竞争商店的市场份额,这两个因素是:

①商店在满足顾客需求方面的整体声誉(也称形象或吸引力);

②从顾客的常住地到零售地点的交通便利性,要使用这个模型,需要每个地理单元中人口构成的数据,还需要从每个地理单元到零售地点的距离数据(以确定到达商店的便利性)。

支持店址决策的正规模型倾向于评价顾客概况、商店形象、驾车时间及竞争者等因素的综合影响。重力模型提供了一种评价这些因素和其他影响因素的建模框架——离散选择模型。

重力模型的基本假设是:顾客或个人 i 选择商店 j 的概率为

$$P_{ij} = \frac{V_{ij}}{\sum_{n \in N} V_{in}} \tag{8-1}$$

式中:P_{ij} 为地理区域 i 内的顾客选择第 j 个地点的商店的概率(在选择次数中所占的比例);V_{ij} 为商店 j 对地理区域 i 内的顾客的吸引力(也叫作价值或效用)指数;N 为与新商店竞争的商店集合(在引力模型的改进形式中,可用 i 作 N 的下标,以表明在不同区域里 N 值不同)。

商店经过发展后,在重力模型中有一些修正,更具体地说在重力模型中,认为价值(V_{ij})取决于几个关键因素。其中一个重要因素是店址 j 的商店(或购物中心)的面积。这里假设商店越大,吸引力就越大。一般而言,较大的商店通常提供的产品更多,价格也更优惠,因而就更有可能满足顾客的需求。另一个重要因素是从消费者家里到每个零售店(包括新店)的距离。这个距离越远,对位于第 i 个区域的消费者而言,其吸引力越小。

最后,该模型允许采用多种参数来修正商店面积和距离对顾客选择某家商店的决策造成的影响。

第八章 分销渠道决策

这样,某地理区域内的消费者会被"拉"(就像重力的作用一样)向离家更近、面积更小、形象更好的商店。

在实际中,式(8-1)中的 V_{ij} 的具体形式为

$$V_{ij} = \frac{S_j^\alpha}{D_{ij}^\beta} \tag{8-2}$$

结合式(8-1)和式(8-2),得到重力模型的基本公式为

$$P_{ij} = \frac{S_j^\alpha / D_{ij}^\beta}{\sum_{n \in N} S_j^\alpha / D_{in}^\beta} \tag{8-3}$$

式中:P_{ij} 为地理区域 i 内的消费者选择第 j 个店址的商店的概率;S_j 为店址 j 的商店的面积(更准确地说,可以是商店形象的某个指数);D_{ij} 为店址 j 的商店与地理区域中心 i 的距离(更准确地说,可看作是到达该店的难易程度,而不仅仅是距离);α 为商店吸引力(形象)影响系数,用来调整商店面积(或形象)对顾客光顾某家商店的决策造成的影响参数;β 为距离影响系数,用来调整距离(或到达难易程度)对顾客选择决策造成的影响参数。

二、重力模型实施步骤

建立重力模型时要经过以下步骤。

(1) 界定市场区域。找出新的店址及要为之服务的地理区域,并将该区域划分为小区域。这些小区域应当在人口统计特征、竞争商店与活动障碍(如河流、铁路线)等方面相对一致。

(2) 获取可能与新商店竞争的现有商店的数据。尤其是关于该市场区域内每个竞争对手的店址、规模、销售额以及其他特征的数据。

(3) 计算现有每家商店与每一小区域间的距离。只要输入小区域和商店店址的具体信息,软件就可以自动计算出两者的距离。有时仅靠步骤(2)和步骤(3)得到的数据就能够反映出某个店址的潜在价值。例如,如果这些数据表明,现有商店每平方米的销售额远远高于平均水平,或者消费者要走很远才能到达现有商店,则该区域可能存在能带来很大利润的商店。

(4) 通过市场区域中现有竞争者来校准重力模型。具体而言,先选择出与现有数据拟合度很高的一组 α 值和 β 值。一般来说,α 值和 β 值的初始值设置为 1,除非有理由认为其他值更好。对于所选定的参数值,利用步骤(2)和步骤(3)计算得出面积信息和距离信息,通过式(8-3)计算得出 P_{ij},然后按下列公式计算每个现有竞争者商店的市场份额:

$$m_j = \frac{\sum_{i \in I} P_{ij} T_j}{\sum_{j \in J} \sum_{i \in J} P_{ij} T_j} \tag{8-4}$$

式中:P_{ij} 为已算出的区域 i 内商店 j 被顾客选择的概率;T_j 为衡量小区域 j 销售潜力的指标;I 为该市场中小区域的个数;J 为该市场现有商店的数量。

式(8-4)中,方程的分子表示的是商店 j 的销售潜力,分母表示的是该市场上所有现有商店的销售潜力。此处需要说明的是:每个小区域的潜量(T_j)可用任何合适的、可以获得的指标来衡量。具体的实际指标选择取决于商店的性质和产品大类。在某些情况下,潜量可以是某个综合指数,如某小区域内某户或所有家庭的年均支出;也可以是某种具体产品的指数;甚至还可用一些平均值为100的人口统计变量的相对指标来表示,如年龄或收入(如果用指数类衡量指标,就要确保指数值越高表示的市场潜力越大,如年龄越小,则潜量越大,类似摇滚乐光盘的购买)。

重力模型中最常用的人口统计信息是收入、性别、年龄、职业、教育程度、家庭人口数、宗教信仰、种族和国籍等特征。

检验该模型得出的市场份额 m_j(或销售潜力 $\sum_{i \in I} P_{ij} T_j$)是否与现有竞争者的实际市场份额一致。如果不一致,就要改变参数 α 值和 β 值,并重复步骤(4)的操作,直到找到符合的 α 值和 β 值为止(α 和 β 的取值可以运用一些统计方法,参见 Cooper,Nakanishi,1988)。

(5) 评价一家新店设在不同位置时的销售潜力。将在所选店址上设立的一家新店 k 引入模型,用估计出来的 α 值和 β 值重新计算 P_{ij},从而计算出这家新店在该区域内的销售潜力($\sum_{i \in I} P_{ik} T_k$)。重复这一过程,计算出这家新店在其他位置的销售潜力。

(6) 新店选择地址,即选择销售潜力($\sum_{i \in I} P_{ik} T_k$)最大的位置。

三、重力区位模型

重力区位模型是用来选择能从供应商处运来的原材料运输成本和向市场运送的最终产品运输成本之和最小的地点的一种辅助设施布局和容量配置的一种决策方法。

首先计算各个客户区到分销中心的距离:

$$d_n = \sqrt{(x-x_n)^2 + (y-y_n)^2} \tag{8-5}$$

然后计算 (x', y'):

$$x' = \frac{\sum x_n \times D_n \times \frac{F_n}{d_n}}{\sum D_n \times \frac{F_n}{d_n}} \tag{8-6}$$

$$y' = \frac{\sum y_n \times D_n \times \frac{F_n}{d_n}}{\sum D_n \times \frac{F_n}{d_n}} \tag{8-7}$$

式中:D_n 为供应源或市场与工厂之间的运量;(x_n, y_n) 为市场或客户区的坐标,初始待定分销中心的坐标(x, y)可设为$(0, 0)$;n 为客户区的总数;F_n 为供应源或市场与工厂之间每单位货物的运输一英里成本。

如果新的坐标(x', y')与原坐标(x, y)比较接近,则以(x', y')为所求的新分销中心地址,否则,取(x,y)等于(x',y'),循环计算直到找到满足(x,y)约等于(x',y')的坐标为止。

A跨国公司决定在中国新建一个工厂,该公司拥有三个配件厂,分别在重庆、合肥和武汉,同时该公司的新厂市场设在西安、郑州、长沙、南昌以及杭州。各个城市的坐标(x_n,y_n)如图8-7所示,如重庆坐标为(225,825),合肥坐标为(700,1200)……同时已知供应源或市场与工厂之间的运量D_n以及每单位货物的运输一英里成本F_n,如合肥到新工厂的运量为500,运输成本为1.9元。

	A	B	C	D	E
1	地点	Fn	Dn	Xn	Yn
2	供应源				
3	合肥	1.9	500	700	1200
4	武汉	1.95	300	250	600
5	重庆	1.85	700	225	825
6	市场				
7	西安	2.5	225	600	500
8	郑州	3.5	150	1050	1200
9	长沙	4.5	250	800	300
10	南昌	5.5	175	925	975
11	杭州	6.5	300	1000	1080
12	总计				

图8-7 城市坐标图

首先假设新建工厂的初始坐标(x,y)为$(0,0)$,按照重力区位模型公式计算,计算得出$(\hat{x},\hat{y})=(555.0263,772.1164)$,因为初始$(x,y)=(0,0)$,二者不相等,于是令$(x_1,y_1)=(555.0263,772.1164)$,继续上式的计算,得出新的$(\hat{x},\hat{y})=(584.2507,858.371)$,比较$(\hat{x},\hat{y})$和$(x_1,y_1)$,二者不相等,令$(x_2,y_2)=(\hat{x},\hat{y})=(584.2507,858.371)$,继续运算,直到新坐标$(x',y')$与原坐标$(x,y)$基本相同为止,则坐标$(x',y')$为所求得的新分销中心的地址。所以最后得出$(\hat{x},\hat{y})=(618.678,870.529)$。Excel操作步骤如下。

(1) 建立Excel工作表,在表格中输入供应源与市场的坐标,以及F_n、D_n、x_n与y_n的数值。

(2) 根据距离公式及坐标公式,设初始分销中心$(x,y)=(0,0)$,在B15中输入"0",C15中输入"0",在E14中输入"$\hat{x}$",F14中输入"$\hat{y}$",表示变动的分销中心坐标;在F1中输入"dn",在F3中输入公式"=SQRT(POWER((\$C\$15-D3),2)+POWER((\$C\$15-E3),2))",同时下拉到F11,则每个距离dn均可得到;在G1中输入"DnFnXn/dn",在G3中输入"=C3*B3*D3/F3",同样下拉到G11;在H1中输入"DnFnYn/dn",在H3中输入"=C3*B3*E3/F3",同样下拉到H11;在I1中输入"DnFn/dn",在I3中输入"=C3*B3/F3",同样下拉到I11;在G12中输入"=SUM(G3:G11)";在H12中输入"=SUM(H3:H11)";在I12输入"=SUM(I3:I11)";活动的分销中心的坐标$\hat{x}$在单元格E15处,输入"G12/I12";$\hat{y}$在单元格F15处,输入"H12/I12"。

(3) 计算得出(x_1,y_1),与原有坐标$(0,0)$相比,二者不相等,继续计算,这时将$(x_1,$

y_1)代入公式计算,所以 F3 中输入改为"＝SQRT(POWER((B－D3),2)＋POWER((C－E3),2))",继续计算,直到算出$(\hat{x},\hat{y})=(x_n,y_n)$为止。

Excel 的迭代计算功能可以帮助简化这个复杂的运算过程。

(1) 将初始坐标值(x,y)赋予和$(\hat{x},\hat{y})$相同的公式:x＝G 12/I12,y＝H12/I12。

(2) 单击菜单栏的"工具"选项,打开"选项"窗口,再单击"重新计算"按钮,将"迭代计算"处打上钩。

(3) 将 dn 中的公式引用(x,y)的值,即 SQRT(POWER((B15－D3),2)＋POWER((C15－E3),2))。然后将公式复制到本列所有单元格,就可以从(x,y)中得到最终结果。

(1) 影响渠道设计的因素有哪些?
(2) 试析渠道分析的主要内容。

A 跨国公司决定在中国新建一个工厂,该公司拥有三个配件厂,分别在重庆、合肥和武汉,同时该公司的新厂市场设在西安、郑州、长沙、南昌以及杭州。请结合第三节提供的相关信息,应用重力区位模型原理,运用 Excel 进行操作,并计算出新建工厂的最终坐标。

第九章 促销策略

教学目标

(1) 育人目标:在确定目标市场营销战略的基本训练之后,开始进行营销决策的实际操作。

(2) 课程目标:①掌握广告预算决策模型;②理解经典整合促销模型;③掌握促销组合线性规划。

教学重点

通过引导案例的解释,使学生理解促销组合。具体内容为:①广告决策模型;②经典整合促销模型;③促销组合线性规划。

高校市场作为移动通信市场的一个重要细分市场,一直是各移动通信运营商的重点竞争领域。根据教育部2016年发布的《中国高等教育质量报告》显示,我国在校大学生已达到3700万人。这些将手机作为日常生活必需品的大学生,将形成一个规模巨大的市场。大学生是一个独特而又十分重要的消费群体,他们对整个社会的消费习惯有很强的引领作用,也是未来消费的主力军之一,他们的选择对于移动通信运营商的发展具有重大影响。因此,移动通信运营商对大学生进行营销推广具有重要的战略意义,而这其中营销管理技术的选择是至关重要的一个环节。

当下我国移动通信行业正发生着巨大的变化。随着政府管制的放宽和虚拟运营商的加入,由中国移动、中国联通和中国电信(以下简称三大运营商)组成的寡头垄断格局将被打破,形成一个新的市场竞争态势,并且也传递到高校市场。而随着长途和漫游资费的取消,各运营商的套餐组合以及与长途、漫游有关的项目将退出历史舞台,只剩下手机通话、移动互联网和短彩信三大基础业务,它们相互之间的同质化程度越来越高,唯一不同的就是产品组合方式和数量。种种变化,导致各移动通信运营商对高校市场的竞争愈演愈烈。

促销策略一般包括广告、人员销售、销售促进、公共关系、直复与数字营销等。在运营商的校园营销中,比较突出的有广告、人员销售和销售促进等。通过调研可以看出,新生开学时,移动通信运营商进行展台促销能吸引大量新生办理开户业务,因此促销是移动通信运营商的营销推广中非常重要的一个环节。而在平时,促销也能很好地树立品牌形象,并传播品牌价值。

ADBUDG模型是Little在1970年开发出来的一种预算决策方法,广泛应用于构建广告、推销努力的市场反应模型中。这个模型通过对数据的分析和主观的判断,来研究市场份额对广告支出或对推销努力程度的反应,其形式为

$$Y = b + (a-b)\frac{X^c}{d+X^c}$$

式中:Y为市场占有份额;X为广告支出或推销努力程度;a为市场份额或市场销量的最大值;b为市场份额或市场销量的最小值;c, d为参数。

在此,将该模型用于分析市场销量对销售人员投入量的反应中。通过对北京某高校移动通信运营商校园运营项目负责人的访谈,得到了一组数据:

$Y(0) = 0.3, Y(0.5) = 0.57, Y(1) = 1,$
$Y(1.5) = 1.5, \lim\limits_{x \to \infty} Y = 29.25$

显然,$a = \lim\limits_{x \to +\infty} Y = 29.25, b = Y(0) = 0.3$。

此时市场反应函数为

$$Y = 0.3 + \frac{28.95 X^c}{d + X^c}$$

代入观测值进行回归计算,得到估计值$d \approx 40.51, c \approx 1.39$,拟合优度$R_2 = 0.99998$。该函数拟合良好,于是得到一个可行的市场反应函数:

$$Y = 0.3 + \frac{28.95 X^{1.39}}{40.51 + X^{1.39}}$$

该函数图像如图9-1所示。

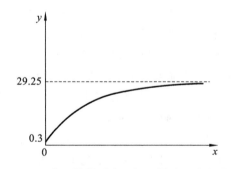

图9-1 市场销量对人员投入量的反应曲线

可见,该函数图像呈上升趋势,函数的斜率即边际销量先增加后减小,最后趋近于0,但始终大于零。当无人员投入时,市场份额能达到0.3;随着人员投入的增加,市场销量也增加,并无限接近29.25。函数图像呈现的这一特点,有两个方面的原因:①市场总销量有上限,单个运营商的市场销量不能大于这个上限;②受时间、精力等因素的限制,每个人员的销售能力总有上限,因此总销量不会无限增加,而当销售人员的个人销量达到饱和时,总销量的增加开始放缓,造成了边际销量递减。此外,增加销售人员必然会导致

成本增加,甚至有可能出现成本大于利润的情况,因此在实际中必须考虑最优投入量的问题。对此,在 ADBUDG 模型基础上引入利润函数

$$L(X) = pY - c_1X - c_2Y - c_3$$

式中:Y 为市场销量;X 为人员投入量;p 为单位销量的价格;c_1 为代理人员的基础工资;c_2 为代理人员的绩效工资;c_3 为固定成本。

要确定最佳的代理人员规模 X,使利润 $L(X)$ 最大化,只需令 $L(X)' = 0$ 并解出 X 即可。①

案例思考:
(1) 移动通信行业常用的促销策略有哪些?
(2) 如何将市场反应的分析在 ADBUDG 模型中应用?

第一节 广 告 模 型

广告决策模型

广告,即广而告之,是由明确的主办人发起并付费的,通过非人员介绍的方式展示和推广其创意、商品或服务的行为。广告作为促销组合的一个组成部分,具备公开展示、普及性、夸张的表现力、非人格化等性质。

1. 广告文案测试

广告文案或广告语在沟通方面的作用越来越为企业营销者所重视。阿克尔和卡曼对 48 个 AdTel 广告试验进行了研究和总结,结果其中 30% 的试验结果显示广告密度对提高销售有很强的效果,而 47% 的试验结果显示广告文案对销售有很大的促进作用。1985 年,卡罗尔等研究人员在其报告中指出,在一项对海军征兵广告的实验中,广告密度并没有产生强烈的效果,而根据当地特点定制的广告文案却产生了很显著的效果。

因此,为了提高广告的效果,营销者必须知道什么是好的广告,如何才能制作出好的广告,以提高广告的吸引力。为此,广告文案的研究者调查了大量广告现象,包括如何将广告的物理特点和机械特点同认知、回想和其他指标相连,以及电视广告的幽默性和严肃性等内容,最终针对提高广告文案效果提出以下原则。

(1) 印刷品广告面积越大,以后就会被越多的人认出,其人数大体是广告尺寸增长量平方根的函数。

(2) 相对于黑白广告而言,能认出彩色广告的人更多。

---

① 包晨晨,许路. 移动通信企业细分市场营销管理技术选择研究——基于营销工程学的视角[J]. 技术与创新管理,2017(38):189-195.

（3）广告的标题越短，越容易被识别。

（4）人们既能回想起较短的电视广告，也能回想起较长的广告，而且产品类别对电视广告和印刷品广告的认知和回想都有重大影响。

（5）随着电视商业广告播出情况的变化，人们的认知和态度也会变化，通过这些变化预测品牌选择的变化。

（6）即使不信任广告的内容，人们也能记住广告。

以上原则虽然简单，但是能帮助营销者知道在哪些情况下应该传达哪些信息，以提高广告文案的效果。

2. 广告创意评估

1) 广告创意设计的有效性

广告的效果在很大程度上取决于广告创意的质量，但是评价广告创意的质量却十分困难。有些广告创意新颖，有很高的美学价值，但其促销效果并不理想；有些广告毫无创意可言，但是对销售起到积极的促进作用。从市场营销的视角来看，广告设计与创意是一种营销手段，促进销售是其最终的目的。广告的创意和设计应该建立在对营销目标及市场环境的准确分析基础上，而不是单纯为创意而创意。

对广告创意设计进行评估的主要标准就是广告创意是否能够产生期望的市场效应，能否引起消费者行为的变化。衡量消费者反应的主要指标包括以下几个方面。

（1）注意力和印象。广告吸引目标受众的注意力和易于记忆的能力。

（2）沟通和理解。广告向目标受众清晰地传达信息的能力。

（3）说服力。广告改变目标受众对产品的态度和购买的能力。

（4）购买。广告对购买行为产生正向影响的能力。

前两个指标是广告创意产生效果的基础，后两个指标是广告创意的结果，也是最直接的反应。

对于广告创意进行评估的方法主要有三种，包括实验室法、模拟现实法和市场测试法。实验室法和模拟现实法是通过对重点顾客的访谈和调查来进行的，有时候还需要使用各种生理学的记录设备，如眼部照相机、测瞳仪等。市场测试也是现在企业普遍采用的一种方法，它将广告活动限定在一个较小的区域并调查被访者（看过广告或没有看过广告）关于产品的偏好和态度，以测试广告创意的影响。

2) OAT 测试

OAT 测试是在广告投稿前测试哪一种广告脚本更符合消费者偏好，哪一个脚本能产生更大市场影响力，进而增加产品销售量，它是国际上企业和市场研究机构在长期广告实践中积累形成的广告创意效果测试方法。它根据研究项目需要，邀请一定数量条件的目标消费者在指定时间到指定地点看一段电视节目录像，并征求他们对电视节目的意见，然后对收集回来的数据进行分析处理，最后为广告商提供有效的数据资料。OAT 测试的目的在于通过测试消费者购买潜力、广告反应和记忆，来评价广告创意是否可以投放，并在可以投放的前提下，该广告创意还需要做哪些方面的改进。

OAT 测试包括三个部分：TPM（消费者购买潜力值）分析、REACTION（消费者反应）分析、RECALL（消费者记忆度）分析。TPM 分析的目的在于预测广告播出效果，判断广告创意是否可以播出;REACTION 分析和 RECALL 分析则通过观测消费者对于广告的评估和反应,可以研究广告创意需要弥补和完善的细节,并提出广告创意的改进方案。

OAT 测试的流程是以评价电视节目为理由邀请被访者,并尽量模拟在家收看电视节目的真实场景。请被访者收看插播有广告的电视节目,并请其评价电视节目和测试广告。然后请一半的被访者做现场反应测试,1～3 天后,对另外一半的被访者进行记忆测试。其流程图如图 9-2 所示。

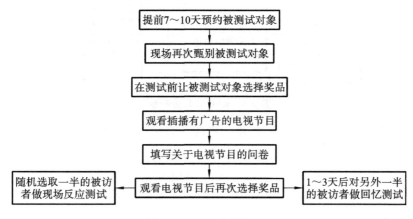

图 9-2 OAT 测试流程图

TPM 分析的具体方法是在播出广告创意之前,且被试者在完全不知情的情况下,让被试者选择不同品牌产品(可以用图片代替)作为奖品,然后观察广告播出前后,被试者选择的差别。特别注意的是,为了避免不必要的干扰,在测试过程中使用的奖品价值必须是相同的。

测试 TPM 值有两种方法:一是将被试者分为两组,一组观看本企业的产品广告,一组观看主要竞争对手的广告,如果本企业广告的 TMP 值大于竞争对手,那么说明广告是有效的,可以考虑投放;另一种方法是在测试中只测量本企业产品广告的 TPM 值,根据经验,TPM 值大于 18% 说明该广告是可以考虑投放的。

TPM 的计算公式为

$$TPM = \frac{第2次选择测试品牌的人数 - 第1次选择测试品牌的人数}{测试样本量} \times 100\%$$

TPM 分析只能从消费者最终的选择上判断广告创意的有效性,但并不能得到关于消费者心理更深层次的想法以及广告改进的建议。OAT 测试的分析和改善是一个不断循环往复的过程,能减少消费者对广告的不满意度,这样就可以基本达到一个完美广告的要求。

REACTION 分析和 RECALL 分析是通过周密的问卷设计详细了解被试者对广告创意的评估,并能通过延迟记忆来测试测试者对于广告的记忆度。其内容如图 9-3、图 9-4 所示。

在做 OAT 测试时,需要注意以下几个细节。

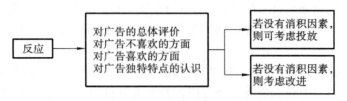

图 9-3 REACTION 分析图

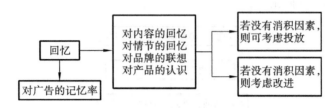

图 9-4 RECALL 分析图

(1) 样本量。一般是 200 样本/城市。考虑到费用,也可以选取 150 样本/城市或 300 样本/城市。

(2) 样本结构。以当地的人口、年龄、职业分布为标准配额。

(3) 预约样本。提前 7～10 天开始预约。为保证足够的初访者,一般预约的数量是实际访问数量的两倍。

(4) 现场布置。需要三个场地,分别用于甄别被访者、被访者观看电视、做被访者反应测试。

(5) 其他要求。观看电视的被访者以 30 人/场为宜。被访者在进行反应测试之前,需要单独再看一遍测试广告。

(6) 挑选节目。时间不超过 40 分钟;精彩、激烈程度适中;家庭性较强;以短剧、小品、搞笑、幽默为佳。

(7) 礼品组合。4～5 类产品,每类产品包括 5～6 种产品,同类产品的价值相近。

(8) 保密原则。防止被访者知道测试目的,督导严格控制信息发布。

3. 广告预算决策模型——ADBUDG 模型

广告从表现形式上来讲是一种商业性的传播活动。对于企业来说,广告的本质是一种投资行为。任何一种投资行为,只有在收益大于成本时才是可行的——这也是广告预算决策中最重要的标准之一,同时,企业还将兼顾产品、市场需求与竞争等多方面因素。这里将重点介绍广告预算制定方法——ADBUDG 模型。

Little 在 1970 年设计出 ADBUDG 模型(见图 9-5),它引入主观判断进行广告预算决策演算,主要集中研究市场份额对广告支出的反应,没有明确地考虑竞争。

ADBUDG 模型基于以下四个基本假设。

(1) 若广告预算消减到零,品牌的市场份额将减少,但是存在一个下限或最低点,即到一个时期末,市场份额会从最初的水平下降到最低点。

(2) 若广告预算大幅度增加,品牌的市场份额也会增加,但是存在一个上限或最高点,即到一个时期末,市场份额会达到最高点。

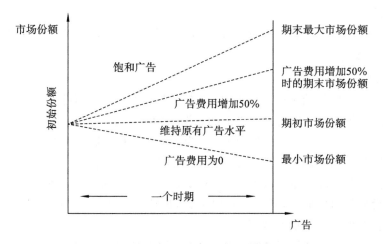

图 9-5 Little 的 ADBUDG 模型

（3）存在一个广告费率使市场份额始终维持在最初的水平。

（4）根据对市场份额的数据分析和主观判断，可以估计出一个时期末广告费用增加50%时的期末市场份额情况。

在以上假设基础上我们可以得出一个平滑的广告反应函数：

$$\text{市场份额} = b + (a-b)\frac{\text{adv}^c}{d+\text{adv}^c} \quad (\text{adv 表示广告}) \tag{9-1}$$

式中：常数 a,b,c,d 可由输入数据决定。

该方程表示的反应关系既多样化又有限。广告费增加50%所带来的市场份额的增加将在很大程度上决定广告率的大小，而 a（最大值）和 b（最小值）则将市场份额的变动限制在一个有意义的区间里。adv 可由加权广告（wtdadv）计算得出：加权广告＝媒体效率×媒体有效性×广告支出金额（媒体效率指数和广告方案有效性指数是两个随时间而变化的指标，我们假设其参照值均为1.0）。

考虑到时间的延迟，模型假设：①如果不做广告，则市场份额最终将衰退到某一长期最低值（可能为0）；②一个时间段内市场份额衰退值是当前份额与长期最小份额之差的一个固定百分比，即衰退是一个指数函数。

令"长期最小"表示长期最小份额，"保留比例"表示在市场份额衰减一段时间后，市场份额与长期最小份额之差的一个百分比。在以上假设条件下，可得

保留比例＝（最小份额－长期最小份额）/（初始份额－长期最小份额）

$$\text{份额}_t = \text{长期最小} + \text{保留比例} \times (\text{份额}_{t-1} - \text{长期最小}) + (a-b)\frac{\text{adv}_t^c}{d+\text{adv}_t^c} \tag{9-2}$$

最后该模型可以总结如下。

（1）市场份额：

$$\text{调整后的市场份额}_t = \text{长期最小} + \text{保留比例} \times (\text{份额}_{t-1} - \text{长期最小}) + (a-b)\frac{\text{加权广告}_t^c}{d+\text{加权广告}_t^c}$$

（2）品牌销售额：

$$\text{调整后的销售额}_t = \text{产品类别销售额指数}_t \times \text{调整后的市场份额}_t$$

(3) 利润:

广告对利润的贡献 = 每单位销售额的贡献 × 品牌销售额 × 广告支出

4. 广告跟踪分析

1) 广告的市场反应现象

营销者在建立广告销售反应模型之前,必须考虑以下三个问题。

(1) 形状。即每一广告支出水平上的长期销售水平会呈现何种走势(曲线趋势),两者之间是线性还是 S 形关系?当广告支出为零时,销售额是多少?随着广告支出的增加,销售额是否会存在饱和点,即大量的广告支出却导致销售额停滞不前或下降?

(2) 动态。当广告增加或减少时,销售额增长或降低的速度。即销售额增长的时间相对于广告投放的时间而言,是否存在滞后性,即广告是否能推动销售到一个不继续提高广告支出就会停滞不前的新水平?

(3) 相互作用。广告与营销组合其他因素(如人员推销、销售促进等)之间的相互作用和协同作用。

2) 广告反应模型的特征

一个好的广告反应模型应当能表现以下五种现象。

(1) 广告增加时销售增长,广告减少时销售下降。这种升降频繁发生,只是变动速率不同。

(2) 广告反应曲线呈凹形或 S 形,而且广告支出为零时,销售率常为正值。

(3) 竞争性广告会影响到销售额,通常产生的是副作用。

(4) 由于广告媒体、方案及其他因素的变化,每单位广告支出的有效性会随时间推移变化。

(5) 产品销售在某些时候会随广告支出增加而出现增长回落,即使广告支出保持恒定也会回落。

3) 广告反应模型

维达尔和沃尔夫在 1975 年开发出了一个经典的广告反应模型,解释当广告既存在即时效果又存在滞后效果时的销售变化率:

$$\frac{\Delta Q}{\Delta t} = \frac{rX(V-Q)}{V} - \alpha Q \qquad (9\text{-}3)$$

式中:Q 为产品的销售量;$\frac{\Delta Q}{\Delta t}$ 为在时点 t 时销售量的变化;X 为广告支出;V 为市场容量;r 为销售反应常数(当销售量 $Q=0$ 时,每一美元广告支出 X 带来的销售量);α 为销售衰减常数(当销售量 $X=0$ 时,每单位时间内损失的销售量所占比例)。

式(9-3)右端的含义是,销售量的变化 $\frac{\Delta Q}{\Delta t}$ 依赖以下因素:r、X 与 $\frac{(V-Q)}{V}$ 的值越大,则 $\frac{\Delta Q}{\Delta t}$ 越大;α 与 Q 的值越大,则 $\frac{\Delta Q}{\Delta t}$ 越小。这样,$\frac{\Delta Q}{\Delta t}$ 就相当于,每一美元广告支出的销售反应常数 r 乘以广告支出 X,再乘以市场未饱和的销售百分比 $\frac{(V-Q)}{V}$,最后减去衰减后的销售损失 αQ 所得的差值。

第九章 促销策略

5. 广告媒体决策与广告效果

广告媒体决策合适与否,直接关系到广告的效果。要提高媒体决策的正确性,关键要了解广告展露的长期效果,即广告频率效果理论。广告频率效果理论是以心理学实验室相关研究为基础而发展的。

19 世纪末,埃宾豪斯通过研究指出,重复学习同一课程能降低遗忘率。1959 年,齐尔斯基将这一结论用于杂货商店的广告。

阿佩尔在 1971 年和格拉斯在 1968 年分别指出,对某一简单刺激的反应通常是先上升,到达最高点后再下降。格拉斯对杜邦公司的几种产品广告进行了研究后,得出以下结论:广告在展露两次时,注意力增加并达到最大;在展露两次或三次时,已知信息的数量不断增加并达到最大。克鲁格曼在 1972 年根据对脑电波和眼睛活动的研究指出,第三次以及接下来的展露会加强第二次展露的效果。

麦克唐纳在 1971 年,针对 255 位家庭主妇在 113 周内对报纸、杂志、收音机和电视广告上 50 大类产品的所做的广告展露记录报告,研究了广告频率,并发现:对其中 9 类产品,如果在对该产品的两次购买之间,家庭主妇看见该品牌两次或两次以上广告,她们转而购买这种品牌的可能性就比一次都没看见或只看见一次的高 5%;如果在第二次购买前四天看了广告,其广告效果就更强。

奥美公司的相关研究表明:八周展露一次的广告几乎没有什么效果;每天不同时间展露的效果大不相同;品牌之间存在巨大差异。

纳普勒斯在 1979 年,通过研究得出以下结论。

(1)在一个购买周期中,最适宜的展露频率是三次或更多。

(2)展露次数超过三次后,广告效果继续增强,但增强的速度递减。

(3)尽管广告频率能加速广告效果的减弱,但频率本身并非导致广告逐渐失效的原因。

(4)对市场份额最高的产品,展露次数对产品的反应较小。

第二节　促销组合模型

在企业的营销活动中,促销与产品、价格、渠道共同构成企业的基本营销组合工具。促销就是通过各种传播方式与企业目标市场进行双向的信息沟通,以激发、创造和维持消费者对本企业产品的需求。在一定程度上,人们眼中的市场营销就是企业的促销活动。一定的促销活动是必要的,但它只是企业营销活动的一部分。

一、经典促销组合模型

早期人们认为不同的营销传播工具,如广告、销售促进、人员推销、价格折扣等由于各自特征不同,采用的工具与手段也不同,完成的促销任务也各不相同。在长期的营销活动中,人们逐渐发现无论各种营销传播工具的特点手段有多大差异,但是其结果都是一样的,即为了塑造更好的产品与品牌形象、提升产品销量以及建立与维护良好的顾客和公众关系等。在 20 世纪 80 年代中期,美国营销大师唐·舒尔茨提出整合营销传播(integrated marketing communications,IMC)理论。

整合营销传播的核心思想是统一设计与实施企业市场营销活动中的所有促销与传播活动。一方面,整合营销传播把广告、促销、公关、直销等一切促销活动都纳入整合营销传播的范围之内;另一方面,企业统一用一种声音与形象向消费者传播资讯。同时,企业对各种促销工具的使用进行统筹规划,以达到最佳促销资源使用的效果。

接下来,我们对一些经典促销组合模型进行简要介绍。

1. 斯摩博恩模型

Smallbone 在 1972 年将产品分为快速消费品、耐用消费品、快速周转产业用品和耐用产业用品等四类,将企业促销费用主要分配在广告与人员推销两种促销工具上面,然后根据这四类产品,将企业促销费用主要分配在广告与人员推销两种促销工具上面,并根据这四类产品的不同特征提出了相对应的促销组合工具。斯摩博恩模型的主要思想就是根据人员推销和广告在四种不同类型产品促销过程中不同的重要程度决定促销费用预算在广告与人员推销的配置水平,如图 9-6 所示。

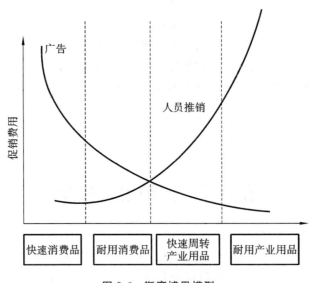

图 9-6 斯摩博恩模型

2. 布恩-库尔茨模型

该模型于 1980 年由布恩(L. E. Bone)和库尔茨(D. L. Kurtz)提出。该模型将产品按价值与使用类型进行分类,分为低值消费品、高值消费品、低值产业用品、高值产业用品。然后,根据各类产品的特点进行促销工具的使用频率分配,如表 9-1 所示。

表 9-1　广告与人员促销使用率的比较

产品分类	人员促销使用率	广告使用率
低值消费品	低	高
高值消费品	高	高
低值产业用品	高	中
高值产业用品	高	低

3. 麦卡锡模型

麦卡锡（E. J. Mc. Carthy）结合定性和定量分析的方法对促销组合问题进行了研究，提出了麦卡锡模型。该模型将企业分为生产名牌产品（且拥有固定的产品分销渠道）企业、既生产消费品又生产产业用品的企业、小企业及生产差异性消费品或产业用品的企业等三大类，并发现不同类型企业对广告和人员推销不同的强调比率，例如，生产名牌产品并且拥有固定的产品分销渠道的企业应该主要强调广告，而小企业则更应该强调人员促销，如图 9-7 所示。

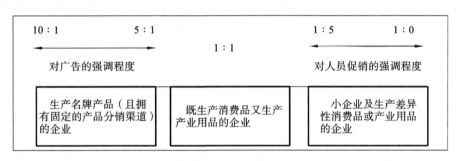

图 9-7　麦卡锡模型

4. 科特勒模型

科特勒（Kotler）在 1980 年提出了经典的促销组合模型，该模型首次完整地分析了广告、人员促销、销售促进和公关宣传等四种促销工具在消费品市场和产业用品市场中的不同作用和地位，例如，在消费品市场使用广告促销的效果就会高于人员促销，在产业用品市场使用人员促销的效果会更加显著，如图 9-8 所示。

二、促销组合线性规划实务与案例

一个成功的企业必须清楚了解并且能够有效地满足消费者的需求。同时，企业也需要通过种种促销工具有效地与目标市场进行沟通，并向消费者传达企业与产品的相关信息。由于企业中人、财、物资源的约束，营销部门需要根据既定的营销目标统筹运用不同的促销工具，结合各种促销工具的特点并根据实际情况进行促销组合决策。

促销组合规划就是通过对促销文案中所使用的促销工具进行科学分析与合理配置以达到促销费用最小化或者促销绩效最大化等营销目标。

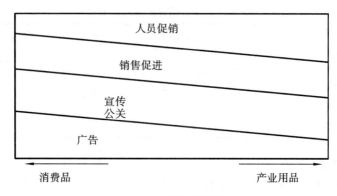

图9-8 科特勒模型

促销组合规划的基本思想就是在一定的约束条件下确定各种促销工具变量函数的最优配置,即广告、人员推销、公关宣传与销售促进等各种促销工具如何实施有效组合以达到销量最大化或促销费用最小化的营销目标。

在促销组合规划中,线性规划是最常见的一种方法。线性规划是指线性目标函数在线性约束条件下达到最优值的过程。线性规划主要运用在解决生产安排、营销组合决策等方面。

通过案例的形式来展示企业的促销组合线性规划全过程,并运用Excel工具表进行运算。

府天公司决定利用促销来克服市场需求季节性变动对某核心产品的影响,公司决定选择使用广告牌、电台广播、产品宣传小册子和电视广告这四种常规促销工具为产品进行广告宣传。公司营销部门根据产品季节性周期制定了该产品未来6期的计划广告受众数量,如表9-2所示。接下来公司着手实施促销组合规划。

表9-2 府天公司产品未来6期受众数量预测 单位:百万人

时间	1期	2期	3期	4期	5期	6期
广告受众数量预测	4.8	5.2	5.8	6.2	4.6	4.2

(1) 确定已知参数和决策参数。已知参数:公司目标是在促销费用最小的前提下使1~6期各期广告受众数量至少达到预期值,且希望广告牌在成都二环内设置点应当有1~3处,电台广播每期投入次数为2~7次/天,宣传小册子每期制作1万~4万册,电视广告2~4次/天。其余已知参数信息如表9-3所示。

表9-3 府天公司的促销相关数据

媒体	每次费用(百万元)	每次受众(百万人)	促销工具使用限制
广告牌	0.3	1	1~3(处)
电视广告	0.8	0.6	2~4(次/天)

续表

媒　　体	每次费用(百万元)	每次受众(百万人)	促销工具使用限制
电台广播	0.4	0.2	2～7(次/天)
宣传小册子	0.5	0.1	1～4(万册)

决策参数：府天公司在促销组合线性规划中的决策变量如下。

$N_t = t$ 月广告牌设立点，$t=1,\cdots,6$；

$T_t = t$ 月电视广告投放次数，$t=1,\cdots,6$；

$B_t = t$ 月电台广播投放次数，$t=1,\cdots,6$；

$M_t = t$ 月宣传小册子数量，$t=1,\cdots,6$；

$A_t = t$ 月计划内受众数量，$t=1,\cdots,6$。

Excel 输入：将公司促销规划基本信息与决策参数输入 Excel 工作表，包括公司 1～6 月份广告牌设立点数量、电视和电台广告投放次数以及宣传小册子数量，初始赋值均为 0。将促销目标每期计划受众数量列在工作表 F 列(见图 9-9)。

	A	B	C	D	E	F
1	总体线性规划					
2	时间	广告牌设立点Nt	电视广告量Tt	电台广播投放量Bt	宣传小册子数量Mt	计划内受众量At
3	1					48000
4	2					52000
5	3					58000
6	4					62000
7	5					46000
8	6					42000

图 9-9　输入数据

(2) 确定目标函数。公司促销组合规划的目标函数为达到预期受众数的总促销成本最小化。促销成本包括以下几个部分：

广告牌成本 $= \sum_{t=1}^{6} 3000 N_t$；

电视广告成本 $= \sum_{t=1}^{6} 8000 T_t$；

电台广播成本 $= \sum_{t=1}^{6} 4000 B_t$；

宣传小册子成本 $= \sum_{t=1}^{6} 5000 M_t$。

目标函数可用下式表示：

$$\min \left\{ \sum_{t=1}^{6} 3000 N_t + \sum_{t=1}^{6} 8000 T_t + \sum_{t=1}^{6} 4000 B_t + \sum_{t=1}^{6} 5000 M_t \right\}$$

Excel 操作：计算各期各种促销工具的成本，如在单元格 B12 中输入"=3000*B3"就表示在第 1 期广告牌的成本。同理可以表示其他成本。

计算加总促销成本，将上述所有成本项目汇总，在单元格 B19 中应输入"=SUM

(B12:E17)",图 9-10 所示的为目标函数的单元格格式及公式表达。

	A	B	C	D	E
10	综合计划成本				
11	时间	广告牌成本	电视广告成本	电台广播成本	宣传小册子成本
12	1	=3000*B3	=8000*C3	=4000*D3	=5000*E3
13	2	=3000*B4	=8000*C4	=4000*D4	=5000*E4
14	3	=3000*B5	=8000*C5	=4000*D5	=5000*E5
15	4	=3000*B6	=8000*C6	=4000*D6	=5000*E6
16	5	=3000*B7	=8000*C7	=4000*D7	=5000*E7
17	6	=3000*B8	=8000*C8	=4000*D8	=5000*E8
18					
19	广告总费用	=SUM(B12:E17)			

图 9-10　目标函数公式表达

(3) 设立约束条件。四种广告促销工具的约束条件：由于各种广告媒体受众不一样，公司决定对这四种促销工具的使用次数进行控制，每一期促销工具的使用数量如表 9-3 所示。

广告牌设立点：$1 \leqslant N_t \leqslant 3, t=1, \cdots, 6$。

电视投放量：$2 \leqslant T_t \leqslant 4, t=1, \cdots, 6$。

电台广播投放量：$2 \leqslant B_t \leqslant 7, t=1, \cdots, 6$。

宣传小册子数量：$1 \leqslant M_t \leqslant 4, t=1, \cdots, 6$。

广告受众的约束条件：公司促销目标是 1～6 期各期广告受众必须达到或超过计划值，有

$$A_t \leqslant 1000 \times N_t + 6000 \times T_t + 2000 \times B_t + 1000 \times M_t, t=1, \cdots, 6$$

其余变量：每个变量必须为非负数。各促销工具的使用量应该为整数。

Excel 操作：为方便 Excel 处理，把上述所有约束条件的表达式转换为右边为 0 的形式，转换后为如下表达式：

$N_t - 1 \geqslant 0, t=1, \cdots, 6$；

$N_t - 3 \leqslant 0, t=1, \cdots, 6$；

$T_t - 2 \geqslant 0, t=1, \cdots, 6$；

$T_t - 4 \leqslant 0, t=1, \cdots, 6$；

$B_t - 2 \geqslant 0, t=1, \cdots, 6$；

$B_t - 7 \leqslant 0, t=1, \cdots, 6$；

$M_t - 1 \geqslant 0, t=1, \cdots, 6$；

$M_t - 4 \leqslant 0, t=1, \cdots, 6$；

$1000 \times N_t + 6000 \times T_t + 2000 \times B_t + 1000 \times M_t - A_t \geqslant 0, t=1, \cdots, 6$。

按照以上公式在单元格中输入约束条件，如单元格 H3 表示第 1 期广告牌设立点数量的约束，在 H3 中输入"=B3"。同理输入其他促销手段的约束条件。

得到约束条件的 Excel 工作表及函数计算公式如图 9-11 所示。

(4) 函数求解。依次选择"工具"、"规划求解"命令，弹出"规划求解参数"对话框，如图 9-12 所示。

第九章 促销策略

	G	H	I	J	K	L
1		限制条件				
2		广告牌数量	电视广告量	电台广播投放量	宣传小册子数量	受众数量
3		=B3	=C3	=D3	=E3	=10000*B3+6000*C3+2000*D3+1000*E3-F3
4		=B4	=C4	=D4	=E4	=10000*B4+6000*C4+2000*D4+1000*E4-F4
5		=B5	=C5	=D5	=E5	=10000*B5+6000*C5+2000*D5+1000*E5-F5
6		=B6	=C6	=D6	=E6	=10000*B6+6000*C6+2000*D6+1000*E6-F6
7		=B7	=C7	=D7	=E7	=10000*B7+6000*C7+2000*D7+1000*E7-F7
8		=B8	=C8	=D8	=E8	=10000*B8+6000*C8+2000*D8+1000*E8-F8

图 9-11 函数计算公式

图 9-12 "规划求解参数"对话框

在"设置目标单元格"中输入目标单元格。如本案例中输入"B19",并单击"最小值"按钮。

单击可变单元格放置插入点,然后选中单元格区域"B3:E8"(决策变量)。

单击约束框右边的"添加"按钮,进行以下约束条件的添加:

B3:F8$\geqslant$0{所有决策变量为非负数};

B3:E8=int{广告投放量为整数};

H3:H8$\geqslant$1{$N_t-1\geqslant0$};

H3:H8$\leqslant$3{$N_t-3\leqslant0$};

I3:I8$\geqslant$2{$T_t-2\geqslant0$};

I3:I8$\leqslant$4{$T_t-4\leqslant0$};

J3:J8$\geqslant$2{$B_t-2\geqslant0$};

J3:J8$\leqslant$7{$B_t-7\leqslant0$};

K3:K8$\geqslant$1{$M_t-1\geqslant0$};

K3:K8$\leqslant$7{$M_t-4\leqslant0$};

L3:L8≥0{1000×N_t+6000×T_t+2000×B_t+1000×M_t-A_t≥0}。

单击"求解"按钮,得到规划求解结果如图9-13所示。最佳的促销组合方案为第1期时,广告牌、电视广告、电台广播和宣传小册子的使用量分别为3、3、1、1;第2期时,广告牌、电视广告、电台广播和宣传小册子的使用量分别为3、3、2、1……促销总费用为276000。

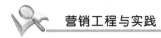

图9-13 规划求解结果

(1) 描述促销组合规划。

(2) 对OAT广告创意评估方法进行评价,讨论其实际应用时可能存在的不足,并结合实例进行分析。

结合本章第二节府天公司的促销组合规划案例所提供的信息及数据,运用Excel进行实践操作,对其结果进行讨论,并为公司的促销组合规划提供建议。

参考文献

[1] (美)加里·L.利连,阿温德·朗格斯瓦米.营销工程与应用[M].魏立厚,成栋,译. 北京:中国人民大学出版社,2005.

[2] 翁智刚.营销工程[M].北京:机械工业出版社,2010.

[3] 费鸿萍,顾蓓蓓,戚海峰,等.营销工程与应用——基于中国市场与企业运作的视角[M].上海:华东理工大学出版社,2012.

[4] 涂平.市场营销研究方法与应用[M].2版.北京:北京大学出版社,2012.

[5] 唐纳德·勒曼,拉塞尔·威纳.营销分析实务[M].5版.刘艳红,裴蓉,译.北京:企业管理出版社,2012.

[6] 蔡继荣.市场分析与软件应用[M].北京:机械工业出版社,2011.

[7] 李怀祖.管理研究方法论[M].2版.西安:西安交通大学出版社,2005.

[8] 张健,李静文,齐林.管理决策模型与应用[M].2版.北京:机械工业出版社,2017.

[9] 孟力,于守洵,王玥.营销工程发展综述[J].技术经济与管理研究,2007(1):112-113.

[10] 张跃先,康锦江,陈璐.营销决策模型的研究及其应用[J].科技和产业,2005(1):39-42.

[11] 沈华豹.对眼镜市场细分后的新思考[J].中国眼镜科技杂志,2004(1):39-41.

[12] 傅维,张恒源.市场细分:个性化定制眼镜有多大市场空间[J].中国眼镜科技杂志,2009(2):106-107.

[13] 秦琪琦.丹阳市眼镜城的目标市场定位研究[J].商情,2018(3):45-47.

[14] 汪璇.JINS眼镜客户满意度提升研究[D].上海:东华大学,2015.